U0578875

国家社科基金项目 14XGJ006

兰州大学中央高校基本科研业务费专项资金资助

兰州大学"一带一路"丛书

兰州大学印度研究中心印度文化系列丛书

主编／毛世昌　陈玉洪

印度亚太战略研究

INDIA'S ASIA—PACIFIC STRATEGY RESEARCH

余芳琼／著

社会科学文献出版社

SOCIAL SCIENCES ACADEMIC PRESS (CHINA)

目 录

绪　论

一　选题意义

进入 21 世纪，特别是 2008 年的国际金融危机以及欧洲主权债务危机以来，全球力量格局呈东升西降态势，亚太地区在世界格局中的地位持续上升，国际战略重心逐渐向亚太转移。但是，大国利益交汇之处的亚太地区，历史问题与现实矛盾错综交织，安全环境复杂多变。由于中国快速发展、美国"亚太再平衡"、日本政治右倾化、印度"东进"等，亚太地区秩序进入转型期，未来的亚太地区秩序充满变数。印度在"变数"中起什么作用，它在亚太地区秩序的架构中将扮演什么角色？面对亚太变局，印度对亚太地区的外交战略将如何演进？中国将如何应对？这些问题值得探讨。

因此，本书的理论价值在于：综合运用现实主义、区域主义、地缘政治、地缘经济及建构主义等国际关系理论来分析印度在亚太地区的战略利益诉求，印度对亚太地区的外交定位、外交目标以及印度在亚太地区秩序的架构中所起的作用，进而从理论高度对印度的亚太战略及其对亚太地区格局的影响有更深入和系统的理解。

本书的实际应用价值体现为两点。第一，在对印度亚太战略系统分析的基础上，深入分析其对亚太地区格局的影响，为中国正确认识印度的亚太战略和亚太角色提供思路，从而为中国的亚太政策提供参考和借鉴。第二，在深入分析印度与中、美、日、俄及东盟在亚太棋局上的博弈以及对亚太地区秩序建构影响的基础上，寻求中国更好地参与亚太地区秩序重建的路径和方式，为促进中国和平发展提供支持。

二 国内外研究现状

关于印度亚太战略的研究已经引起了学术界的注意。由李向阳主编的亚太蓝皮书 2012 版和 2013 版中都有相关专题。《亚太地区发展报告（2012）——崛起中的印度与变动中的东亚》一书中，第二个部分为"崛起中的印度与变动中的东亚"，包括印度东向政策、印度与中日韩的战略关系以及中印经贸合作等内容。《亚太地区发展报告（2013）》中有杨晓萍、吴兆礼的《印度的亚太战略及其前景》一文。2013 年 6 月，社会科学文献出版社出版了由周方银主编的《大国的亚太战略》一书，该书第六章为"印度的亚太战略"，对印度亚太战略的形成发展、目标手段、影响因素、实施效果以及对中国的影响做了阐述和分析。2016 年 1 月，陈峰君教授著述的、由北京大学出版社出版的《亚太崛起与国际关系》一书，把印度纳入了亚太地区，分析了印度的发展模式，但是对印度在亚太地区的外交战略基本没有涉及。

在学术论文中，比较有代表性的论文有：吴兆礼的《印度亚太战略发展、目标与实施路径》（2015）以及《"印太"的缘起与多国战略博弈》（2014），师学伟的博士学位论文《21 世纪初印度亚太战略研究》（2013）以及他的《21 世纪初印度大国理念框架下的亚太外交战略》（2011）和《21 世纪初印度与亚太多边机制关系分析》（2012），林晓光的《从地缘战略看亚太地区大国关系：中美日印的外交博弈》（2015），张力的《"印太"构想对亚太地区多边格局的影响》（2013）以及《美国"重返亚太"战略与印度的角色选择》（2012），杨思灵的《试析印度加强与亚太国家战略合作及其影响》（2012），张贵洪、邱昌情的《印度"东向"政策的新思考》（2012），杨保筠的《印度的崛起与亚太地区新格局》（2011），李益波的《印度与亚太安全：历史、现实和中国因素》（2008），等等。

从上述文献可以看出，国内学术界对印度亚太战略的研究是近几年的事情。历史上的印度并不是一个亚太国家，在 20 世纪 90 年代印度推行东向政策后，特别是 2005 年印度参加首届东亚峰会后，印度的亚太身份才逐渐被认可，印度对亚太地区的外交战略才逐渐被学界关注。在奥巴马政府的亚太战略调整中，印度被赋予了重要地位，再加上印日关系的快速发展，印度在亚太地区的外交战略选择对中国的发展以及整个亚太地区格局将有重要影响，这些都是国内学界的研究重点，学界也取得了初步成果。此外，随着"印太"概念的兴起与逐渐流行，国内学界对"印太"的研究也逐步展开。

与国内相比，国外学界对印度亚太战略的研究起步较早，成果较丰富，目前收集到的相关英文专著有 20 多部。早在 1994 年，新加坡的东南亚研究所出版了 P. V. Narasimha Rao 的《印度与亚太：正在建立的新关系》①。1995 年，澳大利亚国立大学出版了由 Sandy Gordon 和 Stephen Henningham 合编的《印度东向：一个新兴大国和它的亚太邻居》②。2001 年，为了纪念创建 30 周年，印度社会科学研究委员会（ICSSR）出版了由 M. L. Sondhi 和 K. G. Tyagi 主编的《新亚太地区中的印度》③。2012 年有 3 本相关专著出版，即 Ganganath Jha 和 Vibhanshu Shekhar 合编的《在变动的亚太地区中崛起的印度：战略和挑战》④、K. Raja Reddy 的《印度的外交政策与亚太》⑤ 以及 David Brewster 的《作为亚太大国的印度》⑥。2015 年印度马诺哈尔出版社出版了由 Amar Nath Ram 主

---

① P. V. Narasimha Rao, *India and the Asia-Pacific: Forging a New Relationship*, Singpore：Institute of Southeast Asian Studies, 1994.
② Sandy Gordon & Stephen Henningham, eds., *India Looks East: An Emerging Power and Its Asia-Pacific Neighbours*, Canberra：Australian National University, 1995.
③ M. L. Sondhi & K. G. Tyagi, eds., *India in the New Asia-Pacific*, New Delhi：Manas Publications, 2001.
④ Ganganath Jha & Vibhanshu Shekhar, eds., *Rising India in the Changing Asia-Pacific: Strategies and Challenges*, New Delhi：Pentagon Press, 2012.
⑤ K. Raja Reddy, *Foreign Policy of India and Asia-Pacific*, New Delhi：New Century Publications, 2012.
⑥ David Brewster, *India as an Asia Pacific Power*, London：Routledge, 2012.

编的《印度的亚太卷入：动机与规则》① 一书，该书包含 20 个章节，分为五个部分，大部分作者曾是印度的高级外交官，并代表印度在亚太地区国家工作，对印度"东进"有着切身体验，资料非常翔实。此外，在 2015 年，美国兰德公司出版了由 Jonah Blank、Jennifer D. P. Moroney、Angel Rabasa 和 Bonny Lin 合著的《向东看，跨越黑水：印度在东南亚的利益》② 一书，该书主要分析了在美国的"亚太再平衡"战略之下，印度在东南亚的战略利益、战略目标及其对东南亚地区的影响；同时也分析了印度与中国在东南亚地区的博弈对美国亚太战略的影响。

目前收集到的相关英文论文有 30 多篇，比较具有代表性的有：Walter C. Ladwig Ⅲ 的《印度的亚太抱负：海军力量、"向东看"和印度在亚太新兴的影响力》③ 和《印度与亚太力量的平衡》④、Archana Pandya 和 David M. Malone 的《印度的亚洲政策：迟到的向东看》⑤、G. V. C. Naidu 的《从"看"到参与：印度与东亚》⑥、S. D. Muni 的《奥巴马政府重返亚太与印度的角色》⑦、Hemant Krishan Singh 的《"亚

---

① Amar Nath Ram, ed., *India's Asia-Pacific Engagement: Impulses and Imperatives*, New Delhi: Manohar Publication, 2015.

② Jonah Blank, Jennifer D. P. Moroney, Angel Rabasa and Bonny Lin, *Look East, Cross Black Waters: India's Interest in Southeast Asia*, Santa Monica, CA: RAND Corporation, 2015.

③ Walter C. Ladwig Ⅲ, "Delhi's Pacific Ambition: Naval Power, 'Look East,' and India's Emerging Influence in the Asia-Pacific," *Asian Security*, Vol. 5, Issue 2, 2009.

④ Walter C. Ladwig Ⅲ, "India and the Balance of Power in the Asia-Pacific," *JFQ*, Issue 57, 2ᵈ Quarter 2010.

⑤ Archana Pandya, David M. Malone, "India's Asia Policy: A Late Look East," *ISAS Special Report*, No. 2, 2010.

⑥ G. V. C. Naidu, "From 'Looking' to Engaging: India and East Asia," *Asie. Visions*, No. 46, 2011.

⑦ S. D. Muni, "Obama Administration's Pivot to Asia-Pacific and India's Role," *ISAS Working Paper*, No. 159, 2012.

洲世纪"的印度议程》①、Muhammad Munir 的《推进亚太地区国防合作：印度的新角色》②、布鲁金斯学会的研究报告《印度的亚太政策：从"向东看"到"向东行动"》（2014）③、Sandeep Singh 的《从次大陆到亚太：印度身份的渐变》④、Satu Limaye 的《印度-东亚关系：莫迪总理领导下的东向行动?》⑤、Ajaya Kumar Das 的《印度在亚太：作为"平衡者"与净安全提供者的角色》⑥、Ashwani Jassal 和 Priya Gahlot 的《印度作为正在崛起的亚太大国——成功与挑战》⑦ 等。这些论文从不同的角度分析了印度在亚太地区的外交战略及其影响，其中研究重点是印度的东向政策、东向行动政策以及印度与亚太大国的双边关系。

总之，国内外学界的上述研究极具启发意义，也是后续研究的基础，但是存在三方面的不足。

第一，研究进度跟不上变化速度。虽然外交战略具有相对稳定性，但目前亚太地区秩序正处于调整与转型之中，各大国在亚太地区的博弈日趋激烈，对国际局势和外交政策的及时分析和解读就非常必要而迫切。

---

① Hemant Krishan Singh, "India's Agenda for an 'Asian Century'," *Issue Brief*, Vol. 2, Issue 6, 2012.

② Muhammad Munir, "Advancing Defence Cooperation in Asia Pacific：India's Emerging Role," *IPRI Journal*, Vol. XIII, No. 2, 2013.

③ India's Asia-Pacific Policy：From "Look East" to "Act East", Brooking Institution, September 9, 2014.

④ Sandeep Singh, "From a Sub-Continental Power to an Asia-Pacific Player：India's Changing Identity," *India Review*, Vol. 13, No. 3, 2014.

⑤ Satu Limaye, "India-East Asia Relations：Acting East under Prime Minister Modi?" *Comparative Connections*, Vol. 16, No. 3, 2015.

⑥ Ajaya Kumar Das, "India in the Asia-Pacific：Roles as a 'Balancer' and Net Security Provider," April 28, 2016, http：//cimsec. org/india－asia－pacific－roles－balancer－net－security－provider/24798.

⑦ Ashwani Jassal and Priya Gahlot, "India as a Rising Power in the Asia Pacific—The Success and the Challenges," 2017, http：//web. isanet. org/Web/Conferences/HKU2017-s/Archive/f23d219e-8f76-4457-850f-fc9b14c3eb0d. PDF.

第二，中外学者的关注重点在于印度的东向政策、印度与亚太大国的双边关系，而对印度在亚太地区的总体战略及其对亚太地区格局的影响还未进行系统的分析和论述。

第三，前瞻性研究不多。当20世纪90年代初印度提出东向政策并将之作为其进军亚太的突破口时，国内学界对此并未给予太多关注，很多学者认为，印度实力有限，离亚太还很远。然而印度在东向政策实施20年后，成了无可置疑的亚太力量。当美国忙于"重返亚太"之时，印度已成为美国在亚太必须倚重的国家。当学界加大对印度东向政策的研究力度时，印度已将东向政策逐渐延伸为对亚太地区的外交战略。在亚太地区秩序的建构中，学界更多地关注中、美、日、俄、东盟的作用。很明显，在当前亚太地区秩序的建构中，印度的作用已不容忽视。对外交战略和外交政策的研究必须具有前瞻性，对"印度的亚太战略与转型中的亚太地区秩序"的研究也许就是一次尝试。

三　主要内容与基本观点

本书的主要内容有如下两个方面：一是印度的亚太战略，包括该战略的背景、目标、内容、方式、实施与影响因素等；二是印度的亚太战略选择对亚太地区秩序架构的影响。具体如下。

第一，"亚太"概念、范围以及亚太地区秩序的演变。要研究印度的亚太战略，首先必须对"亚太"的概念及地区范围进行界定，并在此基础上，对亚太地区秩序的历史演变进行梳理，重点分析亚太地区秩序的现状。冷战结束后，亚太地区秩序进入调整与转型期，印度在亚太地区秩序调整与转型的过程中究竟会扮演什么角色、会发挥多大的作用、如何发挥作用，这些问题值得深入研究。

第二，印度对亚太地区的外交定位。任何一个国家的外交战略都必须服务于其国家大战略。印度独立后的国家大战略就是要成为"有声有色"的世界大国，即大国战略。亚太地区在印度大国战略中居于什么地位？印度对亚太地区的认知经历了怎样的变化？尼赫鲁的泛亚主义、冷战结束后的亚太地区以及目前的"印太"地区有什么内在联系？本书在广泛收集资料的基础上对上述问题进行深入研究。

第三，印度在亚太地区的外交战略目标及其影响因素。影响印度在亚太地区外交战略目标的主要因素除了印度的国家实力、印度的外交战略文化外，还有亚太地区的格局。对于这些因素怎样影响印度在亚太地区的外交战略，我们需要深入具体地分析，并在此基础上概括出印度的亚太战略目标。

第四，印度亚太战略的内容及其实施。本书主要从五个方面进行研究。其一，冷战期间印度的亚太战略。其二，冷战结束后，印度对外交战略的调整以及东向政策的出台。其三，东向政策的两个阶段：第一阶段（1991~2002年），印度与东南亚国家以及东盟关系的发展，第二阶段（2003~2014年），印度与东南亚国家、日本、韩国、澳大利亚等双边关系的发展以及印度与东盟、东亚峰会、亚太经合组织、上海合作组织、香格里拉对话等地区多边合作机制关系的发展。其四，印度的亚太大国外交，主要探讨印美、印俄关系及其发展。其五，东向行动政策的出台以及印度亚太战略的进一步整合及其对亚太地区秩序的影响。

第五，印度亚太战略的实施效果评估。本书主要从三个方面考察印度亚太战略的实施对亚太地区秩序的影响：其一，冷战期间印度推行的亚太战略对亚太地区秩序的影响；其二，印度东向政策的实施对亚太地区秩序的影响；其三，印度东向行动政策的实施对亚太地区秩序的影响。

第六，印度亚太战略选择与亚太地区秩序的架构。目前印度的亚太战略正处于十字路口，作为"摇摆国家"的印度，其亚太战略选择将打破亚太地区的力量平衡，从而影响亚太地区秩序的架构。本书从四方面对此进行分析。其一，印度期望什么样的亚太地区秩序？印度怎样参与亚太地区秩序架构？其二，印度对中、美、俄三个亚太大国的外交战略选择及其对亚太地区格局的影响。其三，印度对东南亚国家、日本、韩国、澳大利亚等亚太国家的外交政策选择及影响。其四，印度对亚太地区多边合作机制的战略选择及影响。该部分重点探讨印度对亚太经济合作机制（如亚太经合组织、《跨太平洋伙伴关系协定》以及东盟发起的《区域全面经济伙伴关系协定》等）与安全合作机制（如东盟地区论坛、东亚峰会、香格里拉对话等）的态度和政策。

第七，中国对印度亚太战略的认知、应对以及中印关系对亚太地区秩序建构的影响。对印度在亚太地区的外交战略及其影响，中国需要进行正确认识和理性考量，并且合理评估印度在亚太地区秩序建构中的地位和作用。

本书的基本观点有以下七个方面。

第一，"亚太"作为一个历史的、发展的概念，随着太平洋两岸经济联系的加深而产生并逐渐流行，其地域范围随着该地区各国的经济发展以及各大国之间政治经济实力的对比而发生变化。近代以来亚太地区秩序长期由欧美列强主导，直到二战结束才被美苏两极格局取代。1991年苏联解体，两极格局瓦解，同时由于中国、印度等新兴经济体的逐渐发展以及以东盟为主导的亚太地区合作的快速发展，亚太地区秩序进入调整与转型期。

第二，自二战结束以来，印度对亚太地区的外交定位经历了"泛亚主义—亚太地区边缘化—东向—东向行动"的变化。印度的亚太战略是为其大国目标服务的，因此我们必须在大国战略的框架下分析印度对"亚太"地区的认知及外交定位的变化。尼赫鲁时期，印度大国战略的基础在亚洲。冷战结束后，从亚太走向世界是印度大国战略的新路径。目前，"亚太"已扩展为"印太"，"印太"地区成为印度大国崛起的战略依托地。

第三，印度亚太战略的目标：融入亚太经济圈，在战略自主的前提下参与亚太地区合作以及亚太地区秩序的塑造；同时输出印度文化，扩大政治、文化影响力，拓展在亚太地区的战略空间，成为与中国并驾齐驱的亚太大国，逐步实现其世界大国目标。美、日、东盟都希望印度成为亚太地区的平衡力量，但印度希望自己是构建亚太地区秩序的主力之一。印度在亚太地区的外交战略目标是由印度的国家实力、印度的外交战略文化以及亚太地区格局决定的。

第四，印度亚太战略从无到有，从模糊到逐渐清晰。冷战期间，印度没有统一的、明确的亚太战略。冷战结束后，印度出台的东向政策被许多学者看作印度亚太战略的诞生。实际上，在东向政策第一阶段，印度的亚太战略不仅包括东向政策，还包括印度的亚太大国外交战略。印度与东南亚国家和日本、韩国、澳大利亚等国家的双边关系及其与以东盟为主导的亚太多边合作机制的关系是东向政策的主要内容。印度的亚太大国外交战略则包括印度与中、美、俄等国的外交政策和关系。2003年东向政策进入第二阶段，其实施范围扩展到整个亚太地区，此时的东向政策成为名副其实的亚太战略。2014年12月，"东向政策"升级为"东向行动政策"，印度以更积极的姿态参与亚太地区事务。

第五，尼赫鲁时期，尽管印度在亚太地区开展积极外交，但由于实力有限，印度没能撼动由美苏主导的亚太地区秩序。冷战结束后，印度通过积极的亚太战略拓展了其在亚太地区的战略空间，改变了亚太地区的权力构成和格局，成了亚太地区多极化的推动力量之一。印度也因此完成了从亚太地区秩序的"旁观者""参与者"到"建构者"的转变。但是，印度的经济实力制约了印度参与亚太地区经济秩序建构的深度与广度。莫迪政府以何种方式推行"东向行动政策"及其对转型中的亚太地区秩序将造成何种影响，还有待观察和评估。

第六，在亚太地区秩序调整与转型的背景下，印度的亚太战略也面临选择。印度的亚太战略选择将影响亚太地区秩序的架构。但印度的选择受到印度综合国力、亚太地区格局、大国关系等多种因素的影响和制约。印度希望亚太地区多极化，而自己能成为其中的一极。在亚太大国外交上，印度可能对中、美、俄采取等距离外交，会在"东向行动政策"的框架下加强与日本、韩国、澳大利亚以及东南亚国家的双边关系，也会以更加积极的姿态加入亚太地区的多边安全与经济合作机制。

第七，中国应在积极完善中印双边对话机制的同时，推动印度参与亚太地区秩序以及亚太多边合作机制的建构，在东亚峰会、东盟地区论坛等框架下开展多边合作，并共同推进《区域全面经济伙伴关系协定》的谈判和建设。

第一章 "亚太"及亚太地区秩序的演变

自"亚太"概念兴起以来,亚太的地理范围界定不断地嬗变,因此要研究亚太地区秩序,首先要明确"亚太"概念及其含义。

一 "亚太"概念

"亚太"即"亚洲太平洋"的简称。作为地缘政治概念,其兴起不过40来年。在近代欧洲人的殖民体系语境中,亚洲的东部被称作"远东",南太平洋地区被称为"远南"。19世纪末20世纪初,欧美列强把对"远东"的争夺与太平洋的制海权相联系,逐渐形成"远东太平洋"概念。第一次世界大战结束后,美国、英国、日本等国在远东及太平洋地区的争夺加剧,为了调和矛盾,各国在美国的倡导下于1921年底到1922年初召开了华盛顿会议。该次会议上签署的《美、英、法、日关于太平洋区域岛屿属地和领地的条约》(简称《四国公约》)和《九国关于中国事件适用各原则及政策之条约》(简称《九国公约》)建构了远东及太平洋地区的新秩序,暂时调整了列强在远东及太平洋地区的相互关系。

华盛顿会议是历史上第一次把"远东""太平洋"连在一起使用的国际会议,但是会后这个概念并未流行,"远东"和"太平洋"在很多场合仍是割裂的。1925年7月由澳大利亚、加拿大、美国、中国等成立的太平洋国际学会(Institute of Pacific Relations)便是证明。第二次世界大战期间,特别是太平洋战争爆发后,在当今的亚太地区形成了两个主要战场,即东亚战场和太平洋战场,欧美战略界及军方仍然沿用"远东"和"太平洋"的概念,例如麦克阿瑟将军就曾任美国远东军司令、西南太平洋战区盟军司令等职。1945 年 12 月，由美国、苏联、中国、法国、加拿大、澳大利亚、新西兰、印度、巴基斯坦、荷兰、菲律宾、缅甸等国成立的远东委员会（Far Eastern Commission）负责监督盟国对日理事会。1947 年 3 月，联合国在上海成立了"亚洲及远东经济委员会"。无论是"远东委员会"，还是"亚洲及远东经济委员会"，这些名称足以反映"亚太"概念在二战结束初期仍未形成。

"亚太"概念的雏形出现在 20 世纪 60 年代。20 世纪 50~60 年代日本经济高速增长，60 年代末世界经济形成了美、日、欧三极结构。日本经济的崛起使太平洋两岸的经济联系加深，也促使日本学者小岛清于1960 年提出环太平洋经济合作的构想。1963 年，日本经济调查协会发布一篇名为《论太平洋地区经济合作的方针》的报告，提出由太平洋地区的五个发达国家——日本、澳大利亚、新西兰、加拿大和美国共同组建一支"太平洋"的力量来回应欧洲统一市场的建立。1965 年，小岛清在日本经济研究中心举办的国际研讨会上做了题为《太平洋共同市场与东南亚》的发言，提出建立"太平洋自由贸易区"（PAFTA），但没有引起其他国家的重视。1967 年 5 月，日本外相三木武夫发表了题为《亚洲太平洋外交和日本经济合作》的演讲，提出亚洲太平洋地区国家进行经济合作的构想。随后，在日本政府的支持下，日本、澳大利亚、新西兰、加拿大和美国 5 国的企业家在日本召开会议，创立太平洋盆地经济理事会（PBEC）来促进太平洋地区经济合作，这是环太平洋地区最早的经济合作组织。

进入 20 世纪 70 年代以后，随着以"亚洲四小龙"为代表的新兴经济体的发展，一些学者希望把亚洲新兴经济体融入太平洋盆地经济理事会以及拟建的"太平洋贸易与发展组织"之类的国际经济组织，亚洲和太平洋由于地缘政治和地缘经济关系的发展逐渐结合起来。1974 年，联合国把成立于 1947 年的"亚洲及远东经济委员会"改名为"亚洲及太平洋经济社会委员会"（简称"亚太经社会"，ESCAP），"亚太"概念正式形成。1985 年，日本首相中曾根做了题为《亚太时代正在到来》

的演说，这表明"亚太"概念正逐渐被国际社会所接受。1989 年首届亚太经合组织部长级会议在澳大利亚举行，第一个横跨太平洋的亚太地区经济合作机制——亚太经合组织（APEC）宣告成立。"亚太"概念随之流行起来。

由此可见，"亚太"概念是在亚洲大陆和太平洋的相互联系发展到一定阶段后才逐渐形成的。因此，随着该地区各国的经济发展以及各大国政治经济实力对比的变化，"亚太"地区的范围也在发生变化。复旦大学吴心伯教授认为对亚太地区的定义主要有三种："第一种定义覆盖了太平洋两岸，包括东亚、大洋洲、北美洲以及南美洲的太平洋沿岸国家如智利和秘鲁，这是亚太经济合作组织的涵盖范围。第二种定义主要指东亚和西太平洋地区，不包括太平洋东岸。第三种定义包括了东亚和西太平洋地区以及在这一地区有着重要的政治、经济和安全存在的美国。"① 中国社会科学院研究员王逸舟先生将亚太概念分为"大亚太""中亚太""小亚太"三种。② "大亚太"可以包括西亚以外的整个亚洲部分、大洋洲、北美洲和中南美洲西部地区；"中亚太"可以包括东北亚（含俄罗斯远东地区）、东南亚、大洋洲（主要指澳大利亚和新西兰）和北美洲西部（美国、加拿大、墨西哥）；"小亚太"指东亚（东北亚、东南亚），即大、中亚太的核心部分。③ 综合这些说法，本书所指的亚太地区主要指以东亚、东南亚、南亚为主的亚洲国家和其他环太平洋国家，主要包括中国、美国、俄罗斯、日本、印度、韩国、澳大利亚以及东盟各国，即"大亚太"的核心部分。

总的来看，亚太地区是当今全球经济发展速度最快、潜力最大、合作最为活跃的地区之一，是世界经济发展的重要引擎。同时，亚太大市场初具轮廓，亚太经济体的相互联系日益紧密，各种区域合作机制不断涌现，各个主要力量之间合纵连横，在不同议题中有不同的"排列组

① 吴心伯：《奥巴马政府与亚太地区秩序》，《世界经济与政治》2013 年第 8 期。
② 王逸舟：《当代国际政治析论》，上海人民出版社，1995，第 437 页。
③ 陈峰君：《亚太概念辨析》，《当代亚太》1999 年第 7 期。

合"，形成了独特的亚太战略博弈，对亚太地区秩序的建构产生了深远的影响。

二 亚太地区秩序的演变：历史与现状

什么是"秩序"？《辞海》的解释："①犹次序。②指人或事物所在的位置，含有整齐守规则之意。"① 从法理学角度看，美国法学家博登海默在其《法理学：法律哲学与法律方法》一书中把"秩序"界定为"在自然进程和社会进程中都存在着某种程度的一致性、连续性和确定性"②。由此可见，秩序是建立在规则之上的稳定的有序状态，而国际秩序则是国际行为体按照国际规则或者国际机制处理国家间关系和国际事务而呈现的某种相对稳定而有序的态势③，因此，国际秩序代表着稳定的权力格局以及规范国家间行为的基本规则。国际秩序变革的根本动因是各个大国力量对比的变化，这种力量既包括经济、军事等硬实力，也包括政治制度、国民素质等软实力。国际秩序一旦形成就将延续一段时间，并对处于该秩序下的国家产生持久而深远的影响。

国际秩序建设的区域基点是地区秩序。地区秩序是以地缘关系为基础的某一特定地区范围内的秩序，它是既定地理范围内各主要行为体所建构起来的政治、经济、社会、安全等各层面之间的稳定关系与结构状态，是地区内各主要行为体在地区认同、地区权力与利益分配、地区机制创立与运行方面博弈的结果。近代以来，亚太地区秩序经历了四次较大的变革，即欧洲列强主宰期、华盛顿体系期、雅尔塔体系下的冷战时期以及后冷战时期。

---

① 夏征农、陈至立主编《辞海》（第六版），上海辞书出版社，2009，第 2954～2955 页。
② 〔美〕E. 博登海默：《法理学：法律哲学与法律方法》，邓正来译，中国政法大学出版社，1999，第 219 页。
③ 杜幼康、葛静静：《印度的国际秩序观》，《复旦国际关系评论》2014 年第 1 期。

（一）近代到二战以前的亚太地区秩序：从欧洲列强主宰到华盛顿体系

1840 年鸦片战争爆发，古老的中国逐渐被纳入欧洲列强主导的世界殖民主义体系之中，朝贡体系随之解体；直到第一次世界大战结束，主导亚太地区秩序的仍是欧洲列强的殖民体系。20 世纪初，尽管欧洲列强在亚太地区格局中仍然处于主宰地位，但美国、日本开始挑战欧洲列强的地位。美国国务卿约翰·米尔顿·海伊（John Milton Hay，即海约翰）于 1899 年和 1900 年两次提出对华"门户开放"政策，意图利用美国的经济优势打破英、法、德、俄等列强在中国划定的势力范围，从而对欧洲列强在亚太地区的殖民体系构成挑战。日本在 1894～1895 年的甲午中日战争、1904～1905 年的日俄战争中获胜之后，成了亚太地区的大国，并且产生了独占中国、建立"东亚帝国"的野心。直到第一次世界大战爆发前，在亚太地区的国际舞台上，围绕怎样宰割衰弱的中国，英、法、德、俄、美、日等国展开了激烈的角逐。

1914 年第一次世界大战爆发，日本充分利用欧洲列强无暇东顾的机会，积极在中国拓展其权益，不仅几乎独占了中国东北的市场，还利用对德宣战的机会，出兵山东，占领了青岛和胶州湾。1915 年日本向袁世凯政府提出严重损害中国主权的"二十一条"，但遭到了美国的反对，美、日在中国的争夺更趋激烈。一战结束后，德国败北，沙俄消亡，法国则忙于处理欧洲事务以及国内经济恢复与重建而无暇东顾。因此，在亚太地区新一轮的博弈中，英、美、日三国成为争夺太平洋海上霸权和中国的主角。

为了遏制日本在东亚和太平洋地区的扩张，美国建议在华盛顿召开国际会议。1921 年 11 月到 1922 年 2 月，英、美、法、日、中等九国参与的华盛顿会议签订了三个条约，即《四国条约》、《五国海军条约》以及《九国公约》。《四国条约》以体面的方式埋葬了英日同盟，解除了在太平洋地区英日联合与美国的对抗。《五国海军条约》使美国在法理上限制了日本的海军力量发展，从而为取得对日本的海上优势获得了法理条件。①《九国公约》迫使日本接受了美国的"门户开放"政策，中国又回到几个帝国主义国家共同支配的局面。总之，华盛顿会议废除了英日同盟，削弱了英国在远东的势力，限制了日本在亚太地区的扩张，最终确立了以"门户开放"政策为基础的，英、美、日实力基本均衡的亚太地区新秩序。

但是，这种新秩序的维持时间并不长，日本独占中国、建立"东亚帝国"的野心并没有因华盛顿体系的建立而改变。1931 年日本发动九一八事变，独占中国东北地区；1932 年日本通过《淞沪停战协定》获得了在上海的驻兵权；1935 年日本策动"华北事变"，独占中国的野心更加高涨；1937 年日本发动了"七七事变"，开始全面侵华战争。1938 年 11 月，日本首相近卫文麿在题为《虽国民政府亦不拒绝》的第二次对华声明中声称"帝国所期求者即建设确保东亚永久和平的新秩序"，说明"这种新秩序的建立应以日满华三国合作，建立政治、经济、文化等各方面的连环互助关系为根本"，一改过去日本政府一再声称尊重各国在华利益、尊重"门户开放"政策的态度，第一次以"建立东亚新秩序"的口号公开否认了《九国公约》的对华原则，向美英提出公开挑战。② 1941 年 12 月 7 日，为了建立独霸亚太地区的"东亚新秩序"，日本偷袭珍珠港，发动了"太平洋战争"，华盛顿体系彻底崩溃，日本暂时成为亚太地区的主导性力量。1945 年 8 月 15 日，日本宣布无条件投降，其"东亚新秩序"也随之破产，亚太地区秩序进入雅尔塔体系主导下的冷战时期。

（二）冷战时期的亚太地区秩序：美苏两极格局主导

雅尔塔体系是大国实力对比和妥协的产物。在第二次世界大战中后

---

① 窦国庆：《霸权的兴起、均势的幻灭和地区秩序的终结》，湖南科学技术出版社，2016，第 121 页。

② 参见徐蓝《试论 20 世纪亚太地区国际格局的演变》，《首都师范大学学报》（社会科学版）2014 年第 3 期。

期，以苏、美、英为主的反法西斯同盟为了取得战争的最后胜利以及进行战后世界秩序的安排，先后召开了开罗会议、德黑兰会议、雅尔塔会议、波茨坦会议。这些首脑会议形成了一系列影响战后世界秩序的公报、协定、声明、议定书、备忘录，构成了雅尔塔体系，其核心就是美苏两大国按照实力划分势力范围。在雅尔塔体系之下，美、苏两个超级大国相互对峙的冷战格局由欧洲延伸到亚太地区，并在亚太地区升级为局部热战，由此引发了朝鲜战争和越南战争。由于战后初期苏联的战略重点在欧洲，美国迅速填补了因英法撤离亚太而产生的真空地带，并把日本置于自己的保护之下。但是，美国并没能独霸亚太地区，近代以来遭受宰割的中国成为二战以后亚太地区秩序建构中的重要变量。

自九一八事变以来，中国人民坚持抗击日本法西斯。太平洋战争爆发后，中国坚持抗战的决心以及重要的战略地位终于为美、英等国所承认。在1942年1月签署的《联合国家宣言》中，中国第一次以"四大国"（美国、英国、苏联、中国）之一的地位出现在国际文件上。1943年11月，美、英、中三国首脑举行开罗会议，发表《开罗宣言》，该宣言不仅使中国领土主权的恢复得到保证，还使中国的大国地位得到确认，标志着中国在世界秩序以及亚太地区秩序的建构中将发挥作用。1944年8月，中国派代表团出席四大国为筹建联合国而召开的敦巴顿橡树园会议，并提出了"中国建议"。1945年4月，在旧金山召开的联合国制宪会议上，中国是四个发起国之一。在联合国安理会中，中国被确认为五大常任理事国之一。但是，由于实力有限，国际地位上升的中国依然成为战后美苏争夺的对象，直到冷战结束，中国在亚太地区秩序建构中发挥的作用无不打上美苏冷战的烙印。

1949年10月，中华人民共和国成立，1950年2月，《中苏友好同盟互助条约》签订，中苏结盟。在美苏两极格局之下，中国选择对苏"一边倒"。因此，在美国的眼中，中国成为亚太地区的主要安全威胁和主要遏制对象。为了应对这种威胁，美国与其他亚太国家建立了军事同盟体系。

首先，在东南亚地区，美国和泰国于 1950 年 10 月签订《军事援助协定》；美国和菲律宾于 1951 年 8 月 30 日签订《共同防御条约》，其中规定：缔约国任何一方遭到"武装进攻"时，双方将采取行动以"对付共同的危险"。其次，美国与澳大利亚、新西兰于 1951 年 9 月 1 日签订《澳新美安全条约》，这标志着美澳新军事同盟正式形成。此外，1951 年 9 月 8 日，在美国的主导下，美日签订了《对日和平条约》和《日美安保条约》，形成军事安全同盟。美国与韩国于 1953 年 10 月签订了《美韩共同防御条约》，美国取得了在韩国驻军的权利，美韩同盟形成。

美国与日本、韩国、澳大利亚、菲律宾和泰国的双边同盟被合称为"轮辐体系"（Hub and Spokes System），美国就如轮子的中心，其盟国则依附于它，处于辐条的末端，它们认可美国的领导地位以及依赖美国所提供的安全保护。这种同盟体系是美国在亚太地区基本的安全架构，并且一直延续至今。

1954 年法国从印度支那败退之后，美国开始尝试在亚太地区建立集体安全防务。1954 年 9 月 6 日至 8 日，美国、法国、英国、泰国、菲律宾、巴基斯坦、澳大利亚、新西兰 8 国在马尼拉举行外长级会议，签订了《东南亚集体防务条约》（Southeast Asia Collective Defense Treaty）及其附件《东南亚集体防务条约议定书》和《太平洋宪章》。这些条约的主要内容有：建立军事同盟组织，共同应对所谓的"武装进攻"，把南越、老挝和柬埔寨纳入受保护的范围之内。马尼拉会议宣布成立东南亚条约组织（SEATO），其总部设在泰国的曼谷。1955 年 2 月，该组织正式创立，8 个成员国中，除了英国、法国外，其余都是亚太地区的国家。由于这一组织成员间利益需求上的巨大差异，加上亚太地区局势的变化，该组织于 1977 年 6 月解散。

除建立军事同盟和地区军事组织外，美国在亚太地区先后介入朝鲜战争和越南战争。到 20 世纪 60 年代中后期，亚太地区秩序出现了调整契机，这主要体现在两个方面：一是美苏亚太政策的调整，一是亚太地区经济合作的萌芽与发展。

1. 美苏亚太政策的调整

20 世纪 60 年代中后期，国际局势发生了较大的变化，一是美国逐渐陷入越南战争的泥潭；二是欧共体、日本经济的崛起使美国失去二战后独霸世界经济的地位；三是从 50 年代末开始，中苏关系持续恶化，并在 1969 年兵戎相见。面对变化的国际局势，美国对其亚太政策进行了调整。1969 年 7 月 25 日，美国总统理查德·尼克松在关岛发表的非正式谈话中阐述了其亚太政策：美国将恪守与亚洲盟国的条约义务；除非存在某个核大国的威胁，美国鼓励并期望逐渐由亚洲国家本身来处理和负责国内安全和军事防务。这一政策被称为"尼克松主义"，其核心是美国从亚洲进行战略收缩。

随后，"尼克松主义"不断被充实和完善。1970 年 2 月，尼克松总统在向国会提交的国情咨文中强调"尼克松主义"的三根支柱是"需要实力地位、需要伙伴关系和需要谈判的诚意"①，其实质是以伙伴关系为核心，以实力为基础，以谈判为主要手段在亚太地区建立新的势力平衡。为此，美国调整美日关系，缓和美中关系，结束越南战争。美国在继续控制日本的同时又希望日本能在亚太地区为维护美国利益发挥独特的作用。1971 年 6 月，美日签订了《归还冲绳协定》。1972 年 5 月 15 日，美国将冲绳的行政权归还日本。② 1972 年 2 月，尼克松访问中国，双方在上海签署《中美联合公报》。1973 年 3 月 29 日，美军全部撤离越南。1979 年 1 月 1 日，中美正式建交。尼克松对亚太政策的调整，尤其是对华关系的改善引发了整个亚太地区秩序的调整。

与此同时，苏联的亚太政策也发生了变化。首先，苏联与印度的关系逐渐密切，并于 1971 年 8 月签署了苏印《和平友好合作条约》，该条

---

① 参见王绳祖主编《国际关系史》第十卷（1970—1979），世界知识出版社，1996，第 5 页。

② 王绳祖主编《国际关系史》第十卷（1970—1979），世界知识出版社，1996，第 10 页。

约具有浓厚的军事同盟色彩。在随后的第三次印巴战争中，苏联根据条约义务向印度提供了大量的武器，支持印度肢解巴基斯坦的行动，并否决了联合国安理会呼吁双方停火撤兵的议案。其次，苏联与越南于1978年11月签订苏越《友好合作条约》，苏越靠拢使苏联在亚洲的介入进一步强化。但总的来看，亚太地区秩序仍然处于美苏两极格局的框架之下，这一直延续到苏联解体、冷战结束。

2. 亚太地区经济合作的萌芽和发展

从20世纪60年代起，亚太地区经济合作开始萌芽和发展。60年代初，由一个名为"亚洲地区经济合作专家小组"的三人小组提出了关于区域性经济合作问题的"三人报告"，主张建立亚洲经济合作机构（OAEC），这成为"战后亚太地区主张建立区域合作机构的最早的研究报告"①。随后地区经济合作组织逐渐建立起来。首先，1967年印度尼西亚、马来西亚、泰国、新加坡及菲律宾五国组建了东南亚国家联盟（简称"东盟"）。东盟成立之初，把促进经济增长、社会进步和文化发展作为主要活动目标，但在1976年2月召开的第一届东盟峰会上，东盟各成员国签署了《东南亚友好合作条约》以及《东南亚国家联盟协调一致宣言》，加强了在政治、安全领域的合作，东盟成了以经济合作为基础的政治、经济、安全一体化合作组织，并逐渐建立起一系列合作机制。

其次，亚太经合组织萌芽于20世纪60年代的太平洋盆地经济理事会、太平洋贸易与发展会议等机制积极酝酿、倡导的太平洋地区经济合作。1980年日本和澳大利亚倡导建立了"太平洋经济合作会议"［1992年改名为"太平洋经济合作理事会"（PECC）］。在"太平洋经济合作会议"的积极推动下，首届亚太经合组织部长级会议于1989年在澳大利亚举行，宣告第一个横跨太平洋的亚太地区经济合作机制——亚太经

---

① 耿协峰：《新地区主义与亚太地区结构变动》，北京大学出版社，2003，第76页。

合组织建立。亚太经合组织成立 30 多年来，成员从 12 个扩大到 21 个，是目前亚太地区级别最高、机制最完善、合作领域最多的区域组织。

最后是《曼谷协定》的缘起与签订。作为亚太地区的关税互惠协定，《曼谷协定》经过了 10 多年的酝酿。早在 1963 年，联合国亚洲及远东经济委员会为了专门讨论亚洲地区的经济合作问题，召开了第一届亚洲经济合作部长理事会。但直到 1970 年 12 月第四届亚洲经济合作部长理事会通过《喀布尔宣言》之后，联合国亚洲及远东经济委员会秘书处才开始对本区域贸易自由化的可能性展开实质性的研究，并建议有意向参与的国家建立贸易谈判小组并开始谈判。1972 年 2 月，贸易谈判小组在联合国贸易和发展会议的协助下举行了第一次会议，并在第二次会议上通过了谈判的基本准则。在 1973 年 8 月举行的第三次贸易谈判小组会议上，13 个亚太地区国家围绕关税减让问题进行了谈判。经过两年的艰苦谈判，1975 年 7 月，包括印度、斯里兰卡、孟加拉国、泰国、老挝、菲律宾和韩国在内的 7 国就一系列产品达成了降低关税的协议，在泰国曼谷签署了《联合国亚洲及太平洋经济社会委员会发展中成员国关于贸易谈判的第一协定》，简称《曼谷协定》（Bangkok Agreement）。其正式议定书获得印度、孟加拉国、斯里兰卡、老挝、韩国 5 国的批准，因而它们成为《曼谷协定》的 5 个创始成员国。《曼谷协定》通过成员国之间进出口商品关税的互惠来促进经济贸易合作和共同发展，2001 年中国加入《曼谷协定》。2005 年《曼谷协定》更名为《亚太贸易协定》（APTA）。

总之，以 20 世纪 60 年代末为界，我们可以把冷战时期的亚太地区秩序分为两个阶段。在第一阶段，为了遏制共产主义力量的发展与壮大，美国在亚太地区建立了双边的军事同盟体系以及多边的地区军事组织，并先后介入了朝鲜战争和越南战争。在第二阶段，由于中苏关系恶化、美国实力下降，美国率先对亚太政策进行调整，中美关系缓和，由此引发了亚太地区秩序的调整，但亚太地区秩序仍未脱离美苏两极格局的框架。同时，这一时期亚太地区经济合作出现萌芽和发展，这成为亚太地区发展的新趋势。

（三）冷战结束后的亚太地区秩序：调整与转型

1991 年 12 月，苏联解体，持续近半个世纪的美苏冷战宣告结束。国际秩序的剧烈变革导致地区秩序相应改变，但在欧洲和亚太地区的变化不同。冷战结束使欧洲地区秩序的结构发生根本性的变化，但并没有直接导致亚太地区秩序的重组，以美国为中心的同盟体系并没有随冷战的结束而消失。尽管如此，冷战结束还是让大部分亚太国家摆脱了两极格局的禁锢，亚太地区合作快速发展，中国、印度等新兴经济体逐渐发展，中、俄、美、日、印等亚太大国的博弈不断加剧。因此，20 世纪末 21 世纪初，亚太地区秩序进入调整与转型期，这主要体现在以下几个方面。

第一，亚太地区合作的快速发展及其困境。冷战结束后，以东盟为主导的亚太地区多边安全合作机制相继创立。1993 年，亚太安全合作理事会成立，它汇聚了来自亚太各国的专家学者，对东盟地区论坛的创立和发展起了重要的推动作用。1994 年 7 月创立的东盟地区论坛（ARF）是冷战结束后亚太地区第一个官方的安全合作机制。2002 年，在新加坡政府的支持下，香格里拉对话（SLD）创立，专门讨论亚洲安全事务。2010 年 10 月，首届东盟防长扩大会议（ADMM-Plus）在越南河内举行，对非传统安全领域的合作展开讨论和对话，是亚太地区新兴的安全合作机制。此外，中国、俄罗斯、哈萨克斯坦等国于 2001 年创立的上海合作组织也是亚太地区重要的安全合作机制之一。

在经济合作方面，一系列原有的地区合作机制逐渐扩大、升级，亚太地区经济合作步伐加快。1997 年东盟与中日韩的 10+3 合作机制建立，随后东盟与中、日、韩、印等国的 10+1 合作机制建立。2001 年中国加入《曼谷协定》，2005 年《曼谷协定》发展为《亚太贸易协定》，旨在加强成员国之间的贸易自由化。2002 年东盟自由贸易区正式启动，随后东盟与中国、日本、韩国、澳大利亚、印度等国建立起自由贸易区。东盟自由贸易区、10+3合作机制、10+1合作机制以及东盟与中日韩印等国自由贸易区的建立使亚太地区出现了以东盟为核心的"同心圆"式的地区经济合作的基本架构。在这"同心圆"式的合作网络中，东盟是所有合作机制的根基，它为亚太地区的合作提供了制度框架、合作理念、运行机制等公共产品。亚太经合组织则是最外圈的地区合作机制，东盟的"协商一致"原则对它的运行起了根本性的保障作用。大湄公河次区域经济合作等合作机制则是有益的补充。

但是，随着以东盟为中心的各种合作机制的不断增多以及合作组织的不断扩大，东盟的主导能力有逐渐被削弱之势。同时，亚太地区出现了一波新的经济合作潮流，各种经济合作机制随之兴起，许多机制互相牵制，影响了合作效率，亚太地区合作机制面临一系列亟待解决的问题：在亚太地区经济合作机制上主要面临"意大利面条碗现象"（Spaghetti Bowl Phenomenon）问题、经济合作机制的领导者以及合作走向等问题，在政治安全合作机制上则面临机制建构困难、包容性地区安全机制缺失的问题。

"意大利面条碗现象"出自美国经济学家贾格迪什·巴格沃蒂（Jagdish Bhagwati）的《美国贸易政策》一书，意为：在双边及区域自由贸易协定之下，各个协议的不同优惠待遇和原产地规则就像碗里的意大利面条，交叉复杂、纠缠不清。自贸区是一种互惠的贸易安排，本质上对非成员具有歧视性，"为避免非成员'搭便车'而设立原产地规则，不同的自贸区具有不同的原产地规则，因而自贸区越多，原产地规则也越多、越复杂，最后形成了'面条碗效应'，加大了企业出口负担，影响了相应的自贸区安排的利用率"[①]。亚太地区有众多的区域、多边、双边自贸协定，"意大利面条碗现象"特别突出。据统计，仅亚太经合组织范围内就有25个合作机制和56个自贸协定，各种机制和自

---

① 唐国强、王震宇：《亚太区域经济一体化的演变、路径及展望》，《国际问题研究》2014年第1期。

贸协定的标准、水平、内容、规则不相同，有些成员体同时面临多重贸易规则，区域合作的碎片化日益严峻，更高水平的经济一体化机制建设迫在眉睫。

在此背景之下，《跨太平洋伙伴关系协定》（TPP）和《区域全面经济伙伴关系协定》（RCEP）应运而生。截至 2018 年，RCEP 处于谈判之中，TPP 已于 2015 年 10 月 5 日结束谈判。RCEP 的谈判有助于整合业已建立的多个"东盟 10+1"自由贸易区，与 TPP 在亚太地区构成双轨竞争格局。这种格局正是亚太地区两种经济体（发达经济体与发展中经济体）之间矛盾的反映，本质上与发达国家和发展中国家在世界贸易组织（WTO）多哈回合谈判中的对立是一致的。[①] 但是，不包括中国、美国在内的 TPP 以及不包括美国在内的 RCEP 能从根本上解决亚太地区的"意大利面条碗现象"吗？很明显，答案是否定的。RCEP 和 TPP 在成员上有重合之处，但亚太地区最大经济体美国的缺席不仅不利于亚太地区的一体化进程，还制造了新的"面条碗问题"。

另外，关于亚太地区的一体化还有许多构想，如亚太共同体（APC）设想、亚太自由贸易区（FTAAP）方案。2008 年 6 月，澳大利亚总理陆克文提出"亚太共同体"方案，即在 2020 年前建立包括美国、日本、中国、印度、印度尼西亚、澳大利亚和该地区其他国家在内的"亚太共同体"。2004 年加拿大提出在 APEC 框架下建立"亚太自由贸易区"；2006 年在美国的大力支持下，建立"亚太自由贸易区"首次被纳入 APEC 领导人非正式会议议程。亚太自由贸易区的实现路径一直处于争议之中。2010 年 11 月，在横滨举行的 APEC 领导人非正式会议同意把 TPP、10+3、10+6 等该地区的合作机制及自由贸易区谈判作为实现亚太自由贸易区的可能路径。2014 年 11 月在北京举行的 APEC 领导人非正式会议决定启动和推进亚太自由贸易区进程，批准《亚太经

---

① 唐国强、王震宇：《亚太区域经济一体化的演变、路径及展望》，《国际问题研究》2014 年第 1 期。

合组织推动实现亚太自由贸易区路线图》，把 10+3、10+6 和 TPP 等区域自由贸易协定或安排作为亚太自由贸易区建设的基础。

无论是在横滨举行的 APEC 领导人非正式会议还是在北京举行的 APEC 领导人非正式会议，都反映了 APEC 成员希望通过整合亚太地区的合作机制，提升区域合作一体化水平的愿望，但是都未能解决一体化的领导者问题和一体化的路径选择问题。由于各国发展水平的不同，科技能力、工业基础、资源及物流、金融、管理、信息化程度的差异，10+6 合作机制与 TPP 差异甚大。如何处理这些差异？如何在亚太两个最重要的经济大国中国与美国之间达成共识？这是亚太自由贸易区建设必须面对和解决的问题。

与亚太地区过多的经济合作机制相比，亚太地区政治安全合作的发展则非常缓慢，地区合作机制的建构比较困难。虽然经过多年的探索和努力，亚太地区逐步形成了多层次、复合型的安全合作架构，但有效的合作机制仍然较少，还不能有效地解决包括领土领海争端、朝核问题、日本政治右倾化以及各种非传统安全问题等在内的安全问题。目前，亚太地区的政治安全合作机制主要有两大类：一种是以美国为核心的包括美日、美韩、美澳、美菲、美泰同盟条约的传统双边安全体系，这在亚太地区安全中发挥着轴心作用；一种是以东盟为核心的"东盟地区论坛"和东北亚的"六方会谈"为主的多边安全体制，这些多边体制从性质看更多的是一种就事论事的交流平台，尚缺乏一个反映冷战后亚太安全力量结构的稳定的区域安全协调机制。[①] 短期内，亚太地区难以形成凌驾于各个机制之上的包容性的泛亚太区域安全合作机制。

总之，二战结束以后特别是 20 世纪 90 年代以来，亚太地区合作取得了重大进展，各种政治安全及经济合作机制逐渐建立起来。但同时，亚太地区合作也面临新形势和新问题，亚太地区合作机制正处于调整与

① 陈松川：《当前亚太地区格局新动向的政策内涵及战略思考》，《亚太经济》2012 年第 5 期。

转型期。

第二，中国、印度等新兴经济体的发展对亚太地区秩序的冲击。冷战结束后，于1978年开始改革开放的中国进一步加快了融入世界经济的步伐。直到2011年，中国国内生产总值一直保持着年均10%左右的高速增长，远远高于同期世界经济3%左右的平均增速。随着经济的高速增长，中国的GDP逐渐增加，先后超过法国、英国和德国，中国于2007年跃居为世界第三大经济体。2010年中国GDP超过日本，中国成为世界第二大经济体，2011年中国人均GDP超过5000美元。同时，中国对外贸易发展迅速，2009年中国出口总额达到1.2万亿美元，中国超过德国，成为世界第一大出口国。2012年中国货物进出口总额达到3.87万亿美元，① 超过美国，跃居世界第一。中国经济的发展以及与世界经济的联系改变了中国在亚太区域经济中的地位，对原有的亚太地区秩序造成冲击。

首先，中国经济的发展使亚太地区的经济关系发生了巨大变化。随着中国经济与全球经济联系的日益紧密，尤其是中国在全球加工贸易中的地位上升，亚洲其他国家借助中国经济引擎，逐步深入参与全球生产价值链，并形成了"亚洲供应链"。这使得中国周边的诸多亚洲小国家更好地参与国际市场。② 因此，东亚和东南亚国家与中国的经贸关系日益紧密，中国不仅成为韩国、日本及东盟的最大贸易伙伴，也逐渐成为亚太地区新的经济中心之一。

1992年中国与韩国建交。2003年中国超过美国，成为韩国最大的商品出口国。2014年中韩双方旅游规模超过1000万人次。2015年6月1日，中韩两国签订自由贸易协定，协定于当年12月20日生效。2015年中国仍然是韩国的第一大贸易伙伴，韩国对中国出口商品额为

① 数据来源于中国国家统计局网站，http://www.stats.gov.cn/tjsj/tjgb/ndtigb/qgndtjgb/201302/t20130221-30027.html。

② 臧旭恒、李扬、贺洋：《中国崛起与世界经济版图的改变》，《经济学家》2014年第1期。

1371.4 亿美元，占其出口额的 26%；从中国进口商品额为 902 亿美元，占其进口额的 20.7%。①

中国与日本于 1972 年建交，但中日贸易的快速增长是在冷战结束之后。2004 年中日双边贸易额突破 1000 亿美元，2009 年中国首次成为日本的最大商品出口国。2011 年中日双边贸易额达到 3461.1 亿美元，中国为日本第一大贸易伙伴、第一大出口目的地和最大的进口来源地。② 尽管 2012 年中日两国因为钓鱼岛事件而政治关系更趋冷淡，但 2012 年、2013 年、2014 年连续 3 年，中日双边贸易仍保持在 3000 亿美元以上，中国仍然是日本第一大贸易伙伴。

冷战结束后，中国与东盟的关系实现了跨越式发展。1990～1991 年，中国与印度尼西亚复交，与新加坡、文莱建交。1991 年中国成为东盟的对话伙伴，1997 年中国与东盟建立 10+1 合作机制，2002 年双方签署《中国-东盟全面经济合作框架协议》，确定 2010 年建成中国-东盟自由贸易区的目标，此后中国逐渐成为东盟各国的主要贸易伙伴。2004 年中国与东盟的双边贸易额突破 1000 亿美元，三年后即 2007 年中国与东盟的双边贸易额突破 2000 亿美元。2010 年，中国和东盟之间的贸易额达到 2928 亿美元。此时，中国已经成为东盟第一大贸易伙伴和第一大商品出口国，而东盟也成为继欧盟、美国、日本之后的中国第四大贸易伙伴。2011 年东盟超过日本，成为中国的第三大贸易伙伴。2012 年中国和东盟之间的贸易额超过 4000 亿美元，2015 年达到 4721.6 亿美元。③

虽然贸易关系不能完全概括双方的经济关系，但它对国家之间经济关系的紧密程度具有明显的指标含义。如果未来一个时期，中国经济继续保持较高速的增长，随着中国经济总量的增加，以及中国与许多周边国家经济关系的进一步深化，只要区域内大国不在经济领域采取强有力

---

① 数据来源于中国商务部网站，http：//countryreport. mofcom. gov. cn。

② 数据来源于中国商务部网站，http：//countryreport. mofcom. gov. cn。

③ 数据来源于中国商务部亚洲司网站，http：//yzs. mofcom. gov. cn。

的针对中国的政策措施，中国在亚太地区的经济中心地位在未来一个时期将得到进一步巩固。[①]

其次，尽管中国成为亚太地区新的经济中心之一，但并未动摇美国在亚太地区秩序中的主导地位。有学者认为中国经济的发展使亚太地区出现了中国主导经济、美国主导安全的二元格局，但实际上，说中国主导亚太地区经济还是有点言过其实。虽然中国是日本、韩国、东盟的最大贸易伙伴，双边贸易额巨大，有了量的积累，但此时还没有导致质的变化。在国际贸易结算中，人民币占比仍然较小。据渣打银行的统计，2015年10月中国大陆的对外贸易中只有21%的跨境贸易是用人民币结算的。美元仍是亚太地区乃至世界各国主要的跨境贸易结算货币。欧美主导的国际货币基金组织、世界银行和世界贸易组织仍然是世界经济主要的协调机构，亚太地区也不例外。尽管如此，中国经济的发展还是使亚太地区出现了经济与安全关系的变化，并促使亚太地区秩序调整和转型。

印度是亚太地区另一个正在蓬勃发展的新兴经济体。自1991年印度实行经济改革以来，其经济实力逐渐增强。整个90年代，印度经济保持6%以上的年增长率，按平均购买力（PPP）计算，2002年印度已是世界第四大经济体。2004年印度GDP接近6700亿美元，2005~2008年，印度GDP平均增长率为8%以上。根据国际货币基金组织2014年4月公布的数据，2013年印度GDP达到1.8万亿美元，居世界第10位。但是，根据世界银行按平均购买力的计算，2013年印度GDP为6.77万亿国际元，是仅次于美国、中国的世界第三大经济体。[②] 自莫迪总理2014年5月上台后，印度经济更是快速发展，2014~2015财年[③]印度GDP增长率为7.3%，2015~2016财年印度GDP增长率为7.6%，[④] 连

---

① 吴心伯等：《转型中的亚太地区秩序》，时事出版社，2013，第69页。

② 余芳琼：《当代印度的东南亚政策研究》，中央民族大学出版社，2015，第194页。

③ 印度财年是指当年4月1日到第二年的3月31日。

④ 数据来源于印度统计和计划执行部网站，http://www.mospi.gov.in/。

续两年超过中国 GDP 的增长速度。

印度经济的发展使其与亚太地区的经贸联系更加紧密，2014～2015年，印度的进出口贸易额达到 7585 亿美元，前 10 大贸易伙伴中有 6 个位于亚太地区。其中，印度从东北亚地区的进口贸易额达到 938 亿美元，占印度进口总额的 20.9%；从东盟地区的进口贸易额达到 447 亿美元，占印度进口总额的 9.98%。2015～2016 年印度与东盟的贸易总额为650 亿美元，占印度对外贸易总额的 10.12%。① 印度经济的发展及其与亚太地区的经贸联系使其成为亚太地区另一个新的经济中心，这不可避免地对亚太地区的秩序造成一定的影响。就像美国芝加哥全球事务委员会调研报告所指出的，印度的发展，跟中国的发展一样，"将带来权力和影响力的多极化，从而最终导致国际秩序的重新调整"②。

总之，中、印的发展使世界经济重心向亚太地区转移，并对亚太地区的经济、政治格局造成巨大冲击，促使亚太地区秩序调整与转型。

第三，美国亚太同盟体系的变化和亚太地区大国的博弈促使亚太地区秩序调整与转型。冷战结束后，以美国为中心的双边同盟体系仍是亚太地区主导性的安全架构，并且美国进一步强化了其亚太同盟体系。但是，随着中国、印度的发展，由于以东盟为中心的多边主义发展以及领土争端升级等，亚太地区安全格局发生了较大变化，美国的"轮辐体系"受到挑战，其轮辐结构向网状结构转变。

首先，作为亚太地区最具影响力的美日同盟在冷战结束后通过再定义、反恐整合与危机刺激实现了三次强化。1997 年 9 月，美国和日本对 1978 年的《美日防卫合作指针》（Guidelines for U. S. -Japan Defense Cooperation）进行了修改，公布了新的《美日防卫合作指针》，重新定义美日的同盟关系。此后，日本又在参议院通过了《周边事态法案》、《修订自卫队法案》以及《修订美日相互提供物品劳务协议案》，将之

---

① 数据来源于印度商务部网站，http：//commerce. gov. in。

② 转引自潘忠岐《与霸权相处的逻辑》，上海人民出版社，2012，第 279 页。

作为新防卫合作指针的配套法案。遏制和干预"周边事态"成为美日同盟的新使命。"9·11"事件后，日本为了表达对美国反恐的支持，频频借船出海，同盟区域已实现事实性扩大，日本成为全球超级警察的"大副手"。2004 年起的基地调整使日本成为美国太平洋防区的陆、海、空军的指挥中心，① 美日同盟进一步强化。继 2010 年东北亚危机、钓鱼岛撞船事件以及 2012 年钓鱼岛国有化事件之后，2015 年 4 月 27 日，美日在纽约再次联合发布新的《美日防卫合作指针》，解除了对日本自卫队行动的地理限制，允许日本武装力量在全球扮演更具进攻性的角色，并允许美日两国在提升导弹防御能力、空间安全、网络安全等方面进行合作。美日同盟再次强化，这无疑将对亚太地区安全格局造成一定的影响。

其次，在朝核危机的背景之下，美韩同盟进一步强化。早在 1953 年，美韩两国签订了《美韩共同防御条约》，这为美军永久驻扎韩国提供了法律依据。2008 年，美韩宣布建立"21 世纪战略同盟关系"，"将美韩同盟的职能由专职于朝鲜半岛防务，扩大为整个亚太地区"。② 2009 年 6 月，美韩签署了《美韩同盟共同展望声明》，双方决定在朝鲜半岛、亚太地区和全球三个层面构建"全方位战略同盟"。③ 2010 年 7 月，美韩两国在首尔举行首届外长和防长"2+2"会谈，决定保持快速的联合防御能力，并继续在双边、地区乃至全球范围内深化合作。2016 年 7 月 8 日，韩、美两国军方在首尔发表联合声明，决定在驻韩美军基地部署末段高空区域防御系统，即"萨德"系统，韩美军事合作进一步升级。

---

① 凌胜利：《冷战后美国亚太联盟的强化：趋势与问题》，《美国问题研究》2012 年第 2 期。

② 程晓勇：《冷战后美国亚洲同盟体系内的两种趋向——基于美菲同盟与美韩同盟的考察》，《南京政治学院学报》2012 年第 6 期。

③ 凌胜利：《冷战后美国亚太联盟的强化：趋势与问题》，《美国问题研究》2012 年第 2 期。

美澳同盟也进一步强化。2007 年 9 月，美澳签署《防务贸易合作条约》，澳大利亚在防务贸易方面获得了与英国同等的待遇，即澳美之间大部分的防务贸易无须得到政府事先批准。2012 年 4 月，美军进驻澳大利亚北部的达尔文港，这标志着美澳军事关系进一步加强。

但是，我们也要看到在美国强化双边军事同盟的同时，美日韩、美日澳三边合作迅速发展，它们正是美国亚太同盟体系网络化的典型体现。网络化主要指盟国之间的安全合作机制化，横向联系大幅加强，美国与盟国、盟国与盟国之间开展小多边合作，使得单线联系的"轮辐体系"变得纵横交错，交织成网。①

2009 年 5 月底，美日韩三国防长在香格里拉对话的间隙举行了首次会晤。2012 年 1 月，美日韩三国在华盛顿决定将三国防长会晤升级为定期机制。2012 年 6 月，美日韩在朝鲜半岛以南海域举行了首次联合军演。2014 年 7 月，美日韩首届参谋总长级会谈在夏威夷举行，三国就强化安保合作达成一致意见。三国军事合作的核心是构建以美国为主导的一体化导弹防御系统，因此反导情报成为美日韩三国安全合作的重点。2014 年 12 月 29 日，美日韩三国签署了《关于朝鲜核与导弹威胁的情报交流协议》，美国成为日韩情报交换的媒介；借助美国的情报中转，韩日两国在对朝情报合作方面取得了实质性进展。2016 年 1 月，美日韩在日本东京举行副外长级会谈，再次确认三国将加强军事合作以应对朝鲜的威胁。2016 年 6 月 28 日，美日韩三国海军在夏威夷附近海域举行首次联合导弹跟踪演习，三国在导弹防御方面的合作步伐加快。

2001 年，时任澳大利亚外长的唐纳提出建立美日澳三边安全对话机制，得到美日两国的积极响应。2002 年，美日澳三国举行了副部长级的三边对话。2006 年 3 月，美日澳三国副部长级对话正式升级为部长级对话。2007 年 6 月，美日澳三国防长在香格里拉对话的间隙举行

---

① 孙茹：《美国亚太同盟体系的网络化及前景》，《国际问题研究》2012 年第 4 期。

了首次三边防长会，随后的 10 月，美日澳举行了首次联合军演。此后美日澳三国定期举行部长级对话和联合军演。2011 年 7 月南海局势升温之际，美日澳在文莱附近海域举行联合军演。2013 年 10 月，美日澳三国外长在巴厘岛 APEC 部长级会议的间隙举行了第五次部长级战略对话，并发表了涉及东海、南海问题的联合声明。2016 年 7 月 25 日，美国、澳大利亚、日本发表联合声明，再度对南海问题表示"关切"，并对中国方面施压，要求其遵守国际常设仲裁法院的不公正裁决。① 美日澳三国在亚太地区的外交与安全合作步步升级。

这些三边关系的发展使"美国亚太联盟体系从'中心—轮辐'模式逐渐变为更加网络化的结构，与冷战后逐渐形成的多边组织共存，甚至在一定程度上降低了美国与联盟伙伴间双边关系的重要性"②。但是，美国亚太同盟体系网络化的发展也有助于提升美国与盟国在这一地区联合开展行动的能力。美国还竭力把印度囊括到三边合作中，如：2007年 4 月，美日印三国首次举行了联合军演；2011 年 12 月，美日印三国在华盛顿举行了司局级的三边对话，议题不仅涉及印度洋-太平洋海上交通安全，还包括如何协调三国对缅甸政策等。③ 这被看作美国亚太同盟体系向网状结构发展的重要举措，表明美国主导的三边合作不仅仅局限于与盟友之间，还已扩展到与安全伙伴之间。2014 年 7 月，美日印三国海军在冲绳举行了联合演练。三国讨论构建一个层级更高的战略对话机制，意图通过举行三边会谈来商讨加强三边安全合作以"增加现有三边关系的价值"④。2015 年 9 月，美日印举行首次部长级三边对话，

① 周亦奇：《当伙伴"遇见"盟友——中国伙伴关系与美国同盟体系的互动模式研究》，《国际展望》2016 年第 5 期。
② 杨毅：《美国亚太联盟体系的维系与转型》，《当代世界与社会主义》2015 年第 6 期。
③ 周方银：《美国的亚太同盟体系与中国的应对》，《世界经济与政治》2013 年第 11 期。
④ 林晓光：《从地缘战略看亚太地区大国关系：中美日印的外交博弈》，《南亚研究季刊》2015 年第 2 期。

明确表示将进一步加强在安全领域的三边合作。

美国亚太同盟体系的强化以及网络化发展趋势对亚太地区安全格局造成了较大的影响。美国通过亚太同盟体系的网络化强化了其在亚太地区安全格局中的主导地位，并导致一些国家如朝鲜、缅甸等感到不安全。为了寻求自身安全，这些不在美国亚太同盟体系内的国家或者联合或者寻求地区安全合作或者扩充自身军备或者追求核武……亚太地区大国的博弈也更趋激烈。其中，中国与美国的关系成为影响亚太地区格局的核心因素。"充满变数的中美关系不仅本身会对亚太地区秩序的发展产生直接影响，而且还会通过影响其他双边关系对地区秩序产生间接影响。"[1] 中印关系在逐渐改善，但中日之间的对抗则有所增加。因此，美国亚太同盟体系的网络化与亚太地区大国的博弈不可避免地对亚太地区格局造成影响，并推动其调整与转型。

总之，1840 年以来的亚太地区秩序经历了中国衰落和欧洲列强主宰、英美日实力均衡的华盛顿体系、雅尔塔体系下的美苏冷战以及后冷战时期的调整与转型四个阶段。在这一演变中，大国力量对比及其战略关系构成了亚太地区秩序的基础，欧洲列强、日本、美国、苏联以及它们之间的相互关系曾是亚太地区格局的主导力量。20 世纪 90 年代以后，随着全球化以及地区主义的进一步发展，由东南亚小国组成的东盟成为一支不可忽视的新兴力量。与此同时，以中国、印度为代表的新兴经济体逐渐发展，这些蓬勃发展的新生力量正在改变亚太地区的大国关系，促使亚太地区秩序进行调整与转型。

* * *

二战结束后，尤其是 20 世纪六七十年代，随着太平洋两岸经济联系的加深，作为地缘政治术语的"亚太"概念逐渐形成，并随着 1989

---

① 潘忠岐：《冷战后亚太地区秩序的变革》，《教学与研究》2007 年第 9 期。

年亚太经合组织（APEC）的建立而流行。作为一个发展的概念，"亚太"地区的范围随着该地区各国的经济发展以及各个大国之间政治经济实力的对比而发生变化。本书将"亚太"地区界定为主要包括中国、日本、韩国、印度、美国、俄罗斯、澳大利亚以及东盟各国在内的亚洲国家和其他环太平洋国家。这是当今世界经济发展速度最快、潜力最大、合作最为活跃的地区之一，也是大国博弈最为激烈、秩序处于重构和转型中的地区。

回顾历史，自近代以来到二战结束，除了日本曾以"大东亚共荣圈"的谎言短暂地对亚太地区的部分国家进行殖民统治外，亚太地区秩序的主要控制者是欧美列强。二战结束后，随着印度独立和新中国成立，亚太地区的地缘政治格局发生了巨大改变，但是主导亚太地区秩序的仍是美、苏两个大国及其冷战格局。尽管如此，印度、中国仍然成为二战以后亚太地区秩序建构的重要变量。冷战结束后，由于中国、印度等新兴经济体的逐渐发展，以东盟为主导的亚太地区合作的快速发展以及中俄美日印等亚太大国博弈的加剧，亚太地区秩序在 20 世纪末 21 世纪初进入调整与转型期。

第二章　亚太地区在印度外交战略中的
地位及其变化

任何一个国家的外交战略都必须服务于其国家大战略。印度独立后的国家大战略就是要成为"有声有色"的世界大国，即大国战略。亚太地区在印度大国战略中居于什么地位？印度对亚太地区的认知经历了怎样的变化？下面对这些问题进行初步探讨。

一　冷战期间印度对亚太地区的外交定位及其变化

冷战时期也是"亚太"这个地区概念的形成期。正因为如此，在整个冷战期间，印度对该地区没有统一的、明确的外交定位。总的来看，从 1947 年印度独立到 1962 年中印边界冲突这一时期内，印度实施为其大国战略服务的"泛亚主义"，在亚太地区事务中扮演积极的、活跃的角色。从中印边界冲突到冷战结束，印度外交重点集中于南亚地区，亚太地区在印度外交战略中被边缘化。

（一）1947~1962 年印度大国战略下的泛亚主义及其对亚太地区的高度重视

印度的大国思想由来已久。在印度古代文献中，诸如"大帝、大王、王中之王、独王"之类的名称经常被使用，这表达了印度最初的大国意识。辉煌的传统文化让印度近现代民族主义者无比自信，催生了强烈的民族主义情绪，强化了大国意识；独特的地理环境孕育了印度人的大国理想，而英国殖民统治的遗产则为印度政治精英提供了成为世界大国的依据。① 因此，在争取民族独立的斗争中，以尼赫鲁为代表的民族主义者逐渐把"成为世界大国"作为独立后印度国家大战略的主要目标。尼赫鲁在《印度的发现》中写道："印度以它现在所处的地位，是不能在世界上扮演二等角色的。要么就做一个有声有色的大国，要么就销声匿迹，中间地位不能引动我，我也不相信中间地位是可能的。"②

那么，怎样实现大国理想呢？尼赫鲁认为印度应该在成为从东南亚到西亚的经济和政治活动中心的基础上，在亚太地区发挥重要影响力，从亚太走向世界。他特别强调印度的亚洲属性。1946 年 9 月 7 日，即印度建立过渡政府六天后，担任过渡政府总理的尼赫鲁发表广播讲话，他讲道："我们是亚洲人，亚洲各民族与我们有着更亲近、更密切的关系。印度的地理位置决定她是西亚、南亚和东南亚的枢纽。"在《印度的发现》一书中，他写道："在将来，太平洋将代替大西洋成为全世界的神经中枢。印度虽然并非一个直接的太平洋的国家，却不可避免地将在那里发挥重要的影响。在印度洋地区，在东南亚一直到中亚细亚，印度也将发展成为经济和政治活动的中心。"③

因此，在亚太地区发挥重要影响力是印度成为"有声有色的大国"的重要路径，而东南亚地区是印度走向亚太的突破口，印度必须首先在东南亚地区发挥重要影响力。著名的印度外交史学家潘尼迦在 20 世纪 40 年代就指出："一个自由稳定并有能力在东南亚承担应有责任的印度，是任何稳定的地区安全机制不可或缺的前提。"④ 基于这些认识，尼赫鲁曾设想把东南亚地区的国家囊括在一个由印度起主导作用的地区

---

① 余芳琼：《浅析东向政策在印度大国战略中的地位及影响》，《唐山学院学报》2011 年第 4 期。

② 〔印〕贾瓦哈拉尔·尼赫鲁：《印度的发现》，齐文译，世界知识出版社，1956，第 57 页。

③ 〔印〕贾瓦哈拉尔·尼赫鲁：《印度的发现》，齐文译，世界知识出版社，1956，第 712 页。

④ K. M. Panikkar, *The Future of South-East Asia: An Indian View*, New York：The Macmillan Company, 1943, p. 87.

性联盟中。1940 年，尼赫鲁谈到要建立一个包括中国、缅甸、锡兰、阿富汗以及锡金、马来亚、伊朗在内的亚洲国家联邦。1946 年，他谈到亚洲国家联邦包括印度和东南亚的西部，在独立后的议会辩论中，他也坚持这样的联邦计划。①

1947 年 3 月，亚洲关系会议（Asian Relations Conference）在新德里召开，会议重点讨论了亚洲国家经济、社会、文化的发展问题以及亚洲各族人民为争取民族独立斗争而加强联系、加强团结的问题。在这次会议上，尼赫鲁提出建立以中国和印度为核心的"东方联盟"（Eastern Federation）的设想。这次会议以及"东方联盟"的设想体现了印度在后殖民时代建立一个联合的"新亚洲"的努力，是尼赫鲁"泛亚主义"精神的具体实践。

正因为尼赫鲁坚持"泛亚主义"，他坚决反对外部大国干涉亚洲事务，在 1947 年印度独立前夕，尼赫鲁指出："门罗总统提出的门罗主义确保了美洲免受外来侵略近百年之久，现在到了将同样的门罗主义运用于亚洲国家的时候了。"② 这被看作"印度版门罗主义"（India's Monroe Doctrine）的萌芽，表明了印度想主宰亚洲，想在亚洲事务中扮演主导角色，因而这一时期印度在亚太地区展开了积极外交，积极支持东南亚地区的民族解放运动、积极介入朝鲜战争和第一次印支战争的调停、积极支持和组织亚非会议的召开，而这些都是为印度"世界大国"的战略目标服务的。

（二）1962~1991 年印度的南亚地区主义以及亚太地区被边缘化

1962 年的中印边界冲突是印度外交战略的一个转折点。在短暂的冲突中，印度的军事惨败让尼赫鲁非常震惊，怎样保证国家安全成为印

---

① 参见 A. K. Majumdar, *South-East Asia in India Foreign Policy: A Study of India's Relations with South-East Asian Countries from 1962-1982*, Calcutta：Naya Prokash, 1982, p. 20。

② 参见宋德星《印度国际政治思想刍议》，《南亚研究》2006 年第 2 期。

度政治精英关注的首要问题。同时，战争暴露了印度的虚弱，这使印度在第三世界中的光辉形象大打折扣，印度在国际社会中的地位大大下降。在现实面前，尼赫鲁开始收缩外交战线、调整其不结盟的外交政策，向美苏和其他西方国家寻求军事援助，并拟定"大规模重整军备计划"。1964 年 5 月，尼赫鲁逝世。以英迪拉·甘地为代表的继任者继续调整外交政策，重点经营南亚地区，亚太地区在印度外交战略中被边缘化。

1. 英迪拉·甘地经营南亚地区与"印度版门罗主义"

印度处于南亚地区的中心位置，面积占南亚地区的 3/4，同时拥有南亚地区 3/4 的人口和国民生产总值（GNP），因此，在该地区建立主导性地位是印度对外政策的重要目标之一。尼赫鲁政府于 1949 年、1950 年与不丹、尼泊尔和锡金这三个被前印度总督寇松称为"保护国链条"的喜马拉雅山小国重新签订了条约，继承了英国在喜马拉雅山诸王国中的角色。

但是，印巴分治严重阻碍了印度地区目标的实现，巴基斯坦是南亚地区唯一能与印度抗衡的国家。1947 年 10 月，因为克什米尔问题，印度与巴基斯坦爆发了第一次印巴战争。在联合国安理会的调停下，1948 年 8 月印巴达成了停火协议。这场战争之后，印巴长期处于对立、僵持的状态。由于尼赫鲁的外交重点在全球层面，他希望利用不结盟外交来确立印度作为第三世界力量中心的地位，并不愿意在巴基斯坦问题上过多纠结。

1949 年，尼赫鲁向巴基斯坦提出了一个"免战"条约，但巴基斯坦并未做出反应。1958 年，阿尤布·汗向印度提出一项在解决克什米尔争端前提下实行"联合防御"的协议，之后，尼赫鲁再次提出签署免战条约。① 巴基斯坦对此不予回应。1962 年中印边界冲突暴露了印度

---

① 〔美〕斯蒂芬·科亨：《大象和孔雀——解读印度大战略》，刘满贵等译，新华出版社，2002，第 228 页。

的虚弱，1965 年第二次印巴战争爆发。在苏联的斡旋下，1966 年 1 月，印巴签署了《塔什干协定》，规定"双方不使用武力，用和平手段解决争端"，并确认了 1948 年两国对克什米尔的划分。

1962 年的中印边界冲突和 1965 年的第二次印巴战争促使印度政治精英对国家安全、地区环境以及外交政策进行重新评估。印度对南亚地区更加关注，或者说地区主义在外交政策中"取得了更为重要的地位"，之后历届政府尽管在内容、形式上有所不同，但实行的政策更加注重实用性和以在南亚地区的利益为中心。1971 年，英迪拉·甘地政府发动了第三次印巴战争，这场战争以东巴基斯坦从巴基斯坦独立出去并成为孟加拉国结束，由此改变了南亚地区的政治版图，这是印度外交政策中一个极为重要的界标。不仅国际上承认了其在南亚政治舞台上的支配地位，更重要的是印度地区外交政策不再动摇不定——"从尼赫鲁时期专注于世界事务转变到更切合实际、更加以力量为宗旨的地区主义政策"，印度确立了地区外交政策的四大目标：（1）增强军事力量；（2）双边主义；（3）减少中国的影响；（4）抑制南亚地区的不稳定状况。①

成为南亚霸主的印度开始着力整合南亚地区，充当南亚地区警察，并提出了排除外来干涉的"印度版门罗主义"。1971 年印度击败巴基斯坦后，一直与外界保持一定距离，因为它想寻求与巴基斯坦达成双边谅解。② 1972 年 6 月底 7 月初，印巴首脑在西姆拉山区会晤，经过艰苦谈判，签署了《西姆拉协议》，印度第一次在没有第三方的干预下与巴基斯坦达成协议。1973 年 4 月印度对锡金实行军事占领，1975 年吞并锡金，将其变成印度的一个邦。1983 年 7 月，印度总理英迪拉·甘地提出了"英迪拉主义"，亦称"印度版门罗主义"，其主要内涵是"印度

---

① 参见孙晋忠《试论印度地区外交政策的理论与实践》，《南亚研究》1999 年第 1 期。

② 〔美〕斯蒂芬·科亨：《大象和孔雀——解读印度大战略》，刘满贵等译，新华出版社，2002，第 238 页。

不会干涉这一地区任何国家的内部事务，除非被要求这么做，也不容忍外来大国有这种干涉行为；如果需要外部援助来应付内部危机，应首先从本地区内寻求援助"①。这意味着南亚将是印度的南亚，只有印度才能充当南亚地区的"安全管理者"。拉吉夫·甘地基本上继承了其母亲的遗产，不仅强烈反对任何外部力量对南亚主权国家的内部事务进行干涉，也强烈反对它们对任何次大陆内部事务如南亚国家间关系进行干涉。在极力维护印度在南亚次大陆的优势地位的同时，拉吉夫还努力为这种优势地位披上合法的外衣，增强道德性，减少地区霸权成本。②

拉吉夫·甘地政府大力推行"印度版门罗主义"。1987～1990年，印度卷入斯里兰卡内战，向斯里兰卡先后派驻7万维和部队。1988年11月，印度卷入马尔代夫的内乱，应马尔代夫政府请求派遣1600名伞兵帮助马尔代夫平息泰米尔雇佣兵的叛乱。1989年3月，因对尼泊尔在防务和外交事务中出现的新的独立精神不满，拉吉夫·甘地政府对尼泊尔实施经济封锁，停止向尼泊尔提供石油等必需品，并把与尼泊尔的15个贸易过境点中的13个关闭，尼泊尔被迫全面让步。1990年6月，印度重开与尼泊尔的贸易过境点，两国关系才有所缓和。

总之，通过1971年的第三次印巴战争，印度成了南亚地区无可争议的大国，并在80年代大力推行"印度版门罗主义"，在南亚地区安全中扮演领导者角色。

2. 亚太地区在印度外交战略中被边缘化

1962年中印边界冲突之后，亚太地区在印度的外交战略中逐渐被边缘化，这主要源于以下几个方面。

首先，中印交恶促使印度重新审视自己的安全环境，"防范中国"成为印度的主要外交目标之一。而此时，美苏两个大国正在进行"审慎的和解"；美国在亚洲越来越积极地活动，反对中国；苏联与中国的

---

① 转引自孙晋忠《试论印度地区外交政策的理论与实践》，《南亚研究》1999年第1期。

② 李忠林：《印度的门罗主义评析》，《亚非纵横》2013年第4期。

分歧越来越大，中苏分裂的端倪已然出现。印度与中国的不和，适应了"正在出现的大国间关系的新格局"，使得印度在实际上走向双重结盟，既联美，又联苏，共同反华。①

然而，随着第二次印巴战争的爆发以及美国越来越深地卷入越南战争，1965 年美国终止了对印度的军援，苏联逐渐成为印度军事装备的最大供应者。1969 年中苏在珍宝岛兵戎相见，中苏关系完全破裂。印苏两国在"防范中国"的基础上进一步靠拢，1971 年两国签订苏印《和平友好合作条约》，结成了准军事同盟。从与美苏双重结盟到与苏联单向准结盟，印度完成了自 1962 年中印边界冲突后外交战略的调整，而这次外交战略调整的核心就是应对所谓的"中国威胁"，亚太地区在其外交战略中被边缘化。

其次，与苏联准结盟不仅表明印度不结盟政策的改变，也预示着印度越来越深地卷入冷战，印度在亚太地区的外交空间急剧缩小。因为与苏联的特殊关系，印度不仅与美国及其在亚太地区的盟友（如日本、韩国、澳大利亚、菲律宾等）关系疏远，也与大多数东南亚国家关系疏远。与美国关系密切的东盟及东盟国家对"印苏结好"有着较深的疑虑，而越南则因印苏的特殊关系而与印度成了朋友，苏联、印度、越南建立起紧密的关系。因此，在一定程度上，印度在亚太地区的外交政策失去了其在 20 世纪 50 年代所具有的自主性，成为印苏特殊关系的"附属品"。

虽然印度与苏联的特殊关系深刻影响了印度在亚太地区的外交政策，但是印度与苏联在亚太地区的合作是有限度的，尤其是在亚洲集体安全问题上，尽管苏联多次向印度提议建立"亚洲集体安全体系"，但印度并未给予积极响应，并未借此机会扩大其在亚太地区的影响力。由此可见，在冷战背景下，印度不愿意过多地卷入亚太地区事务。

---

① 〔澳〕内维尔·马克斯韦尔：《印度对华战争》，陆仁译，三联书店，1971，第490 页。

最后，中印交恶对亚太地区格局造成了重大影响，促使亚太地区力量重新分化组合。印度在与美苏实行短暂的交好之后，最终与苏联准结盟。中国在延续自新中国成立以来中美对抗关系的同时，60年代经历了中印关系恶化、中苏关系破裂，70年代初则迎来中美关系的转机。1971年美国总统国家安全事务助理基辛格取道巴基斯坦秘密访华，1972年初美国总统尼克松访华，开启中美关系的破冰之旅。中美关系的改善打开了中国在亚太地区的外交战略空间，中国先后与日本、澳大利亚、马来西亚、菲律宾、泰国等国建立了正式外交关系。1979年1月1日，中美正式建立外交关系。中美关系正常化以及中国在亚太地区的外交扩展重塑了亚太地区格局。

总之，冷战时期，亚太地区在印度的外交战略中处于边缘地位。正如桑贾亚·巴鲁在《印度崛起的战略影响》一书中所言："冷战、印中紧张关系和中越边界战争，这些因素合在一起使得这一地区的国家分道扬镳，彼此都向其他地区（常常是本地区以外）去寻找朋友，而不是去努力开拓一种加深泛亚关系的前景。"①"泛亚主义"被抛弃，印度着力经营南亚地区，直到冷战结束。

二 冷战结束以来亚太地区在印度外交战略中的地位及其变化

1991年苏联解体，标志着近半个世纪的美苏冷战结束，世界格局随之巨变。面对新的国际国内环境，印度开启了新一轮外交政策的调整，重新把目光投向亚太地区，并出台了"东向政策"（Look East Policy）。自此以后，亚太地区在印度外交战略中的地位逐步上升。随着亚太地区一体化的发展以及与印度洋地区联系的日益紧密，"印太"概念逐渐流行。在"印太"语境之下，印度进一步强化"东向政策"，并把它升级为"东向行动政策"，亚太地区成为印度的外交重点之一。

---

① 〔印〕桑贾亚·巴鲁：《印度崛起的战略影响》，黄少卿译，中信出版社，2008，第154页。

（一）印度重新关注亚太地区与东向政策的出台

自 1971 年印度与苏联签订苏印《和平友好合作条约》之后，印苏的战略关系因经贸联系而进一步加强。70、80 年代，由于印度与苏联密切的战略和经贸联系，苏联是印度外交战略中的"基石"。到冷战结束之际，苏联是印度的第二大贸易伙伴和最重要的军事武器来源国。因此，80 年代末 90 年代初，东欧剧变、苏联解体使印度内政外交遭受巨大的冲击。一方面，苏联解体使印度失去了重要的经济外援，发展缓慢的印度经济雪上加霜；另一方面，东欧剧变使印度的外交空间遭到挤压，而苏联解体使印度失去了长达 20 年的密友。过去印度在一个全球结构清晰的框架下制定自己的外交政策，然而在 20 世纪 90 年代初期，这些政策所依赖的基础没有了。① 在此背景之下，除了对内政外交进行根本性的调整外，印度别无选择。

1991 年印度大选后，改革派的拉奥（P. V. Narasimha Rao）上台，打开了印度的改革之门。在经济方面，拉奥政府着力推行自由化、私有化、市场化、全球化改革；在外交方面，拉奥政府逐步推行经济外交和全方位的多边自主外交，以拓展印度的外交战略空间，创造有利于经济改革和发展的外部环境。东向政策就是在此背景之下出台的。

1991 年 9 月，拉奥政府出台面向东方的"外交政策决议"，其中指出："一直以来，印度主要面向西方，加强与西方国家在政治、经济、商业和文化上的联系；现在也是转向注重东方的时候了，发展同东南亚、远东国家间的投资贸易关系、政治对话和文化联系。"② 这里的"东方"既是相对于欧洲等西方国家而言的，也是指印度以东的亚洲国家，在地域上则涵盖整个亚太地区。因此，面向东方的"外交政策决

---

① Andrew Kelly, "Looking Back on Look East: India's Post-Cold War Shift Toward Asia," *Journal of Diplomacy and International Relations*, Vol. XV, No. 2, 2014, p. 83.

② 参见杜朝平《论印度"东进"政策》，《国际论坛》2001 年第 6 期。

议"不仅表明印度重新关注亚太地区，还表明印度的外交重点开始向亚太地区转移。

按照拉奥政府的设想，走向亚太的首要一步就是与东南亚国家及其最重要的地区组织——东盟恢复和发展关系。1994 年，拉奥总理在访问新加坡时正式提出了"东向政策"，强调历史上印度与东南亚国家深厚的文化联系，指出在当今，"重新与东面邻居恢复这种经济和安全关系并非新鲜的事情"①。因此，"东向政策"的第一阶段是以东盟为重点，重新发展与东南亚国家的关系。它的主要目标是大力发展与东南亚国家在政治、经济和安全等方面的合作，拓展印度的战略空间，谋求东盟国家在地区和国际领域对印度更大的支持。②

从亚太地区以及印度地缘政治、地缘经济的角度来重新审视"东向政策"的出台动因，笔者认为有以下几个方面。

第一，政治动因。印度希望从亚太地区走向世界舞台，实现大国目标。从地缘政治的角度看，冷战的结束不仅改变了亚太地缘政治格局，也对印度的地缘政治安全形成了新的挑战，这些因素进一步促使印度"向东看"。

首先，冷战结束，亚太地区格局重组。俄罗斯无暇东顾，逐渐淡出亚太地区的地缘政治角逐。美国则延续"尼克松主义"，继续削减其在东南亚地区的军事存在，在东南亚地区进行战略收缩。其标志性事件是1992 年美国撤出了在菲律宾的所有驻军，至此，美国在东南亚地区没有常规作战部队，也没有大型军事基地。日本政治受到经济不景气的影响，1993 年自民党失去政权，长达 38 年的"1955 年体制"解体，日本进入了政治动荡、政权更迭频繁的时期。中国则继续坚持 1978 年开始实行的改革开放政策，1992 年邓小平视察南方并发表重要讲话，中国的改革开放进一步深化，国力蒸蒸日上，在东亚地区的经济和政治影响

---

① 参见杨晓萍、吴兆礼《印度的亚太战略》，载周方银主编《大国的亚太战略》，社会科学文献出版社，2013，第 157 页。

② 陈继东主编《当代印度对外关系研究》，巴蜀书社，2005，第 294 页。

力逐渐扩大。对于亚太地区格局的重组,印度政界精英希望抓住介入的机会。正如印度前外长贾斯万特·辛格所说:"冷战之后,新的亚洲力量平衡正在显现。这一地区的发展将会产生新的联盟,新的真空。为实现其最高国家利益,印度已经适时地采取行动。"①

其次,从印度自身的角度出发,"向东看"是符合印度国家利益的比较现实的地缘政治选择。从西面看,无论是在巴基斯坦、阿富汗,还是在中东和中亚地区,印度要扩大影响力都面临极大的困难。由于民族、宗教矛盾及领土争端等,自 1947 年印巴分治以来印度与巴基斯坦发生了三次大规模的战争,彼此视为宿敌。1979 年苏联入侵阿富汗,此后阿富汗基本处于战乱之中。1994 年宗教极端势力塔利班兴起,1996 年阿富汗首都喀布尔被塔利班攻占,随后阿富汗大部分地区被塔利班控制。由于塔利班政府与巴基斯坦保持密切关系,印度与阿富汗的关系难以正常化。1991 年苏联解体使中亚地区出现了五个新独立的伊斯兰国家,而印度由于国内印度教与伊斯兰教之间的紧张关系以及与巴基斯坦长期的敌对关系,未能与这些国家建立紧密的外交关系。

鉴于中东地区对印度国家安全和能源安全的重要性,20 世纪 70、80 年代,中东地区成为印度"西向外交"的重点。但中东地区局势动荡,阿以冲突持续不断,1980 年又爆发了长达 8 年的两伊战争,印度的"西向外交"成效不大。冷战结束后,阿以冲突仍在继续。由于伊拉克入侵科威特,1991 年 1 月,以美国为首的多国部队发动了海湾战争,战后,美国进一步加强了对该地区的介入。印度虽然重视该地区,却难以在该地区扩大影响力,因此印度的"西进"难以取得进展。

印度对北方邻居——中国则有着一种复杂的情绪。一方面,中国的改革开放及其所取得的建设成就对刚推行市场化改革的印度有吸引力,它希望能够学习、借鉴中国的经验。另一方面,中国的发展让印度充满疑虑和不安全感。由于 1962 年中国和印度因为边界冲突兵戎相见,而

---

① Jaswant Singh, *Defending India*, Palgrave Macmillan, 1999, p. 373.

到 90 年代边界问题仍未解决，再加上中国与巴基斯坦之间的密切关系，印度对中国充满戒心。这种戒备之心和疑虑之情阻碍了双边关系的快速发展。同时，印度又不愿意看到在东亚地区日益强大的中国。为了平衡中国在东亚地区逐渐扩大的影响力，印度选择"东进"势所必然。一位印度官员曾宣称："印度准备在亚洲充当一个平衡者的角色，印度要成为并且是唯一能够阻止中国主导东亚事务的国家。"① 因此，从地缘政治的角度出发，从东南亚走向亚太地区是印度最为现实的战略选择。

第二，经济动因。印度希望加入蓬勃发展的亚太经济圈来应对经济全球化的挑战。面对经济全球化的迅猛发展，多数国家选择组建区域组织来抱团应对，印度也不例外。1985 年 12 月，由南亚 7 国组成的南亚区域合作联盟（简称"南盟"）建立。但是，由于南盟各成员国经济发展比较落后、资源禀赋和经贸结构趋同，再加上南亚地区长期动荡不安，尤其是印度和巴基斯坦长期敌对，这些因素制约了南盟在区域经济合作中发挥的作用，印度难以通过南盟来实现区域经济合作，以促进本国经济的发展，更难以凭借南盟的经济力量来应对经济全球化的冲击。突破南亚地区界限，向其他地区寻求合作机会成为印度的必然选择。

1989 年亚太经合组织（APEC）成立，其宗旨是为亚太地区的经贸合作与发展提供便利平台，促进亚太地区贸易、投资的自由化和便利化。它的成立意味着亚太地区区域主义的凸显，并预示着太平洋世纪的来临，亚太地区正逐渐成为世界经济发展的又一中心。中国的改革开放，东盟地区的快速发展，美国、日本的资本，亚太地区产业链的形成，这些无一例外对印度有着巨大的吸引力。反观印度所处的南亚地区环境，以及南盟地区合作的举步维艰，这进一步坚定了印度走出南亚地区的决心。

况且，由于苏联解体，继承苏联遗产的俄罗斯囿于国内因素，几乎

---

① Pramit Pal Chaudhurm, "Sino-Indian War over East Asia," *The Hindustan Times*, December 4, 2005.

中断了对印度的援助。环顾四周，非洲地区发展程度不高，面向中东、中亚地区的"西进政策"始终成效不大，南亚地区经济落后并且区域经济合作举步维艰。综观全球经济形势，亚太地区经济发展迅猛，并已逐渐成为世界经济增长的中心地带。因此，拉奥政府认为印度要进入全球化市场，首先必须融入亚太经济圈。1991年拉奥政府开始市场化改革，并向亚太经合组织递交了加入申请书，为融入亚太经济圈迈出了实质性的一步。

虽然印度至今还没能成为亚太经合组织的正式成员，但它1991年递交加入亚太经合组织的申请书表明了其外交理念的变化。印度战略家认为，地区合作并不仅仅限于南亚，邻居关系不只是地理上的邻近，还包括利益的接近。[①] 因此，亚太地区被印度战略精英界定为"利益攸关"的地区，靠近、融入亚太经济圈符合印度的国家利益。

第三，安全和战略动因。印度希望通过发展与东南亚国家的安全合作来保证东部领土的安全，希望"东进"太平洋来制衡中国在印度洋的影响，确保其"印度洋控制战略"的实施。

历史上，印度的外来入侵中，除了近代英国的入侵来自海上外，其他都是来自西北陆上。而且，独立之后，由于与巴基斯坦的民族、宗教矛盾及领土争端，印度安全防卫的重点在西北方向。但是，其对印度洋和东部领土安全的关注早已开始。早在印度独立之前，潘尼迦就在《印度和印度洋：略论海权对印度历史的影响》一书中写道："研究历史的人都很清楚，印度的安危系于印度洋。印度如果自己没有一个深谋远虑、行之有效的海洋政策，它在世界上的地位总不免是寄人篱下而软弱无力；谁控制了印度洋，印度的自由就只能听命于谁。因此，印度的前途如何，是同它会逐渐发展成为强大到何种程度的海权国，有密切联系的。"[②]

---

① 参见吴永年等《21世纪印度外交新论》，上海译文出版社，2004，第139页。

② 〔印〕潘尼迦：《印度和印度洋：略论海权对印度历史的影响》，德隆、望蜀译，世界知识出版社，1965，第89页。

虽然印度的战略精英非常清楚印度洋对于印度安全的重要性，但是因为陷入印巴冲突，印度没有更多的精力来关注印度洋和印度海军的建设。1962年中印边界冲突的爆发，刷新了印度对安全环境的认知。在印度看来，中国的安全威胁不仅仅来自北方陆上，还有可能来自东部地区。印度必须吸取第二次世界大战中日本通过东南亚地区入侵印度东部领土的历史教训，而潘尼迦也早已提出告诫："太平洋出现了两个海军强国这件事，推翻了前几世纪关于印度洋海上霸权的基本说法。日本迅速攻下新加坡，随后又以槟榔屿、安达曼群岛和缅甸沿岸各港为据点，进而控制孟加拉湾，凡此种种都说明了：来自东方的挑战，恐怕比来自西方的还更迫近些。日本被摒除于海军强国之外，这还不能解决问题，因为很难设想中国将来会不注意它的海上地位。中国的基地往南直到海南岛，形势实比日本更胜一筹。"[1]

当印度认定中国的威胁还可能来自海上后，对印度洋实现有效控制就迫在眉睫。再加上印度尼西亚曾在第二次印巴战争中威胁要袭击安达曼-尼科巴群岛，美国在第三次印巴战争中派出"企业"号航空母舰战斗群开往孟加拉湾，这些事件强化了印度对海上威胁的认识，促使印度下决心调整海洋战略、扩大海军力量。况且，印度海军在第三次印巴战争中切断了东、西巴之间的海上运输线，为印度赢得战争立下了汗马功劳，首战告捷提升了海军的地位，使印度各界在海军建设问题上达成了共识。

20世纪70年代后期，"印度洋控制战略"出笼，在这一战略中，马六甲海峡被称为"印度最易控制的世界战略通道"。潘尼迦曾把马六甲海峡比喻成"鳄鱼嘴"，马来半岛是"上颚"，苏门答腊的突出部分是"下颚"，安达曼-尼科巴群岛控制着海峡的进口处，他认为要控制印度洋就必须控制马六甲海峡。1978年，印度通过了为期20年的海军

---

① 〔印〕潘尼迦：《印度和印度洋：略论海权对印度历史的影响》，德隆、望蜀译，世界知识出版社，1965，第82页。

现代化建设计划，大力发展远洋海军。1985 年，以"安达曼-尼科巴群岛要塞"之称的布莱尔港军事设施升级换代为后勤联合服务的设施，并被投入使用，该基地离马六甲海峡只有 80 英里（约合 129 千米），被称为"一艘不沉的超级航空母舰"。在美苏争霸的两极格局之下，苏联的准盟友——印度的海军扩充引起了马来西亚、新加坡、泰国、印度尼西亚等东盟国家的极大不安。它们担心印度建设海军基地、扩充海军的行为会加剧大国在东南亚地区的角逐，造成新的地区竞争，破坏地区的安全和稳定。因此，整个 80 年代，东盟国家与印度的关系极其疏远和冷淡。

1991 年冷战结束，美国和俄罗斯逐渐从东南亚地区撤退，中国、日本、东盟等地区行为体蓬勃发展，亚太地区新的均势正在形成。其中，中国经济、军事力量的快速发展以及在亚太地区影响力的扩大让日本和东盟国家开始把印度视为一个能起到"平衡作用"的国家。1992 年 2 月，第七届全国人民代表大会常务委员会通过了《中华人民共和国领海及毗连区法》，宣示对"台湾及其包括钓鱼岛在内的附属各岛、澎湖列岛、东沙群岛、西沙群岛、中沙群岛、南沙群岛"等岛屿拥有绝对主权。1993 年，中国成为石油净进口国，对通过马六甲海峡、印度洋到中东的能源运输线的安全更加关注。中国的这些合理利益诉求被印度、日本和东盟视为"中国扩张""中国威胁"。因此，日本、东盟希望借助印度的海军力量来制衡中国，印度则希望与东南亚国家的安全合作可以保障东部领土安全，并通过东南亚地区向太平洋扩大影响力，以阻止所谓的"中国对印度洋的渗透"。

总之，冷战结束后，随着"东向政策"的出台，亚太地区重新获得印度的特别关注。但是，这次转向亚太与 20 世纪 50 年代"泛亚主义"的亚洲认同之间有着明显区别。以前的亚洲认同主要限于东亚和东南亚新独立的后殖民国家，主导叙事是基于反西方、反帝国主义和反殖民主义意识形态的言论。而这次转向亚太是基于太平洋的地缘战略意义，其主导叙事是基于贸易、全球化、战略及安全。

在 20 世纪 50 年代的亚洲认同中，印度的政治精英把中国视为一个平等友好的亚洲国家，并假设印度和中国在动员亚洲国家对抗西方方面是平等的。而在冷战结束后的亚太认同中，印度政治精英认为日本战后经济发展及其在亚洲的领导作用（特别是直到 20 世纪 80 年代末）被中国取代，中国已成为亚洲的一个领导力量，并且已经变成印度的主要战略对手，与印度在"安全"和"赞誉"两个重要的国家目标上展开竞争。正是因为这些，印度"东向政策"不可能建立在 20 世纪 50 年代亚洲认同的观念之上。[①] 它是印度政治精英吸取过去的教训，重新评估印度地缘政治和地缘经济地位的结果。

（二）"印太"概念与印度对"印太"的认知

1. "印太"概念的提出及背景

关于"印太"这个术语，有学者认为是首先由美国提出来的，事实并非如此。早在 20 世纪 20、30 年代，德国地缘政治学家卡尔·豪斯霍弗尔（Karl Haushofer）就已提出了"印太地区（空间）"的概念[②]。但是由于德、日法西斯的溃败以及豪斯霍弗尔的自杀，这个概念并未被推广开来。20 世纪 60 年代，在有关地区安全的学术研讨中，澳大利亚学界开始使用"印太"一词。[③] 在学术论文中首先正式使用"印太"概念的是印度国防分析研究所的学者古佩特·库拉纳（Gurpreet S.

---

① 参见 Sandeep Singh, "From a Sub-Continental Power to an Asia-Pacific Player: India's Changing Identity," *India Review*, Vol. 13, No. 3, 2014, p. 200。

② Karl Haushofer, *An English Translation and Analysis of Major General Karl Ernst Haushofer's Geopolitics of the Pacific Ocean*, ed. by Lewis Tambs, trans. by Ernst Brehm, Lampeter: Edwin Mellen, 2002, p. 141；赵青海：《"印太"概念及其对中国的含义》，博客中国，2013 年 8 月 8 日，http://jingyingtan.blogchina.com/1585991.html。

③ Rory Medcalf, "Pivoting the Map: Australia's Indo-Pacific System," November 2012, http://www.lowyinstitute.org/publications/pivoting-map-australias-indo-pacific-system.

Khurana），他于 2007 年在《战略分析》杂志上发表《海上通道安全：印度-日本合作前景》一文，用"印太"概念来界定包括西太平洋和印度洋在内的海域以及包括亚洲、东非国家在内的沿岸国家。①

"印太"概念得到印度、澳大利亚、美国等国学界的普遍认可和广泛使用是在 2010 年之后。其中，美国企业研究所的迈克尔·奥斯林（Michael Auslin）、传统基金会的瓦尔特·洛曼（Walter Lohman），澳大利亚洛伊国际政策研究所的罗伊·梅德卡夫（Rory Medcalf），印度的 C. 拉贾·莫汉（C. Raja Mohan）、夏亚姆·萨兰（Shyam Saran）等学者起了重要作用，他们在博客、论文、研究报告及专著中频繁使用这一概念。2011 年 11 月，美国传统基金会、澳大利亚洛伊国际政策研究所与印度观察家研究基金会联合发表题为《共同的目标与趋同的利益：美澳印在印太地区的合作计划》②，这成为"印太"概念被美、澳、印三国学界普遍认可的标志。

政界第一次使用"印太"概念是在 2010 年 10 月，时任美国国务卿希拉里·克林顿在夏威夷关于美国与亚太地区关系的讲话中说："我们正在扩大与印度海军在太平洋地区的合作，因为我们知道印度洋-太平洋海域对全球贸易和商业的重要意义。"③ 2011 年 11 月，希拉里在《美国的太平洋世纪》一文中写道："美国将进一步发展与澳大利亚的军事

---

① Gurpreet S. Khurana, "Security of Sea Lines: Prospects for India-Japan Coopera-
tion," *Strategic Analysis*, Vol. 31, No. 1, 2007；张力：《"印太"构想对亚太地
区多边格局的影响》，《南亚研究季刊》2013 年第 4 期。

② "Shared Goals, Converging Interests: A Plan for U. S. -Australia-India Cooperation in
the Indo-Pacific," November 2011, http://report. heritage. org/Sr0099；胡潇文：
《从策略性介入到战略性部署——印度介入南海问题的新动向》，《国际展
望》2014 年第 2 期。

③ Hillary Clinton, "American's Engagement in the Asia-Pacific," October 28, 2010,
http://www. state. gov/secretary/rm/2010/10/150141. htm；赵青海：《"印太"
概念及其对中国的含义》，博客中国，2013 年 8 月 8 日，http://jingyingtan.
blogchina. com/1585991. html。

联盟关系，将其由太平洋伙伴关系扩展为印太伙伴关系。"① 由于美国的积极倡导，澳大利亚、印度政界也逐渐开始使用"印太"概念。2012 年 10 月，澳大利亚政府发布的《亚洲世纪中的澳大利亚》白皮书提及"印太"概念。2013 年 5 月，在《澳大利亚国防白皮书》中，"印太"地区被定义为连接印度洋与太平洋并且通过东南亚地区的战略弧线，并被列为澳大利亚的四个战略利益之一。这是澳大利亚官方完全认同"印太"概念的标志。

根据印度外交部网站资料，印度政界首次使用"印太"概念是在 2012 年 2 月，时任印度外交秘书兰詹·马塔伊（Ranjan Mathai）在美国战略与国际研究中心（CSIS）做了名为《构筑融合：深化印美战略伙伴关系》的演讲，他指出："印美伙伴关系对建立一个稳定、繁荣和安全的亚太地区——或者正如有些人所称为的印太地区，是非常重要的。"② 这里虽然使用了"印太"概念，但语气较为犹疑。同年 12 月，印度-东盟建立对话伙伴关系 20 周年纪念峰会在新德里举行，时任印度总理曼莫汉·辛格在峰会致辞中明确地说道："一个稳定、安全、繁荣的印太地区对我们自身的发展与繁荣至关重要。"③ 在 2013 年的印度政界，"印太"概念得到广泛使用。

"印太"概念的提出以及近几年的广泛使用有着深刻的时代背景和地缘缘由。首先，"印太"概念反映了中国和印度同时发展的地缘现实。20 世纪 70 年代末中国实行的改革开放政策以及 90 年代初印度

① Hillary Clinton, "American's Pacific Century," *Foreign Policy*, November 2011；刘宗义:《冲突还是合作? ——"印太"地区的地缘政治和地缘经济选择》,《印度洋经济体研究》2014 年第 4 期。

② "Speech by FS at the Center for Strategic and International Studies on 'Building on Convergences: Deepening India-U. S. Strategic Partnership'," February 2012, http://www. mea. gov. in/Speeches-Statements. htm.

③ "PM's Opening Statement at Plenary Session of India-ASEAN Commemorative Summit," New Delhi, December 20, 2012, http://www. mea. gov. in/Speeches-Statements. htm.

实施的经济改革使两国经济快速发展，并成为新兴经济体的代表。美国经济学家吉姆·奥尼尔于 2001 年提出"金砖国家"概念，把中国和印度并列为未来世界经济增长的引擎。2010 年中国 GDP 超过日本，跃升为世界第二大经济体。美国花旗金融服务集团在 2011 年发布的研究报告认为中国将在 2020 年超越美国，而印度将在 2050 年超越中国成为世界第一大经济体，并预测全球经济重心将会东移至中国和印度之间。① 虽然中国超过美国、印度超过中国都仅仅是预测，但是中国和印度的经济发展成就是现实的、有目共睹的。

其次，"印太"概念反映了印度与亚太地区联系的加强。自 1991 年印度实施东向政策以来，经过多年的努力，印度与亚太地区的经济、政治、安全及战略联系日益密切，并呈现出区域性的特征，印度也因此被接纳为"亚太"国家，成为无可置疑的亚太力量。

从经济看，印度与亚太国家或者地区组织的经贸联系发展出现了质的飞跃，印度与其签订了一系列自由贸易协定。2004 年印度-泰国自由贸易协议签订，2005 年印度-新加坡全面经济合作协议签订，2009 年印度-东盟货物贸易协定签署并于 2010 年生效，2010 年 1 月 1 日印度-韩国全面经济伙伴关系协定开始实施，2011 年印度-马来西亚自由贸易协定以及印度-日本全面经济伙伴关系协定签署并实施。2012 年底，印度与东盟关于服务贸易和投资领域的自由贸易协定的谈判结束。此外，印度也曾积极参与由东盟发起的《区域全面经济伙伴关系协定》（RCEP）谈判。印度与亚太地区经济联系的加强，加速了印度洋与太平洋两大区域的经济互动，经济联系日益紧密导致印度洋与太平洋两大区域呈现出区域融合的特征。②

从政治与安全看，印度通过东向政策逐渐融入亚太地区合作机制的

---

① Knight Frank and Citi Private Bank，"The Wealth Report 2012：A Global Perspective on Prime Property and Wealth，" February 2011，http：//www. thewealthreport. net/The-Wealth-Report-2012. pdf.

② 吴兆礼：《"印太"的缘起与多国战略博弈》，《太平洋学报》2014 年第 1 期。

建构。1992 年印度成为东盟的"部分对话伙伴"，1995 年成为东盟的"全面对话伙伴"，2001 年印度与东盟的"对话伙伴关系"被提升至"峰会伙伴关系"。2005 年印度应东盟之邀参加首届东亚峰会，从而跻身于东亚一体化的重要机制之中，这为印度参与亚太地区事务提供了重要平台。与此同时，印度与亚太国家的安全合作发展迅速。印度不仅参加亚太地区的各种安全合作机制如东盟地区论坛、香格里拉对话、东盟防长扩大会议等，还与亚太国家举行联合军演，其中比较著名的是印度与东南亚国家等的"米兰"海军联合演习，以及以印美日为主的"马拉巴尔"海军演习。因此，印度与亚太地区联系的加强以及在亚太地区战略地位的上升正是"印太"概念产生的重要背景。正如澳大利亚《国家安全战略》所指出的："印太"强调了从印度洋到西太平洋这一地理走廊和印度日益上升的重要性。[①]

最后，"印太"概念反映了印度洋与太平洋逐渐融合为单一的地缘战略弧的现实。印度通过实施东向政策扩大了自己在亚太地区的影响力，使印度与亚太地区紧密地连起来。同时，以中国、日本为代表的亚太国家对印度洋地区的依赖，尤其是对印度洋航线的依赖也与日俱增。印度洋上的霍尔木兹海峡、曼德海峡、马六甲海峡是全球能源运输的咽喉要道，70%的石油产品需要由中东通过印度洋运往太平洋地区。对于中国、日本这样的能源短缺国家而言，从中东经过印度洋的石油运输线堪称"经济生命线"，中国大约 80%、日本大约 90%的进口原油需要经过印度洋地区。"印太"概念的兴起一方面赋予印度洋与太平洋同样的战略重要性，另一方面将二者视为一个战略整体。[②]

总之，在中国、印度同时发展，印度通过东向政策走向亚太以及

---

① Australian Government Department of the Prime Minister and Cabinet, "Strong and Secure: A Strategy for Australia's National Security," 2013, p. 30, http://www.pmc.gov.au/.

② 赵青海:《"印太"概念及其对中国的含义》,《现代国际关系》2013 年第 7 期。

印度洋战略地位上升的背景之下，美国对其亚太战略进行调整，推行"亚太再平衡"战略，突出"大亚太"视野，积极倡导"印太"概念。由此可见，对印度而言，"印太"概念的提出既是印度东向政策的成果，也是印度逐渐崛起的反映，那么面对这一新概念，印度国内的反应如何？

2. 印度看"印太"

人们对新生事物不外乎三种态度：支持、反对、中庸。印度国内对"印太"概念的态度也是如此。

第一种态度是支持"印太"概念，认为"印太"构想凸显了印度洋的重要地位，是对已过时的亚太战略版图的扩展，印度应该充分利用这个新的战略构想，放弃不结盟政策，与美国、日本、澳大利亚等国组成民主的"印太战略弧"，以此遏制中国，以发挥印度在塑造该地区经济和安全架构方面的领导作用。[①]

持这种观点的人竭力鼓吹"中国威胁论"，把中国视为印度的最大威胁，把美国重返亚太以及对"印太"地区的关注视为最大机会。当美国总统奥巴马把印美关系界定为"21世纪最重要的伙伴关系之一"时，他们认为印度的机会来了。在他们眼里，美国的"印太"战略把印度作为其关键，这增加了印度的重要性，美国在亚洲军事存在的恢复将把印度引向亚洲的领导地位，因此，接受"印太"概念是明智的，因为它为印度国家利益更广泛的扩张铺平了道路。2009年印度前海军司令发表的声明也正是这种观点的体现，他认为，对于印度来说首要的问题（不仅仅是语义上的）是坚持用"印太"替换"亚太"概念，在更广泛的空间内发挥印度的作用。

持这种观点的人或者强调印日合作，或者强调印美日合作，或者强调印澳美合作。新德里政策研究中心的布拉玛·切尼（Brahma Chel-

---

① Priya Chacko, "India and the Indo-Pacific: Three Approaches," January 24, 2013, http://www.aspistrategist.org.au/india-and-the-indo-pacific/.

laney）认为，因为面对能源安全和中国发展的共同挑战，印度和日本是天然的盟友，应加深相互的军事合作以巩固印太地区的和平和稳定。2014 年 8 月，印度前外交秘书、时任印度国家安全顾问委员会主席的夏亚姆·萨兰发表了名为《印太稳定之锚》的文章，文中强调，中国日益增强的经济和军事实力正在改变印太地区的经济和安全架构，为此印度与日本必须加强全方位的合作。①

印度国际经济关系研究委员会的汪默特·辛格（Hemant Singh）在与人合写的文章中写道，日本、印度和美国这三个沿海民主国家在印太经济和安全架构的形成中应该起主导作用，并强调这三个国家有责任缓和该地区对中国的日益增长的疑虑，在海上安全、反恐、防止核扩散、救灾和打击海盗等领域展开无缝合作，以及通过 TPP 那样的方案来促进"印太"地区一体化的合作进程。② 2011 年，印度、美国和澳大利亚三国学者在联合发表的《共同的目标与趋同的利益：美澳印在印太地区的合作计划》的研究报告中提出：为了促进印太地区经济政治的稳定，维持该地区自由、开放的贸易以及民主治理，在美澳印之间应建立正式的三边对话机制来补充现有的澳大利亚、美国与日本的三边对话机制。③

第二种态度是反对"印太"概念，认为"印太"概念将损害印度外交自主权，因为采用"印太"概念，就可能意味着印度与美国的利益结合得太紧密，从而影响战略自主性。印度防务研究及分析学会的卢克玛妮·古普塔（Rukmani Gupta）认为，"印太"作为一个地缘政治术语，其空间当然比"亚太"一词更为广阔，它充分反映了美国在该地区战略重点的变化，而印度作用的加强仅仅是因为美国地缘政治考虑

① Shyam Saran, "An Indo-Pacific Anchor of Stability," August 2014, http：//www. mea. gov. in/articles-in-indian-media. htm.

② 转引自 Priya Chacko, "The Rise of the Indo-Pacific：Understanding Ideational Change and Continuity in India's Foreign Policy," *Australian Journal of International Affairs*, Vol. 68, No. 4, 2014, pp. 444-445。

③ "Shared Goals, Coverging Interests：A Plan for U. S. -Australia-India Cooperation in the Indo-Pacific," November 2011, http：//report. heritage. org/Sr0099.

的延伸。印度的外交政策是由其国家利益决定的，不会因为美国话语的变化而发生重大改变。话语的变化不会带来任何专门的优势，因此印度采用它是不必要的。①

印度世界事务理事会（ICWA）的迦那古鲁纳森（D. Gnanagu-runathan）认为，传统上印度的外交方式是在相互认可的条件下，而不是在其他国家的指令或要求下与他国交往。维护其战略自主权是印度外交政策一个不可分割的组成部分。不可否认，"印太"概念有象征意义，但把其转化成实质的成果是值得怀疑的。因此，作为战略构想被提出的"印太"概念要想成为新兴的地缘政治现实，还需要进行彻底的反思和艰苦的工作。② 持这种观点的人认为，印度的战略目标最好通过与该地区国家的交往来实现，例如通过东亚峰会、东盟等论坛及组织，而不是通过建立新的军事合作关系来实现。

对"印太"概念有疑虑的另一个原因是担忧中国的反应。曼尼普尔大学的萨罗尼·萨利（Saloni Salil）认为通过建立"印太战略弧"来平衡或者对抗中国，就无法与中国友好相处，也不会得到与中国有较强经济联系的国家的支持，只会使印度的战略环境更加复杂。因此，符合"印太"地区各国利益的做法是将中国纳入该战略体系并视为其不可分割的一部分，使中国与该地区的各"利益攸关方"共同承担维持和平与稳定的责任。③

---

① Rukmani Gupta, "India Puts the Indo in 'Indo-Pacific'," *Asia Times*, December 8, 2011, http://www.atimes.com/atimes/South_Asia/ML08Df03.html.

② D. Gnanagurunathan, "India and the Idea of the 'Indo-Pacific'," October 20, 2012, http://www.eastasiaforum.org/2012/10/20/india-and-the-idea-of-the-indo-pacific/.

③ Saloni Salil, "India and the Emerging Indo-Pacific Strategic Arc," March 15, 2013, http://www.futuredirections.org.au/publications/indian-ocean/933-india-and-the-emerging-indo-pacific-strategic-arc.html；赵青海：《"印太"概念及其对中国的含义》，博客中国，2013 年 8 月 8 日，http://jingyingtan.blogchina.com/1585991.html。

第三种态度是中庸态度，持这种态度的人希望利用"印太"提供的机遇，同时对其风险有较为清晰的认识，因而主张对其"有限利用"，在外交中既保留不结盟的传统以求"战略自主"，又优先考虑营造稳定的地区及周边环境，以保证国内政治、经济、社会的稳定发展。

印度观察家研究基金会的 C. 拉贾·莫汉就持这种观点，2012 年他在《新的三边外交：在海上的印度、中国与美国》一文中写道：印度想从中国经济增长中获益，但又要防止中国主导亚洲的前景出现。由于中国比印度的发展速度更快，随着中印战略差距的扩大，印度只能通过维系内外的力量平衡来缩小差距。与美国结盟，对印度来说看上去理所当然，但印度担心美国对华政策的不确定性以及美国重返亚太的财政和政治的可持续性。印度明白潜在的中美和解的可能性将使其面临暴露的危险，因此它在寻求扩大与美国的安全合作时避免不必要地刺激中国。[①] 这种观点要求印度在处理与美国、中国的关系时找寻平衡点，扮演平衡力量，在恰当的语境中适当地使用"印太"概念。

2014 年，C. 拉贾·莫汉的观点有了新发展。该年 8 月，他与澳大利亚学者罗伊·梅德卡夫合著并发表了《应对印太竞争：澳大利亚、印度和中等国家联盟》的研究报告，指出：随着中国的日益强大以及美国的相对衰落，亚洲的战略秩序正在发生改变，并具有较大的不确定性。这导致印太地区的中等国家寻求应对办法。印度、澳大利亚、日本与一些东盟国家在扩大安全合作的基础上建立"中等国家联盟"——不包括美国、中国在内的地区合作非正式安排。对印度而言，建立中等国家的印太联盟很可能成为应对亚洲权力转移战略以及中美关系演化不确定性的关键举措。这将有助于印度缓解其寻求平衡崛起的中国的政策

---

① C. Raja Mohan, "The New Triangular Diplomacy: India, China and America at Sea," *The Diplomat*, November 5, 2012, http://thediplomat.com；赵青海：《"印太"概念及其对中国的含义》，博客中国，2013 年 8 月 8 日，http://jing-yingtan.blogchina.com/1585991.html。

压力，同时避免与美国结盟。①

印度官方主要采用第三种态度，即在合适的时候适当地使用"印太"概念。自 2012 年 12 月时任总理辛格使用"印太"概念之后，2013年印度政要讲话和官方声明中多次使用该概念。2013 年 3 月 26 日，印度外长在日本东京立教大学（Rikkyo University）演讲时称，安倍晋三在 2007 年访问印度时提出的两洋融合的思想，催生了今天战略思想家们广泛使用的"印太"概念。同年 5 月，时任总理辛格访问日本时，在对日印协会、日印议会友好联盟和国际友好交流委员会演讲时运用"印太"概念来定位双边关系。辛格指出，印太地区的经济和社会正在发生深刻变化，其变化的规模和速度都是历史罕见的。在过去的半个多世纪里，该地区获得了前所未有的自由、机遇和繁荣。同时该地区也面临多重挑战和众多未解决的问题。日本、印度作为该地区的主要国家之一，应该加强合作，抓住"印太"提供的机遇，为 21 世纪的亚洲绘制新蓝图。② 2013 年 6 月 21 日，印度外长在新德里的东盟-印度中心启动仪式上的讲话中两次提到"印太"概念。他指出，因为历史文化联系、在经济增长和繁荣方面的共同努力，以及在亚太和"印太"地区新的安全和经济秩序建构中的共同利益，印度-东盟战略伙伴关系有着坚实的基础。在印度洋和太平洋发生巨变的背景下，印度与东盟应该扩大合作，建立跨"印太"的伙伴关系。③

虽然印度在与美国、日本、东盟国家的交往中多次使用"印太"概念，但印度在与中国的交往中，对该概念的使用是谨慎的。如前所

---

① C. Raja Mohan & Rory Medcalf, "Responding to Indo-Pacific Rivalry: Australia, India and Middle Power Coalitions," August 2014, http://www.lowyinstitute.org/publications.

② "Prime Minister's Address to Japan-India Association, Japan-India Parliamentary Friendship League and International Friendship Exchange Council," May 28, 2013, http://mea.gov.in/Speeches-Statements.htm.

③ "External Affairs Minister's Speech at the Launch of ASEAN-India Centre in New Delhi," June 21, 2013, http://www.mea.gov.in/Speeches-Statements.htm.

述，2013 年 5 月，辛格访问日本时，用"印太"来界定印日关系；但同年 10 月，辛格访问中国，在中共中央党校发表名为《新时代的中国和印度》的演讲时没有提及"印太"概念，而是采用传统的"亚太"概念，指出中国和印度需要一个稳定、安全、繁荣的亚太地区。辛格选用"亚太"概念可能是由于中国对"印太"概念有疑虑。

2014 年后，印度政界人物在公开演讲以及签署的联合声明中，仍然是有选择地使用"印太"概念。2014 年 8 月底 9 月初，印度总理莫迪对日本进行访问，他在东京泰美（Taimei）小学以及与安倍晋三举行的联合新闻发布会上的演讲中都没有使用"印太"概念，而是强调亚洲以及亚洲世纪。在印、日发表的联合宣言中也没有出现"印太"概念，而是用"亚洲、太平洋和印度洋地区"来取代。2015 年 1 月 25 日，美国总统奥巴马访问印度，双方发表的联合声明《美印关于亚太和印度洋地区联合战略愿景》，没有直接使用"印太"概念。2015 年 5 月 15 日，莫迪在清华大学演讲时仍然没有使用"印太"概念，连"亚太"也没有提及，而是使用"亚洲"概念，强调亚洲的复兴、亚洲世纪。但在 2015 年 12 月 12 日，日本首相安倍晋三在访问印度时与印度发表了联合声明，在名为《印日 2025 年愿景：为印太地区及世界的和平繁荣携手合作的特殊的全球战略伙伴关系》① 的联合声明中，明确使用了"印太"概念。

总之，印度学界对"印太"概念的认知主要有三种，其一是欣然接受，其二是否定与批评，其三是有限利用。② 这三种观点反映了印度学界对印度外交政策中不结盟政策的地位、印度与美国关系的性质以及中国外交政策的不同认知。而印度政界主要采取有限利用的做法，并在"印太"语境下强化其东向政策，把"东向政策"升级为"东向行动政策"。

---

① "India and Japan Vision 2025：Special Strategic and Global Partnership Working Together for Peace and Prosperity of the Indo-Pacific Region and the World," December 12, 2015, http：//mea. gov. in.

② 吴兆礼：《"印太"的缘起与多国战略博弈》，《太平洋学报》2014 年第 1 期。

（三）莫迪政府的外交战略及其对亚太地区的外交定位①

2014 年 5 月，印度人民党在第 16 届印度人民院选举中获胜，并组建起以纳伦德拉·莫迪（Narendra Modi）为总理的印度新政府。莫迪政府采取什么样的外交战略？它怎样看待亚太地区？亚太地区在印度总体外交战略中处于什么地位？这些问题的答案主要取决于印度政府的主要任务、印度在亚太地区的外交目标以及亚太地区局势。莫迪以"发展经济、提高施政水平"的主张得到选民的支持，因此莫迪上台后，其政府的首要任务是发展经济。为了实现发展经济的目标，莫迪采用实用主义、重商主义的外交政策，其外交重点依次为南亚地区外交、东向（Look-East）外交以及西联（Link-West）外交。

首先，莫迪政府为了给经济发展营造和平的外部环境，积极改善与周边国家的关系。最令人瞩目的是莫迪把 5 月 26 日的就职典礼变成了一场不同寻常的"南盟峰会"。随后，他于 6 月 15 日访问不丹，不丹因此成为莫迪上任后首个出访的国家。8 月 3 日至 4 日，莫迪访问尼泊尔，这是他上任后的第二次出访，也是印度总理 17 年来首次访问尼泊尔。在其任期的前三个月内，莫迪的举动充分展示了他对南亚地区外交的重视。2014 年 9 月 27 日，在第 69 届联合国大会一般性辩论上，莫迪总理在发言时说道："印度期望为其发展维持和平稳定的环境。我们的未来与我们的邻居紧密相连。这就是我的政府从第一天起就把发展与邻国的友好合作放在首要地位的原因。"②

其次，莫迪政府为了解决经济发展所需资本、技术与市场的问题，强化东向政策，提出西联外交。莫迪总理在红堡举行的独立日纪念活动

---

① 此部分内容参见余芳琼《莫迪政府的亚太政策：从"东向"到"东向行动"》，《东南亚南亚研究》2017 年第 2 期。

② "English Rendering of Prime Minister's Statement at the General Debate of the 69th Session of the UNGA," September 27, 2014, http：//www.mea.gov.in/Speeches-Statements.htm.

上的首次演讲中表示，其首要任务是发展经济，他将通过吸引更多的外国投资，把印度变成制造业中心。亚太地区有世界第一、第二、第三大经济体，对于急需外国投资的印度有着巨大吸引力，加强亚太外交、加速"东进"是印度新政府的必然选择。继 2014 年 8 月底 9 月初莫迪访问日本之后，9 月 4～5 日澳大利亚总理托尼·阿博特（Tony Abbott）访问印度，9 月 17 日至 19 日中国国家主席习近平访问印度，9 月 29 日至 30 日莫迪对美国进行国事访问。2014 年 10 月 28 日，莫迪在与越南总理发表媒体声明时说道："自就职以来，我的政府迅速地、有目的地加强我们在亚太地区的参与，这对印度的未来至关重要。"①

在加强"东向"的同时，莫迪提出了"西联"外交。在 2014 年 9 月 25 日于新德里举行的"印度制造"全球倡议会议上，莫迪谈道："很长一段时间，东向政策处于讨论之中，人人都在谈论它。这是一个好时机，随着向东看，我想谈谈西联。'东向'是一方面，'西联'是另一方面，我们在中间把它们联系起来。我们可以从这里在一个新的平台上建立我们的经济结构。"② 由此可见，莫迪希望印度成为联系东西方的桥梁，并在此基础上重塑印度经济，把印度打造成为一个"工商业帝国"。

在莫迪政府"南亚地区—东向—西联"的外交三部曲中，亚太地区居于第二层次，是其东向政策的核心所在。莫迪政府不仅希望从亚太国家中获得资本、技术，还希望参与亚太地区经济合作机制的建构。而亚太地区变局，如中国的发展、中日关系的变化、美国的"亚太再平衡"战略、TPP 与 RCEP 的竞争等都为印度的亚太政策调整提供了可供利用的机会。同时，"印太"概念逐渐兴起，印度洋与太平洋的融合程

---

① "Media Statements by Prime Minister of India and Prime Minister of Vietnam in New Delhi," October 28, 2014, http://www. mea. gov. in/Speeches-Statements. htm.

② "English Rendering of Prime Minister Shri Narendra Modi's Address at the Launch of 'Make in India' Global Initiative," September 26, 2014, http://www. mea. gov. in/Speeches-Statements. htm.

度在提升。在此背景之下，莫迪政府把"东向政策"升级为"东向行动政策"，加快了印度融入亚太地区的步伐。

＊　＊　＊

第二次世界大战结束以来，亚洲和太平洋地区的称谓经历了"亚洲—亚太—印太"的变化，这种称谓的变化不仅反映了该地区政治、经济格局的变化，也对印度的政治精英如何看待区域战略秩序、面临的挑战以及解决这些问题的方式产生了现实的影响。印度对亚太地区的外交定位也经历了"泛亚主义—亚太地区边缘化—东向—东向行动"的变化。

二战结束后直到 20 世纪 60 年代，印度、中国以及多数东南亚国家通过反殖民主义、反封建主义的斗争赢得了民族独立，亚洲国家的主权重新回到亚洲人的手中，"亚洲"概念凸显。印度是亚洲第一个独立的国家，因此印度政治精英充满了民族自豪感，立志要让印度成为"有声有色"的世界大国。而开国总理尼赫鲁认为，印度成为世界大国的基础在亚洲，印度要成为亚洲的领导者，从亚洲走向世界。为此，尼赫鲁大力倡导"泛亚主义"和在印度领导之下的"亚洲团结"，亚洲成为印度外交战略的重点地区。

20 世纪 60 年代末期，随着亚洲大陆与太平洋两岸经济联系的加强，尤其是美国在亚洲的战略及经济地位越来越重要，"亚太"概念兴起，并开始取代"亚洲"的概念。1989 年亚太经济合作组织（简称"亚太经合组织"）建立，开启了亚太地区制度化的进程，"亚太"概念逐渐被广泛使用。在"亚太"地区概念形成与发展的关键期，印度却由于与中国发生了边界冲突，走向了与美国和苏联双重结盟的道路。70 年代初，随着中美关系的解冻以及中国-美国-巴基斯坦三边关系的发展，印度与苏联准结盟，并重点经营南亚地区。因此，这一时期与美国关系密切的亚太地区在印度外交战略中被边缘化，印度错失了融入亚太地区的早期机会。

冷战结束后，印度在内外交困的背景下进行经济改革和外交政策的调整。而亚太地区正在成为世界经济发展中心。环顾四周，无论是从地缘政治还是地缘经济的角度，印度"东进"、走向亚太地区都是最理性、最现实的选择，东向政策由此出台，亚太地区成为印度外交重点之一。进入 21 世纪之后，作为在 20 世纪下半叶有着重要意义的地区概念"亚太"正在被"印太"所取代。这不仅仅是因为东亚经济强国与印度洋地区之间的联系日益密切，更重要的是因为印度作为一个逐渐崛起的经济和军事力量在亚太地区的影响力日益增强。"印太"概念对"亚太"的重新定义，为印度在亚太地区进一步扮演战略角色提供了合法性，也为美国和印度关系的加强提供了理由。在"印太"语境下，莫迪政府把"东向政策"升级为"东向行动政策"，加快了融入亚太地区的步伐。

第三章　印度在亚太地区的外交战略目标
及其影响因素

无论是对亚太地区的外交定位还是在亚太地区的外交战略目标，从根本来讲都是由印度国家大战略决定的。因此，对印度在亚太地区外交战略目标的分析，与其对亚太地区的外交定位一样，必须放在国家大战略的总体框架下进行考察。

一　印度在亚太地区的外交战略目标

印度独立之后，以尼赫鲁为代表的政治精英把成为"有声有色"的世界大国确定为印度的国家大战略。在此战略之下，印度各届政府根据国际国内形势的变化对亚太地区给予了不同程度的关注以及不同的外交定位。因此，在各个历史时期，印度在亚太地区的外交战略具体目标有所不同，但其根本目标是一致的，即在维持南亚地区主导权的基础上，扩大其在亚太地区的影响力，进而全方位地融入亚太地区，从亚太走向世界，最终实现成为世界大国的梦想。简言之，即把融入亚太地区作为其实现大国战略的主要路径。

在此根本目标之下，在不同的历史时期，印度在亚太地区的具体外交目标又有差异。尼赫鲁时期，印度打着"反帝反殖"的旗帜，倡导"泛亚主义"，通过支持亚洲国家的民族解放运动，扩大其在亚太地区尤其是亚洲地区的影响力，力求成为独立于美、苏两大集团之外的"第三种力量"。1962年印度与中国发生边界冲突，印度军事上的惨败使印度在亚洲国家乃至整个第三世界中的声望大受打击，此后的印度政府因为实力不足，收缩外交战线，重点经营印度洋和南亚地区，而该地区正是印度走向亚洲和亚太的基础。海权学派的创始人马汉就曾预言："谁控制了印度洋，谁就控制了亚洲。"① 经过 20 多年的经营，印度掌握了在南亚地区的主导权，并成为印度洋的重要力量。

冷战结束后，亚太地区重新受到印度的关注，印度在亚太地区的具体利益包括：借鉴该地区的经济增长经验并利用该地区的经济增长；防止该地区被任何一个大国控制；确保经济和能源安全；保护全球共同利益，尤其是海上通道的畅通；促进民主和自由社会的价值观；应对恐怖主义和宗教极端主义的威胁，防止大规模杀伤性武器（WMD）的扩散；应对气候变化和协助灾难救济，确保该地区印度移民的安全等。② 因此，冷战后印度在亚太地区的具体外交目标可以概括为：政治上追求战略自主和战略空间的拓展，同时利用权力制衡原则，参与亚太地区秩序塑造；经济上力求融入亚太经济圈，利用该地区的经济增长来实现自身经济的发展；军事上通过参与亚太地区合作，应对非传统安全威胁；文化上积极输出印度文化，追寻民主价值观，塑造民主国家形象。

总之，印度想要全方位融入亚太地区，并成为亚太地区秩序的主要建构者之一，为建立以均势为基础的亚太地区秩序而努力。正如亨利·基辛格在《世界秩序》一书中所言："今天，印度奉行的外交政策在许多方面与先前英国统治期间相差无几。它的目标是从中东到新加坡，再往北到阿富汗这片几乎横跨半个世界的地区建立起以均势为基础的地区秩序。"③

---

① 转引自〔美〕A. J. 科特雷尔、R. M. 伯勒尔编《印度洋：在政治、经济、军事上的重要性》，上海人民出版社，1976，第 108 页。

② 参见 Ashok Sharma, "India's Expanding Foreign Policy in the Asia-Pacific Region: Implications and Prospects for the India-New Zealand Relationship," *Maritime Affairs: Journal of the National Maritime Foundation of India*, Vol. 10, No. 1, 2014。

③ 〔美〕亨利·基辛格：《世界秩序》，胡利平、林华、曹爱菊译，中信出版社，2015，第 267～268 页。

二　印度在亚太地区外交战略目标的影响因素

影响印度在亚太地区外交战略目标的主要因素除了印度的战略文化、国家实力外，还有亚太地区的格局。

（一）印度战略文化对其在亚太地区外交战略目标的影响

战略文化，顾名思义是战略与思想文化的结合，是影响一个国家战略决策的深层次的文化传统、社会观念和哲学思维，根源于一个国家的地理环境及经济、政治、社会历史的发展。印度以其独特的地理位置、源远流长的历史文化以及近代社会被殖民的暗淡经历，融合现实的政治、经济和社会需求，形成了独特的、多维度的印度战略文化。它"既有源于宗教的精神性和神秘主义的理想色彩，又有以'曼荼罗体系'为特征的现实主义地缘政治思维；既有古老历史文明的积淀和传承，又有即时内外环境下的调整和变迁；既包括本源层面上的哲学性信仰，又覆盖了更多的工具性经略守则"①。因此，从战略文化的角度出发，分析印度在亚太地区的外交战略目标，主要包括以下几个方面。

第一，"曼荼罗"（mandala）的地缘政治思维对印度在亚太地区外交战略目标的影响。"曼荼罗"出自梵语，本义是圆轮、圆形物。古印度孔雀王朝第一代君主的首辅大臣、大战略家考底利耶（Kautilya）把"曼荼罗"引入地缘政治设想。其基本假设是在某一地理范围之内由若干国家组成无政府状态的"曼荼罗体系"，在这个体系中，君主所在国位于中心，最靠近的邻国很可能就是现实的或潜在的敌人，而敌国的邻国则可能是盟友；依此类推，就形成了敌人和盟友层层叠加的地缘战略圈。在这个地缘战略圈中，所有国家都面临同样的安全困境，即被一圈圈的敌国、中立国、盟国所包围。为此，考底利耶提出了一整套涉及和平、战争、中立、示威、寻求联盟或庇护、战和双重策略6个方面的治

---

① 随新民：《印度战略文化的维度和取向》，《中原工学院学报》2017年第2期。

国安邦之术。为了避免战争、维持和平，或者通过中立，或者通过寻求联盟或庇护来实现权力制衡、维持地区均势。而这正是印度在亚太地区要实现的外交战略目标之一。

印度在亚太地区追求权力制衡和均势，最重要的是追求与中国之间的均势。中国作为印度最大的邻国，根据"曼荼罗"地缘政治思维，被印度战略精英认为是最大的现实的或潜在的敌人。著名的美国学者乔治·K.坦纳姆这样划分印度的外交政策："第一圈是印度自身，第二圈包括印度小的直接邻国——斯里兰卡、尼泊尔、孟加拉国和马尔代夫，第三圈包括巴基斯坦——唯一敢挑战印度地区军事力量的次大陆国家、中国——印度在亚洲最大的对手、苏联——印度亚洲地缘政治圈甚至世界范围内的最好朋友和伙伴；印度洋地区构成了第四圈，印度相信它既为印度提供了机遇，也带来了挑战；最后一圈则包括更远的强国和世界上的其余国家。"[①] 因此，与中国竞争，确保中印之间的均势，便成为印度在亚太地区的一项重大战略任务。显然，这个目标深受印度"曼荼罗"地缘政治思维的影响。

第二，"非暴力"思想对印度在亚太地区外交战略目标的影响。印度"非暴力"思想源自阿育王的"法胜"思想。阿育王是孔雀王朝的伟大君主，他通过一系列征伐，极大地扩大了帝国的疆域，把帝国推向极盛。但是，在作战中，阿育王也深刻感受到战争的血腥和残酷，尤其是羯陵伽之战，促使阿育王的思想发生重大改变，随后他皈依佛教，并把佛教定为国教。在外交政策方面，他宣布不再发动对外战争，而是派出使团宣扬佛教及"法胜"思想。这使得阿育王的外交政策具有和平的性质，由此导出印度战略传统的另一大渊源：在战略制定和实施中，不仅一国的战略目标应当是正当的，其实现战略目标的手段也应当是正当的。[②]

---

① 转引自宋德星《印度国际政治思想刍议》，《南亚研究》2006年第2期。

② 宋德星：《现实主义取向与道德尺度——论印度战略文化的二元特征》，《南亚研究》2008年第1期。

阿育王的"法胜"思想被近代印度的反殖民勇士——甘地进一步发扬光大。甘地认为"真理是神,非暴力则是追求真理,即认识神的手段"①。这种看似抽象的学说,实则契合了宗教信仰多样、种族构成复杂、处于殖民统治之下的印度的国情,并最终帮助印度赢得了独立。以和平手段达到目标的"非暴力"思想因此名声大振,并深刻影响了印度独立之后的战略决策。建国之初,尼赫鲁甚至一度欲以外交手段取代军事力量来谋求国家安全②,而且尼赫鲁正是通过外交手段使印度在亚洲乃至亚太地区获得了超越其实力的地位和影响力的。冷战结束,尤其是进入 21 世纪之后,印度希望充分运用其"民主国家"的身份在亚太地区进行合作,扩大其影响力。

总之,无论是阿育王的"法胜"思想,还是甘地的"真理",都宣扬一种精神理念,通过非暴力的、和平手段来实现自己的目标。这种理想主义的传统也深刻地影响了当今印度在亚太地区的外交战略目标,即通过宣扬当今时代的"达摩"——民主价值观来扩大自己在亚太地区的影响力。

第三,"不结盟"的外交战略思想对印度在亚太地区外交战略目标的影响。"不结盟"战略是印度独立之后首任总理尼赫鲁在美苏两大军事集团对抗的背景下提出的,它根源于印度的传统价值观,体现了印度文化价值观对政治、道德、民主、平等、正义、真、善、美等方面的认识,其中有对物质价值、社会价值、精神价值和非暴力的衡量特征,重精神价值的追求,强调用法(达摩)去维护和创造某种和谐,用非暴力求得和平。③

"不结盟"战略的主要内容包括:不与任何大国结盟,不介入美苏

---

① 转引自任飞《印度战略文化对国家安全战略的影响》,《南亚研究》2009 年第 2 期。

② 任飞:《印度战略文化对国家安全战略的影响》,《南亚研究》2009 年第 2 期。

③ 章节根:《论印度的战略文化》,《国际论坛》2007 年第 2 期;吴永年等:《21世纪印度外交新论》,上海译文出版社,2004,第 24 页。

冷战的旋涡，避免卷入地区性和全球冲突，与所有国家发展友好关系，对国际事务坚决做出自己独立的判断。其实质是印度要保持在战略决策上的自由，即实现"战略自主"（Strategic Autonomy）。通过"不结盟"战略，印度不仅可以保持对外政策的独立性，还可以在美苏间纵横捭阖，获取更多的经济和战略利益。从外交实践来看，无论是在冷战期间还是冷战后，"不结盟"战略为印度在大国博弈中赢得主动权、提升国际影响力、实现国家利益最大化等方面都发挥了重要作用。因此，在大国博弈日趋激烈的亚太地区，印度必然会更加重视和追求"战略自主"，以实现其国家利益的最大化。

第四，英国殖民统治者的遗产对印度在亚太地区外交战略目标的影响。美国著名的南亚问题专家斯蒂芬·科亨在《大象和孔雀——解读印度大战略》一书中写道："过去四个世纪以来，印度在亚洲的影响达到了两个高潮：在莫卧儿人统治时期，印度曾是亚洲两个主要文化经济大国之一。英国统治时期，印度成了泛亚帝国的中心。"[1] "英国曾利用印度的资源发展与控制非洲至太平洋地区的殖民地。印度为大英帝国提供军队向中国及波斯湾扩张。在两次世界大战中，印军与盟军共同战斗。英美两国正是从印度向中国国民党提供补给并在东南亚打退了日军。"[2]

这样的经历让独立后的印度对其在亚洲发挥重要作用充满了期待，尼赫鲁深受甘地"非暴力"思想的影响，认为印度应该以和平方式在亚洲地区扮演领导者的角色，并且要促进地区合作框架的形成。但是冷战让印度的希望破灭，随着美苏在亚洲争夺的加剧以及中印关系的恶化，印度被迫收缩战线，重点经营南亚地区。冷战结束之后，随着亚太地区合作的进一步发展，印度迫切希望融入其中。在印度战略精英看来，如果印度能够在亚太地区发挥重要作用，那么昔日大英帝国统治印

---

① 〔美〕斯蒂芬·科亨：《大象和孔雀——解读印度大战略》，刘满贵等译，新华出版社，2002，第287页。

② 〔美〕斯蒂芬·科亨：《大象和孔雀——解读印度大战略》，刘满贵等译，新华出版社，2002，第249页。

度所获得的荣耀，今日的印度也会拥有。这种战略认知和战略抱负是英国殖民统治者留给印度的重要遗产之一，对印度在亚太地区的外交战略目标产生了重要影响。

总之，印度在亚太地区的外交战略目标深受印度战略文化的影响。现实主义的"曼荼罗"地缘政治思维、理想主义的"非暴力"思想和实用主义的"不结盟"外交战略思想糅合在一起，再加上英国殖民统治者的战略遗产，这些因素从战略文化的角度决定了印度在亚太地区具体的外交战略目标是多重而复杂的。

（二）印度国家实力对其在亚太地区外交战略目标的影响

任何一个国家的外交战略都受到综合国力的制约，并随着综合国力的变化而调整。尤其在一国与他国的横向对比之中，综合国力对外交战略的影响更具有现实的意义。

梅新育在《大象之殇：从印度低烈度内战看新兴市场发展道路之争》一书中写道："1950年印度人均国内生产总值150美元，新中国初步完成战后经济恢复的1952年人均GDP为119元，按当年平均汇率1美元兑人民币2.2645元计算，折合52.55美元，印度是中国的2.85倍。即使按购买力平价计算，安格斯·麦迪森（Angus Maddison）《世界经济千年统计》中测算的结果是1950年中国大陆人均GDP为439国际元，印度为619国际元，比中国大陆高40%以上。……当时印度工业占其工农业总产值的30%，中国1952年工业产出119.8亿元，占当年GDP 679.0亿元的17.6%、工农业总产值580.8亿元的20.6%。在几乎整个1950年代，印度都是世界最大棉纺织品出口国，1954年印度纺织品占世界市场13.4%，当时中国纺织品则被彻底封杀于作为主流国际市场的西方市场之外。"[①]

---

① 梅新育：《大象之殇：从印度低烈度内战看新兴市场发展道路之争》，中国发展出版社，2015，第368~369页。

当时印度领先于亚洲的经济实力以及从英印殖民政府继承的政治影响力，让首任总理尼赫鲁对印度在亚洲的地位充满了信心。1949 年 10 月 2 日，尼赫鲁在给各邦首席部长的信中声称："今天全世界都公认亚洲的未来将强烈地由印度的未来所决定。印度越来越成为亚洲的中心。"① 毫无疑问，彼时印度在亚洲的外交目标就是要成为反帝反殖的民族独立国家的领导者。直到 1962 年，尼赫鲁也是事实上的第三世界领导人。但是，中印边界冲突中印度的战败，让尼赫鲁等印度政治精英认识到印度军事力量太弱，靠外交和道义获得的地位难以持久，尤其是在美苏争霸、崇尚武力的两极格局之下。因此，尼赫鲁的继任者们继续收缩外交战线，把外交重点转向南亚地区，亚太地区在印度外交战略中被边缘化。

1991 年苏联解体、两极格局结束，印度开始实施以市场为导向的经济改革以及以"东向政策"为标志的外交政策。1991 年至 2005 年，印度国内生产总值以每年 6% 以上的速度增长，这几乎是它独立后最初 40 年维持的"印度增长率"的两倍。2006 年至 2008 年，国内生产总值年均增长率更是达到 9% 以上，其增长速度在世界范围内仅次于中国。综合国力的增强让印度在追求大国地位以及对外交往时更有底气。2001 年，时任印度总统纳拉亚南提出，印度力争在 21 世纪成为强大、繁荣和富强的国家，争取获得与自身领土面积相称的国际地位。2004 年 3 月，时任印度总理瓦杰帕伊发表演讲，提出建立"印度世纪"的主张。时任外长辛哈随后提出，"从自视为一个发展中弱国转变为正在崛起的强国是印度意识的一次巨大飞跃"②。对大国地位的追求更坚定了印度走向亚太地区的决心，成为亚太地区有影响力的"一极"是印度外交追求的目标。

---

① 转引自梅新育《大象之殇：从印度低烈度内战看新兴市场发展道路之争》，中国发展出版社，2015，第 367 页。

② 转引自马加力《莫迪执政后印度国家战略的走向》，载吕昭义主编《印度国情报告（2015）》，社会科学文献出版社，2015，第 281 页。

但是，随着冷战结束后世界政治、经济重心不断向亚太地区转移，各大国在亚太地区的博弈更加激烈。印度的综合国力与美国、俄罗斯、中国相比相形见绌。印度长期把中国作为对比的参照国，然而，无论是经济总量、工业发展水平还是基础设施建设、教育医疗发展情况，印度都远远落后于中国。2014 年，中国 GDP 为 10.35 万亿美元，印度 GDP 为 2.05 万亿美元，仅为中国的 1/5。2014 年，中国人均 GDP 为 7590 美元，印度人均 GDP 仅为 1582 美元。2014 年，中国的工业增加值达 44176 亿美元，居世界首位，同期印度仅为 5738.5 亿美元。2014 年，中国国道和高速公路总里程为 29 万公里，印度仅为 8 万公里；中国的高速铁路总里程居世界之首，而印度尚未建成高铁；中国民用航空旅客运输量达 3.91 亿人次，而印度同期仅为 0.83 亿人次；中国耗电量为 4068 千瓦时/人，而印度仅为 681 千瓦时/人。2013 年，中国 15 岁以上人口识字率达到 95.4%，而印度仅为 69.3%。2013 年，中国医疗支出占 GDP 的比重为 5.57%，印度为 3.97%。2014 年，中国每万人病床数达到 49 张，印度每万人仅拥有 7 张病床；中国每万人医师数量为 21 人，而印度仅为 7 人。[①]

中、印综合国力的差距对印度在亚太地区的外交战略目标造成了双重影响：一方面，中国的发展让印度感到了威胁，印度要扩大在亚太地区的存在以制衡中国；另一方面，印度有限的实力决定了其在亚太地区的外交战略目标的有限性。因此，印度自身实力的增强、对大国地位的追求决定了印度必须挺进亚太地区，但其实力又制约了其在亚太地区所能发挥作用的深度和广度。

（三）亚太地区格局对印度在亚太地区外交战略目标的影响

亚太地区格局的构成基础是亚太大国的力量对比及其战略关系。印

---

① 黄剑辉：《21 世纪的"龙象"之争——中国与印度的经济发展对比及前景展望》，《中国经济时报》2016 年 10 月 21 日，第 5 版。

度在亚太地区的外交战略目标与亚太地区格局变化密切相关。在冷战期间，美苏两大集团对峙构成了亚太地区的基本格局。随着美苏对峙在亚太地区愈演愈烈，印度在亚太地区进行战略收缩，以至于偏居南亚一隅。冷战结束后，美国、中国、日本、俄罗斯、印度、澳大利亚以及东盟是影响亚太地区格局的主要力量。亚太地区政治格局的变化和地区权力结构的调整为印度走向亚太地区创造了宽松的外部环境，印度在亚太地区的外交战略目标随之拓展，它不仅要融入亚太地区，而且要成为亚太地区秩序的主要塑造者之一。

1. 美苏两极格局对印度在亚太地区外交战略目标的影响

印度一独立即处于美苏冷战的两极格局之下，但开国总理尼赫鲁认为美苏冷战的重点在欧洲，而此时多数亚洲国家正为民族独立而斗争，作为第一个取得民族独立的亚洲国家，印度可以而且应该成为"新自由亚洲"的领导者。为此，印度提出"亚洲团结"理念，对亚洲国家的民族解放运动给予支持。

但是，随着朝鲜战争的爆发，冷战之火在东亚地区点燃。苏联拉住中国和朝鲜，建立了社会主义阵营的东方战线，而美国则把韩国、日本纠集在一起，构建了东亚地区的"共同防御体系"，苏联和美国在亚洲的对峙格局从此定型。[①] 在此局势之下，印度"成为亚洲领导者"的外交战略目标受到挑战，尼赫鲁总理审时度势，采取不结盟政策，选择不卷入冷战，突出亚洲的非殖民化和"亚洲团结"的理念来应对超级大国争斗的风险。他通过与中国建交、积极介入朝鲜战争以及第一次印支战争的调停来扩大自己在亚洲国家中的影响力，其声望也在1955年召开的亚非会议中达到顶峰，尼赫鲁成了独立于美苏之外的"第三种力量"的代表。

可惜，这样的局势延续时间并不长。20世纪50年代末，中苏矛盾

---

① 徐天新、沈志华主编《冷战前期的大国关系——美苏争霸与亚洲大国的外交取向（1945—1972）》，世界知识出版社，2011，第438页。

开始显现。1962 年中印边界冲突爆发，这场冲突不仅改变了中印两国的地缘政治格局，也对美苏在亚洲对峙的格局产生了影响。美苏甚至在助力印度遏制中国的问题上达成一致，此时中国所处的国际环境相当严峻，促使中国的外交重点转向以亚非拉国家为主的"第三世界"。印度在中印边界冲突中的惨败让尼赫鲁及其继任者收缩外交战线，着力经营南亚地区，尤其是在 20 世纪 70 年代初中美关系解冻之后，印度进一步靠近苏联，与苏联签订友好互助条约，印度在亚太地区的外交战略目标受制于两极格局下的与苏结好，毫无进展。

总之，在中印边界冲突之前，印度利用不结盟政策周旋于美苏之间，在亚太地区获得了较高的国际影响力和国际威望。中印边界冲突之后，印度曾短暂地与美苏双重结盟以获取军事、经济援助，但最终选择与苏联准结盟，印度在亚太地区的外交战略目标因受制于两极格局而被边缘化。

2. 冷战结束后，亚太地区政治格局的变化对印度在亚太地区外交战略目标的影响

1991 年苏联解体使延续近半个世纪的美苏两极格局结束了，全球政治格局随之迎来了调整和转型期。在亚太地区，俄罗斯几乎全部继承了苏联的权益，尽管如此，由于内外交困的压力，其在亚太地缘政治格局中的地位被边缘化。俄罗斯国土面积的 2/3 在亚洲，它对亚太地区尤为重视，提出了欧亚并重的"双头鹰"外交战略，力挽其在亚太地区的地位。

苏联解体使美国成为全球唯一的超级大国，在亚太地区的地缘政治格局中，美国居于主导地位。中国 1978 年开始改革开放，多年发展所积累的物质基础使其在亚太地区格局中的地位愈加突出，其要求在亚太地区事务中有更多的发言权。日本则希望成为"正常国家"而在国际事务中要求更多的权力。东盟则由于冷战后加快地区一体化进程，逐渐把所有的东南亚国家囊括在内，成为亚太地缘政治格局中一支不可忽视的重要力量。因此，冷战结束后的亚太地区，逐渐形成了以美、中、日、俄、东盟为主的多元政治格局。这种新格局的主要特点是权力中心分散化，各种力量之间相互依存、相互制衡。

正是这种特点，让远离亚太核心地区的印度有了参与亚太地区事务的机会。尤其是在中国实力逐渐增强的背景之下，无论是美国、日本还是东盟，都希望把印度作为制衡中国的力量引入亚太地区格局。这种态度在有利于印度"东进"亚太地区的同时，也制约了印度在亚太地区所能实现的外交战略目标，即它只能是美、日、东盟所希望的制衡力量，而不是该地区的主导力量。正如亨利·基辛格在《世界秩序》一书中写道："印度在世界秩序中的作用受到某些结构性因素的制约，这些因素与它建国有关，其中最复杂的是印度与其近邻，尤其是和巴基斯坦、孟加拉国、阿富汗和中国的关系。"① 同样，印度在亚太地区的外交战略目标也受到亚太地区格局结构性因素的制约，并最终取决于它与美国、中国、日本、俄罗斯和东盟的关系以及各大国之间的博弈。

3. 亚太地区经济格局对印度在亚太地区外交战略目标的影响

自第二次世界大战结束以来，亚太地区在世界经济格局中的地位逐步上升，以至于在进入 21 世纪之后，它俨然成为世界经济格局的新中心。在第二次世界大战结束之时以及战后初期，美国独霸世界经济，全球 2/3 的黄金储备掌握在美国手中。经过战后重建，英、法、德、意等欧洲国家的经济逐渐恢复并获得一定的发展，同时欧洲联合趋向加强，在 20 世纪 50 年代形成了美国和西欧占主体地位的世界经济格局。日本经济在 20 世纪 50~60 年代获得飞速发展，到 60 年代末世界经济格局重塑，形成了美、日、欧三足鼎立的格局，世界经济重心开始东移。而 20 世纪 60、70 年代"亚洲四小龙"的崛起以及 80 年代后中国经济的高速增长则再次改变了世界经济格局，使亚太地区越来越成为世界经济格局的中心。伴随着亚太地区在世界经济格局中地位的变化，印度在该

---

① 〔美〕亨利·基辛格：《世界秩序》，胡利平、林华、曹爱菊译，中信出版社，2015，第 266 页。

地区的外交战略目标和经济诉求也发生了变化。从印度独立到冷战结束，囿于政治格局及亚太地区经济局势，印度在亚太地区的经济诉求极弱。20 世纪 90 年代初，印度市场化的经济改革以及东向政策的出台体现了印度对世界经济格局的判断，其从经济诉求的视角重新审视亚太地区。

进入 21 世纪后，中国成为亚太地区经济增长的"火车头"。据高盛公司的统计，2000 年至 2010 年，中国对世界经济的累计贡献率为 22%。中国经济在亚太地区的影响力也在急剧扩大，中国对亚洲经济增长的贡献率超过 58%，是亚太地区多个国家如日本、韩国、澳大利亚的最大贸易伙伴和出口市场。①尤其是 2008 年金融危机爆发以来，全球经济发展不断受挫，中国经济发展却一枝独秀，中国经济成为亚太地区经济乃至全球经济发展的强劲推动力。2010 年，中国 GDP 超过日本，成为世界第二大经济体。2012 年中国经济虽然进入"新常态"，但仍然保持中高速增长，正如习近平总书记在中国共产党第十九次全国代表大会所做的报告中提到的："（过去五年）经济保持中高速增长，在世界主要国家中名列前茅，国内生产总值从五十四万亿元增长到八十万亿元，稳居世界第二，对世界经济增长贡献率超过百分之三十。"②

中国经济的高速发展对印度在亚太地区的外交战略目标造成了双重影响：一方面，印度希望融入亚太经济圈，分享中国经济发展的经验和成果；另一方面，由于中印之间的历史遗留问题，双方之间的政治信任水平不高，印度对与中国的经济合作充满疑虑。这种犹疑心理不仅制约了印度在亚太地区外交战略目标的高度，也影响了其在亚太地区外交战略目标的实现。总之，亚太地区在世界经济格局中地位的上升乃至成为

---

① 参见陈松川《当前亚太地区格局新动向的政策内涵及战略思考》，《亚太经济》 2012 年第 5 期。

② 习近平：《决胜全面建成小康社会，夺取新时代中国特色社会主义伟大胜利》 （2017 年 10 月 18 日），载《习近平著作选读》（第二卷），人民出版社，2023， 第 3 页。

世界经济格局的中心促使印度走向亚太，希望融入亚太经济圈，但是，印度的亚太之旅又受到中国在亚太地区经济格局中重要性上升的影响而充满犹豫。

* * *

印度在亚太地区的外交战略目标受到印度的战略文化、印度的国家实力以及亚太地区格局的影响，但从根本来说，其是由印度的国家大战略决定的。印度在独立之初就制定了大国战略，立志要成为"有声有色"的世界大国，这就决定了其在亚太地区的外交战略目标必须为大国战略目标服务，走向亚太、融入亚太，从亚太地区走向世界是印度大国战略实现的路径。而这条道路能否走通又取决于印度是否拥有推行其外交战略的强有力的国家意志和强大的国家实力，同时还受到亚太地区格局的影响。

除了根本目标外，印度在亚太地区的现实目标是具体的、多重的。它期望融入亚太经济圈；在战略自主的前提下参与亚太地区合作以及亚太地区秩序的塑造；同时输出印度文化，扩大政治和文化影响力。印度"曼荼罗"的地缘政治思维、"非暴力"思想和"不结盟"的外交战略思想与英殖民统治者的战略遗产糅合在一起，从战略文化的角度决定了印度在亚太地区的外交战略目标是多重且复杂的。而印度自身实力的增强、对大国地位的追求决定了印度必须挺进亚太地区，但实力又制约了其在亚太地区所能发挥作用的深度和广度。尤其是在中国在亚太地区经济格局中越来越重要的背景下，印度的外交目标、外交需求与实力之间的矛盾越发突出，这不仅制约了印度在亚太地区外交战略目标的高度，也影响了其在亚太地区外交战略目标的实现。

第四章 印度亚太战略的内容及其实施

一 冷战期间印度的亚太战略及其实施

冷战期间印度对亚太地区没有明确的、统一的外交战略，但我们从它与亚太地区主要国家之间的关系中可以对印度当时的外交战略略窥一二。印度与亚太地区主要国家的外交关系可以 1962 年为界分为两个时期：1947 年至 1962 年，在尼赫鲁的"泛亚主义"理念和不结盟的外交战略框架下，印度对亚太国家实行积极的外交政策；1962 年至 1991 年，亚太地区在南亚地区主义与印苏特殊关系下被边缘化，而这一时期正是"亚太"地区概念的形成期以及亚太地区合作的萌芽和发展期，印度没有抓住融入亚太地区的机会，与大多数亚太国家及亚太地区合作组织的关系疏远。

（一）1947~1962 年"泛亚主义"与不结盟外交框架下的印度亚太外交

1947 年 8 月，印度终于摆脱英国近 200 年的殖民统治，获得独立。但是，独立后的印度立刻发现自己处在美苏冷战的国际大环境之中。为了印度的国家安全和大国梦想，尼赫鲁政府采取了不结盟的外交政策，在美苏之间保持平衡，并力求组成以印度为首的"第三种力量"，而这支力量的基础就是亚洲其他国家。作为亚洲第一个摆脱殖民统治的国家，尼赫鲁认为印度有责任团结亚洲其他国家，建立一个既不投靠西方阵营也不置身于苏联阵营的亚洲大家庭。[①] 为此，印度在亚太地区展开了积极的外交行动。

---

① 赵干城：《印度：大国地位与大国外交》，上海人民出版社，2009，第 49 页。

1. 印度积极支持东南亚国家的反帝反殖斗争

反对帝国主义和殖民主义是尼赫鲁政府的主要外交政策之一，这一政策源于印度民族解放运动，有着广泛的社会思想基础，也和尼赫鲁的经历息息相关。近代印度长期遭受西方的殖民统治，深受殖民者的剥削和压迫，在反帝反殖的民族解放斗争中，印度人民付出巨大牺牲，也坚定了反帝反殖的信念。尼赫鲁自己曾经9次被英国殖民当局逮捕入狱，在监狱中度过了许多年，这段经历铸就了尼赫鲁的反帝反殖思想。印度民族主义运动的领袖们在为印度独立奋斗的过程中还产生了国际主义的精神。他们认为，印度的独立和自由是与广大亚洲、非洲国家的自由独立相互关联的，只有广大的殖民地国家普遍获得自由，印度的独立才能得到保障。[①] 因此，印度独立后对缅甸、印度尼西亚、印支三国、马来亚等亚太国家的民族解放运动采取积极支持的政策。其中，印度对印度尼西亚民族解放运动的支持尤其引人注目。

1947年7月，荷兰在对《林牙椰蒂协定》的解释上与印度尼西亚产生分歧，因而采取所谓的"警察行动"，向爪哇发起大规模进攻。当尼赫鲁得知荷兰的行动后，马上谴责荷兰的行为是"令人震惊"的，是"新亚洲绝不能容忍"的。此时的尼赫鲁已决定把"泛亚主义"贯彻到外交实践中，为此，印度政府采取各种实际行动支持印度尼西亚共和国：给予印度尼西亚共和国以事实上的承认，向日惹派驻一名领事；禁止荷兰飞机飞越其领空、荷兰船舶停靠其港口；派遣红十字医疗队去印度尼西亚救死扶伤，甚至在夜晚空运粮食、衣服、药品到雅加达。此外，新德里广播电台几乎成了印度尼西亚共和国控制下的印度尼西亚各地区间的唯一联系渠道，对外则成了印度尼西亚共和国的官方自由电台。[②]

---

① 余芳琼：《当代印度的东南亚政策研究》，中央民族大学出版社，2015，第63页。

② 刘同舜、姚椿龄主编《战后世界历史长编1955》第十册，上海人民出版社，1997，第75页。

此外，尼赫鲁政府还积极利用国际组织和组织国际会议，对印尼的民族解放运动进行支援。在 1947 年 7 月 30 日提交给联合国秘书长的信中，尼赫鲁指责荷兰"不守信用"，"荷兰的行动威胁到世界和平，请求联合国安理会采取必要措施应对印尼的局势"。印度代表在联合国安理会中就印尼问题提起申诉。在印度和澳大利亚的联合努力下，1947 年 8 月 1 日，联合国安理会做出决议，呼吁荷兰与印尼"停止敌对行为"，"用谈判或者其他和平手段解决争端"。① 1948 年 1 月，经由美国、澳大利亚和比利时三国代表组成的联合国调停委员会的调停，荷兰与印度尼西亚共和国在美国军舰"伦维尔"号上签订了《伦维尔协议》。

但是，在对《伦维尔协议》的解释上，荷兰与印尼再次发生分歧，1948 年 12 月 18 日，荷兰采取第二次"警察行动"，再次对印度尼西亚共和国发起进攻。几天后，荷兰军队攻占了印尼的主要城市，监禁了苏加诺、哈达等人。尼赫鲁强烈谴责荷兰的"侵略"行为，对一些西方国家容忍"侵略"的态度进行指责。尼赫鲁还邀请印度尼西亚共和国在印度设立流亡政府。虽然这一邀请未被接受，但新德里在 1948 年底至 1949 年初的那段紧急时期内，几乎成了印度尼西亚共和国的第二首都和它财政的主要来源。② 印度的积极行动影响了其他亚洲国家，巴基斯坦、缅甸、沙特阿拉伯等国对荷兰的船舶和飞机采取了类似的限制行为。

1948 年 12 月，在国大党斋浦尔大会上，尼赫鲁对帝国主义在印尼的行动表示强烈谴责。他说："现在我们虽然没有力量有效地援助印度尼西亚共和国，但是，我们不能袖手旁观。无论如何，我们要遵循我们的理想。我们的外交政策的基础，乃是任何外国都不应当统治任何一个

---

① 参见 B. D. Arora, *Indian-Indonesian Relations*, *1961－1980*, New Delhi: Asian Education Services, 1981, p. 15。

② 刘同舜、姚椿龄主编《战后世界历史长编 1955》第十册，上海人民出版社，1997，第 75 页。

亚洲国家。亚洲各国不久就会公开地对荷兰人的行动表示态度，我们应当决定在这种情况下采取措施。"① 尼赫鲁俨然成为亚洲的代言人。

1948 年 12 月 21 日，缅甸总理吴努提议"由印度专门组织一次亚洲会议来讨论印度尼西亚局势"，尼赫鲁总理接受了这个建议，并于 12 月 31 日向有关国家发出会议邀请信。尼赫鲁总理与印尼代表就印尼国内局势以及对荷兰的政策进行密切的沟通与联系，尼赫鲁担任会议主席，积极筹备会议。1949 年 1 月 19 日，印尼代表向尼赫鲁总理递交了一份阐明印度尼西亚共和国立场的备忘录，并准备把其副本分发给与会各国代表团团长。1 月 20 日上午，有 19 个国家参加的声援印尼民族解放运动的会议在新德里正式召开。在这 19 个国家中，除了埃及和埃塞俄比亚，其余都是亚洲和太平洋地区的国家。会议主席尼赫鲁在会议开幕式上做了 10 分钟的发言。他的发言虽然简短，但为整个会议定下了基调：第一，此次会议的议题必须围绕印尼问题；第二，会议有三项主要任务，即向安理会提建议，在荷兰和印尼不履行安理会决议的情况下建议安理会采取相应的行动，筹划与会国可以继续保持接触、磋商以及采取一致行动的机构和程序。尼赫鲁在发言中还强调要遵循古老的亚洲精神。20 日下午，会议进入实质性讨论阶段，最后决定由印度、澳大利亚、巴基斯坦、锡兰的代表组成起草委员会，草拟会议决议。经过四国代表的努力，22 日，会议决议草案完成并随即获得会议通过，于当晚电呈安理会。23 日，声援印尼民族解放运动的新德里会议成功闭幕。

新德里会议是印度反帝反殖外交政策和尼赫鲁"泛亚主义"的实际应用，也是印度在获得独立之后关注亚太地区事务的第一个主要表现，其官方性质使其获得了比"亚洲关系会议"更大的国际影响力，它被菲律宾的罗慕洛称为"第一次亚洲政府间的政治会议"。会议结束后，为了继续声援印尼的民族解放运动，部分与会国家又举行了两次会

---

① 转引自余芳琼《当代印度的东南亚政策研究》，中央民族大学出版社，2015，第 70 页。

议。1949 年 3 月 4 日，以印度、菲律宾为首的 17 个新德里会议参与国的驻联合国代表在纽约华尔道夫酒店再次聚会以讨论印尼问题。虽然会议并未做出实质性的决定，但其表明亚洲国家的联合在加强。1949 年 4 月 13 日，11 个新德里会议参与国的驻印大使齐聚尼赫鲁总理办公室，敦促荷兰尽快撤军，停止侵略。在亚洲国家和其他各国人民的支持下，经过艰苦斗争，印尼于 1949 年 12 月获得完全独立。患难中的支持使印尼对印度充满感激，1950 年印尼与印度实现了首脑互访。1950 年初，苏加诺总统把印度作为首个出访国，6 月，尼赫鲁成为印尼独立以来第一个到访的外国首脑。印度与印尼的密切关系为 1955 年亚非会议在印尼万隆召开奠定了基础。

2. 印度积极处理与新中国的关系

1949 年 10 月 1 日，中华人民共和国成立，这使亚太地区的地缘政治格局发生了巨变。怎样看待由共产党领导的统一的新中国以及怎样与之相处是摆在印度政治精英面前的重大问题。印度政府内部对此展开了激烈的辩论，尼赫鲁力排众议，决定早日承认新中国并尽快与新中国建交。那么尼赫鲁是怎样看待新中国以及如何对其进行外交定位的呢？

首先，从"泛亚主义"的角度出发，尼赫鲁强调中华人民共和国的亚洲属性。他认为中华人民共和国的成立，是民族主义的胜利，也是亚洲政治复兴的表现，而不把它看作共产主义的胜利。他相信到头来中国文明将把马克思主义的教条和共产党的结构消化吸收，然后也许产生一种新的化合物。[1] 而且"这种化合物更具有亚洲色彩，而不是共产主义色彩"[2]。即使新中国采取对苏联"一边倒"的外交政策，中苏签订了《中苏友好同盟互助条约》，但尼赫鲁仍然认为中国与苏联不同，认为中国更具有东方民族的特征。1950 年 4 月 1 日，印度与新中国建交，

---

[1]　参见〔澳〕内维尔·马克斯韦尔《印度对华战争》，陆仁译，三联书店，1971，第 94 页。

[2]　参见王宏纬《喜马拉雅山情结：中印关系研究》，中国藏学出版社，1998，第76 页。

是第一个与新中国建立大使级外交关系的非社会主义国家。

其次，尼赫鲁对新中国在亚洲地缘政治格局中的分量有充分的认识，认为印度要建立独立于美苏之外的"亚洲大家庭"，中国的支持必不可少。早在20世纪40年代初，尼赫鲁曾设想过与中国结成联盟，预想中印联合领导二战后的亚洲。新中国成立后，尼赫鲁没有再提有关建立联盟的事，但他仍然希望将中国纳入以印度为中心的某种亚洲共同体，使亚洲以一个声音说话，以增加自己的声势。① 当20世纪50年代初美苏冷战扩展到亚洲，威胁到印度建立反西方主导的"新亚洲"时，尼赫鲁就认识到中国是否支持可能成为印度能否重塑后殖民时期亚洲秩序的决定因素。在尼赫鲁看来，如果印度能够赢得中国对其重塑后殖民时期亚洲秩序的支持，这将对印度大有裨益。②

因此，基于国家利益与地缘政治的考量，尼赫鲁政府对新中国采取了积极的外交政策。继1950年4月建交后，中印两国在国际舞台上互相支持，各取所需。由于在亚洲以及世界舞台上的密切合作，中印两国迎来了双边关系史上的"蜜月期"，主要表现在两方面：一是印度积极介入与新中国密切相关的朝鲜战争和第一次印支战争的调停，二是中印缅共同倡导和平共处五项原则。

第一，印度利用"中立国"的身份，积极介入朝鲜战争和第一次印支战争的调停。

1950年6月25日，朝鲜战争爆发，7月13日，尼赫鲁总理就亲自致电斯大林和艾奇逊，请求早日从中斡旋，以结束在半岛的流血冲突。他认为远东问题没有中国参与是不可能得到彻底解决的，因此他建议恢复中国在联合国的合法席位，使其有机会与苏美一起寻求朝鲜问题的解决办法。1951年1月24日，尼赫鲁发表广播讲话，主张有关各国商谈

---

① 王宏纬：《喜马拉雅山情结：中印关系研究》，中国藏学出版社，1998，第76页。

② 参见〔美〕苏米特·甘古利主编《印度外交政策分析：回顾与展望》，高尚涛等译，世界知识出版社，2015，第86~87页。

远东问题。随后，印度又与缅甸等 12 个亚洲和阿拉伯国家提出关于朝鲜战争和平谈判的修正提案，建议美国、苏联、法国、英国、印度、埃及等国政府尽快与中华人民共和国政府代表会晤，为和平解决朝鲜问题及其他远东问题做出安排。

1951 年 2 月 1 日，联合国大会通过美国的决议，即第 1771 号决议，谴责中国为"侵略者"，印度投了反对票。印度外交秘书巴杰帕伊（Girja S. Bajpai）告诉加拿大驻新德里高级官员奇普曼（Warwick. F. Chipman）：美国把谴责中国为"侵略者""合法化"，造成了一种一个亚洲国家与其他亚洲国家的敌对或东方与西方的敌对的感情。[①] 1951 年 5 月，当美、英等国要求印度根据"安理会和联合国大会的建议"派军队参加美、英操纵的"联合国军"时，印度不仅拒绝派兵参加，而且明确声明："印度军队只能用于印度的国防目的，印度军队没有到海外服务的远征部队。"[②] 印度因此得到了中国的信任，在停战协定的谈判中，中国建议由印度代表担任朝鲜中立国遣返委员会主席。1953 年 7 月，《朝鲜停战协定》签订，其附件《中立国遣返委员会的职权范围》规定："为协助中立国遣返委员会执行其职务和责任所需的足够的武装力量与任何其他工作人员应专由印度提供，并依照日内瓦公约一三二条的规定以印度代表为公断人，印度代表并应为中立国遣返委员会的主席和执行人。"[③] 随后，印度在战俘遣返问题上做了大量的工作。

总之，印度在朝鲜战争问题上的态度除了源于对事件本身的公正判断，也源于尼赫鲁的"泛亚主义"理念。尼赫鲁认为亚洲的问题应该主要由亚洲国家来处理。美国作为一个非亚洲国家对亚洲事务指手画脚属于过度干预。在他的想象中，中国、印度两个亲人般的平等的巨人之

① 参见陶亮、李敏《论印度在朝鲜战争中的外交活动及其影响》，《学术探索》2010 年第 4 期。

② 转引自杜俊华《试论朝鲜战争时期的印度对华政策》，《四川师范大学学报》（社会科学版）2002 年第 4 期。

③ 《国际条约集（1953—1955）》，世界知识出版社，1960，第 58 页。

间的友谊，象征着亚洲的前途，甚至象征着世界的前途。①

印度积极介入第一次印支战争的调停是在 1954 年日内瓦会议召开前后。② 第一次印支战争早在 1946 年 12 月爆发，但印度在 1954 年之前主要采取"中立的""不卷入"政策。尼赫鲁政府的"不卷入"政策在一系列事件中得到体现。其一，尼赫鲁临时内阁中的萨拉特·钱德拉·鲍斯（Sarat Chandra Bose）号召印度国民把越南人的斗争看作亚洲人民摆脱西方统治的独立斗争的一部分，呼吁组成一支"志愿军"，募集资金、衣物和食物帮助越南人，并且组织派遣医疗队伍到印度支那。但是尼赫鲁认为"只要印度政府没有宣布与其他国家处于交战状态，印度就不能采取反对别国的行动"③，因而拒绝为鲍斯的"志愿军"提供必需的行程安排。④ 其二，在 1947 年 3 月召开的亚洲关系会议上，印度政府同时邀请了越南民主共和国以及法国支持的南越政权，以此表明印度政府对越南两个敌对政权的中立态度。其三，1949 年 10 月，印度同时投票支持越南两个政权加入联合国的亚洲及远东经济委员会。1950 年5~6 月，尼赫鲁表示：印度不想卷入印度支那的内战。……在哪个政府取得明显优势之前，印度既不会承认保大政权也不会承认胡志明政权。⑤

1954 年初，印度政府开始改变对第一次印支战争的"不卷入"政策，以"外交斡旋"的方式积极介入调停。印度态度的转变主要有以下几方面的原因。一是印度代表在朝鲜战争后作为"中立国遣返委员

---

① 〔澳〕内维尔·马克斯韦尔：《印度对华战争》，陆仁译，三联书店，1971，第94 页。

② 印度介入第一次印支战争的调停的内容可参见余芳琼《印度对第一次印支战争的政策演变》，《东南亚南亚研究》2011 年第 2 期。

③ 转引自 D. R. SarDesai, *Indian Foreign Policy in Cambodia, Laos, and Vietnam, 1947–1964*, Oakland：University of California Press，1968，p. 13。

④ D. R. SarDesai, *Indian Foreign Policy in Cambodia, Laos, and Vietnam, 1947–1964*, Oakland：University of California Press，1968，p. 12.

⑤ 参见 T. T. Thien, *India and South East Asia, 1947–1960*, Université de Geneve，1963，p. 128。

会主席"的调停经历使印度增强了作为调停力量的信心。二是美国加紧向东南亚渗透的行为增加了印度参与调停的迫切性。印度一直担心印度支那战争演变为美苏两大集团的"热战",美国准备在东南亚地区建立军事联盟以遏制共产主义"扩张"的态度,似乎让这种担心正在逐渐变为现实。因此,印度迫切希望通过谈判达成停火协议,早日恢复东南亚地区的和平,并把东南亚地区建成一个"中立的和平区",以保证印度东部领土的安全。同时,尼赫鲁也希望通过签订和平条约,向西方国家表明亚洲人有能力自己解决亚洲的问题,为整个亚洲摆脱冷战的影响奠定基础。三是参战国及相关国家的"求和"愿望为印度参与调停提供了可能性。法国、越南民众深受战争之害,希望尽快结束战争;法国内阁因为深陷印支战争而倒台,法国新政府希望谈判结束战争;中国在结束朝鲜战争后,希望为国内建设寻求和平的国际环境。

尼赫鲁政府对第一次印支战争的"外交斡旋"主要体现在日内瓦会议召开的整个过程之中。其一,在柏林会议公报宣布召开日内瓦会议之后,印度给予了积极的回应和建议。1954年1月,美、苏、英、法四国外长会议在柏林召开,此次会议的主题本来是讨论德国和奥地利问题的,但四国因分歧太大未能达成协议。在苏联的强烈建议下,经过多次秘密会谈,在2月18日柏林会议发表的公报中,四国外长同意在1954年4月召开专门的日内瓦会议,讨论朝鲜和平和印支停战问题,这为印度支那实现停战开辟了道路。2月22日,尼赫鲁总理在议会呼吁:印支战争参战各方立即停火,为政治和谈创造条件。在日内瓦会议召开前夕（4月24日）,尼赫鲁总理在人民院发表了关于印度支那问题的声明。他指出:"印度支那冲突就其起源和基本性质来说,乃是反殖民主义的反抗运动,以及用传统的镇压及分而治之的方法对付这一反抗的企图。"[1] 声明希望日内瓦会议能使印度支那获得和平。为此,尼

---

[1] 转引自赵蔚文《印中关系风云录（1949—1999）》,时事出版社,2000,第43页。

赫鲁提出了包括独立、停战、不干涉在内的解决印支问题的六点建议。

其二，在日内瓦会议召开期间，印度召开科伦坡五国会议讨论印支局势，并派"特使"赴日内瓦会议进行"外交斡旋"。尽管印度对日内瓦会议充满热情，英国、苏联也希望邀请印度参会，但因为美国强烈反对，当日内瓦会议于1954年4月26日正式召开时，印度未能作为正式成员参会。4月28日，在印度的提议下，科伦坡五国（印度、巴基斯坦、缅甸、锡兰、印度尼西亚）会议举行，其讨论的主要问题就是印度支那局势。在会议开幕的当天，尼赫鲁总理就提出了他关于印度支那问题的六点建议，与会各国就六点建议进行了讨论，大家基本接受了印度的主张并且决定以科伦坡会议的名义致电日内瓦会议。

1954年5月21日，印度驻联合国代表克里希纳·梅农（Krishna Menon）作为尼赫鲁的特使抵达日内瓦，奉命在各大国之间进行外交斡旋。他的主要任务是向参会各方通报印度及科伦坡会议其他参会国对印支问题的看法，努力推动敌对各方代表团进行面对面的会谈；同时，向缅甸、印尼等国传达日内瓦会议的进展情况。梅农利用印度的特殊地位和身份，极为称职地扮演了"中间人"的角色，在敌对各方之间纵横捭阖，为缓解气氛、打破会议僵局立下了汗马功劳。

在日内瓦的三周时间里，梅农先后与各方代表团举行了近200次会晤，每次会晤都在两个小时以上。据报道，在日内瓦会议的第一阶段，克里希纳·梅农会见英国外交大臣安东尼·艾登（Anthony Eden）16次、中国外长周恩来8次、苏联外长莫洛托夫（Molotov）超过20次、北越代表团团长范文同（Pham Van Dong）5次、美国副国务卿贝德尔·史密斯（Bedell Smith）6次、法国总理孟戴斯-弗朗斯（Mendès-France）2次。[①] 在会议的结束阶段，梅农为参与会议的各方做解释工

---

① 数据来源于 Harish Kapur, *India's Foreign Policy*, *1947-92: Shadows and Substance*, New Delhi: Sage Publications, 1994, p. 128。

作，澄清误解，为日内瓦最后协议的签订做出了重要贡献。根据《日内瓦会议最后宣言》，由印度、波兰、加拿大三国组成国际监督和监察委员会，监督和监察越南、老挝、柬埔寨停止敌对行动协议的实施，印度担任国际监督和监察委员会主席。

第二，中印缅共同倡导和平共处五项原则。

"和平共处五项原则"作为当今世界处理国际关系的基本准则之一，产生于20世纪50年代，最早由中国提出，由中国、印度、缅甸三国共同倡导。它的提出既顺应了二战结束以后民族解放运动的历史潮流，也反映了新兴的民族独立国家对建立平等的国际关系的渴望。

"和平共处五项原则"首次被提出是在1953年12月31日，周恩来总理在北京会见以赖嘉文为首的印度代表团时说道："处理中印两国关系的原则，那就是互相尊重领土主权、互不侵犯、互不干涉内政、平等互惠和和平共处的原则。"① "和平共处五项原则"作为一项国际准则，第一次被写入的国际协定是《中华人民共和国和印度共和国关于在中国西藏地方和印度之间的通商和交通协定》，该协定于1954年4月29日签订，在它的序言中明确写道："基于（一）互相尊重领土主权、（二）互不侵犯、（三）互不干涉内政、（四）平等互惠、（五）和平共处的原则，缔结本协定。"这表明中印两国在和平共处五项原则上达成了共识。1954年6月，周恩来总理利用日内瓦会议休会之机应邀访问了印度和缅甸。在6月28日发表的中印两国总理的联合声明强调：和平共处五项原则不仅是指导中印关系的原则，也适用于中印同亚洲和世界其他国家之间的关系。在6月29日发表的中缅联合声明中重申和平共处五项原则。中印缅共同倡导的"和平共处五项原则"被视作国际关系史上的创举。

---

① 中华人民共和国外交部、中共中央文献研究室编《周恩来外交文选》，中央文献出版社，1990，第63页。

在和平共处五项原则的基础上，中印两国除了高层访问、人员交流频繁外，两国在国际社会中的协作也得以加强。1954 年 10 月，尼赫鲁总理对中国进行正式访问。作为新中国成立后第一位正式访问中国的非社会主义国家政府首脑，尼赫鲁总理所到之处都受到热烈欢迎和隆重接待。在 1955 年 4 月召开的亚非会议上，中印两国代表团为推动亚非团结而共同努力，为会议成功做出了重要贡献。周恩来总理在亚非会议的大会发言中重点阐述了和平共处五项原则。当有些代表在大会发言中挑起意识形态、政治制度和政策方针的争论之后，周恩来做了 18 分钟的补充发言，阐明"会议应该求同存异"。这一发言获得尼赫鲁的认可和赞扬。尼赫鲁认为亚非会议的首要任务是使各个不同的国家（既包括与美国军事结盟的国家，也包括信仰共产主义的国家）团结起来，这与周恩来"求同存异"的观点是一致的，而这正是源于中印两国在和平共处五项原则上达成的共识。因此，亚非会议的成功召开是和平共处五项原则在国际关系中的一次成功实践。

1956 年 11 月底，再次访问印度的周恩来总理受到印度各界的热烈欢迎，所到之处传来了"印地秦尼巴依巴依"（意即中印人民是兄弟）和"潘查希拉金达巴"（意即"五项原则万岁"）的欢呼声和口号声。和平共处五项原则成为中印关系的基石，遵守和平共处五项原则，中印关系发展顺利；而对和平共处五项原则的背弃则导致了 1962 年中印边界冲突的爆发。

总之，尼赫鲁的"泛亚主义"是为实现印度成为世界大国的战略目标而提出的，在此框架下，印度积极发展与中国的关系，扩大了自己的影响力。正如苏米特·甘古利在《印度外交政策分析：回顾与展望》一书中的分析："50 年代中期印度推动与中国的伙伴关系，旨在构建亚洲的历史大国中国与印度的集团，它们可以团结新生的亚非国家和任何热爱和平的不结盟国家，使世界远离存在疯狂核战危险的冷战。在国际体系层面，这些因素表现出印度力求通过落实其国家政策，将印度建设成为一个主要的全球行为体。"①

3. 印度友善处理与日本的关系

二战结束之后，印度对战败的日本表现出善意。首先，从"泛亚主义"的角度出发，印度力求让日本参与由印度主导的各类有关亚洲的国际活动，帮助日本进入国际和地区政治的主流圈子。1947 年 3 月，在新德里举行亚洲关系会议，尽管日本被美国占领，并未获得独立身份，但印度仍然邀请日本参加。1951 年 3 月，日本受印度之邀参加了在新德里举行的第一届亚洲运动会。1955 年在万隆召开亚非会议时，日本也获邀参加。这对战败的、被地区孤立的日本来说无异于雪中送炭。

其次，印度没有参加旧金山会议，对日本采取了独立自主的外交政策。1951 年 9 月，在美国旧金山举行对日和会，尽管有 52 个国家参会，但印度拒绝参会。因为印度认为这样的对日和平协议是"冷战"的一部分，参与各方均是出于自己的利益考虑而不是为了给亚洲带来和平。因此，印度决定一旦日本重新获得独立身份，印度将立即声明结束两国的战争状态，并随后通过简单的谈判，与日本签订双边条约。1952 年 4 月 28 日，《旧金山和约》生效，美国结束对日本的军事占领。同日，印度政府发布公告终止印度与日本之间的战争状态。1952 年 6 月 9 日，《印度与日本和平条约》在日本东京签订，同年 8 月 27 日生效。这是日本在二战后签订的第一个和平条约，两国的外交关系由此正式确立。

再次，印度对日本的战后重建给予了经济上乃至精神上的支持。1948 年 1 月 20 日，为了使日本重建被战争毁坏的国家经济，印度与日本签署了提供原棉的协议。1949 年尼赫鲁总理给东京上野动物园（Ueno Zoo）送了一只名为"英迪拉"的小象，这给受战争伤害的日本儿童带去了慰藉。在 1952 年印度与日本签订和平条约时，印度主动放弃了

---

① 〔美〕苏米特·甘古利主编《印度外交政策分析：回顾与展望》，高尚涛等译，世界知识出版社，2015，第 90 页。

一切赔偿要求，这是处于战后经济复苏阶段、担心亚洲国家战时赔偿要求会损害国内经济发展的日本梦寐以求的。①

印度还为日本经济重建提供了重要的矿产资源，尤其是铁矿。1955年10月，在新加坡举行的科伦坡计划会议上，印度代表向日本代表提出由日本协助印度开发一处年产450万吨的铁矿，其中200万吨供应日本，250万吨供应印度国内。随后双方经过谈判敲定了铁矿开发模式，即日本向印度提供矿山机械、车辆和港口设施及相应的资金和技术，而印度以向日本长期提供铁矿石的方式偿还日本的投资。1958年12月，在日本政府的支持下，日本铁矿业界的代表赴当地展开调查。此项开发计划共需5000万美元，其中2200万美元的贷款来自美国"亚洲开发总统基金"。②

最后，1957年印度与日本首脑的互访为两国关系的发展注入了新动力。1957年5月，日本首相岸信介访问印度。同年10月，尼赫鲁总理首访日本，这次互访为双方经济的进一步合作奠定了基础。1958年2月4日，日本与印度在东京签署《通商协定》，规定在征收捐税、出席法院、订立和履行契约、财产权利、参加法人团体以及一般经营各种商业和职业活动的一切事项方面，互相享有最惠国待遇。双方保证进行互利合作以扩大两国间的贸易、加强经济联系以及促进科学技术知识的交流和利用。同时，双方还签署协议，日本在三年内向印度提供总额180亿日元的贷款，这是日本战后第一项日元贷款，印度则成为第一个由日本政府发放的日元贷款援助的接受国，到1986年则成了日元贷款援助的最大接受国。

总之，二战结束初期，印度比较友善地处理了与日本的关系，印度与日本的关系获得了一定程度的发展。但是随着冷战在亚洲的进一步扩

---

① 胡礼忠、张绍铎：《尼赫鲁访日与岸信介政府的对印政策》，《历史教学问题》2011年第5期。

② 参见胡礼忠、张绍铎《尼赫鲁访日与岸信介政府的对印政策》，《历史教学问题》2011年第5期。

展，印日关系逐渐疏远，一直到冷战结束才出现转机。

4. 印度与美苏关系

印度独立之后，面对美苏两大集团的冷战采取了不结盟的外交政策。在不结盟的框架下，印度对美苏实行等距离的外交政策，希望同时与美苏发展并保持友好关系。但是，在冷战背景下，美国不但遏制共产主义也反对中立主义，批评印度的不结盟政策是"陈旧的、不道德的和目光短浅的"。苏联对印度的中立主义也持批评态度。苏联认为，"那些不支持我们的人就是反对我们的人"。① 尽管如此，随着冷战在亚洲的蔓延，不结盟的印度也逐渐被美苏纳入冷战的国际体系中。由于外交目标和国家利益的巨大差异，1947 年至 1962 年的美苏与印度的关系在冷战框架下曲折发展，并呈现不同的特点。

（1）不温不火的印美关系

尼赫鲁希望在不结盟的框架下与美国发展友好关系，希望获得美国对其经济建设的物质支持。为此，尼赫鲁先后三次出访美国。1949 年尼赫鲁出访美国后，两国关系迅速升温，通过签订一系列协定，印度获得了美国大量贷款、技术和赠款等形式的援助。印美经贸快速增长，美国在印度进口中的比例从 1946 年的 14.6% 上升到 1951 年的 26.2%，1951 年美国向印度提供约 1.89 亿美元贷款，1952 年 1 月两国还签署了《印美技术合作协定》。在 1951~1956 年印度的"一五"计划期间，美国对印度的贷款援助达到 5.18 亿美元。②

1956 年 12 月，尼赫鲁对美国进行第二次正式访问，访问获得成功，美国对印度的经济援助力度加大。自 1956 年起，美国就向印度提供剩余农产品援助，在印度建立卢比对等基金。1957 年美国建立发展贷款基金，向印度提供低息贷款。1958 年美国支持世界银行成立国际

---

① 参见张忠祥《略论尼赫鲁时期的印苏特殊关系》，《浙江师范大学学报》（社会科学版）2002 年第 4 期。

② 吴建华、周江涛：《尼赫鲁时期（1947—1965）印美关系中的经济因素》，《学术探索》2006 年第 4 期。

开发协会和组织援印财团，帮助印度渡过由大规模建设带来的外汇危机。1959 年 12 月，艾森豪威尔访问印度，成为印度独立以来首次到访的美国总统，印美关系进一步改善。1961 年 1 月，主张对印友好的肯尼迪入主白宫。因此，1961 年 11 月，尼赫鲁第三次访问美国。从 1959 年至 1962 年，美国向印度提供了总额为 40 亿美元的经济援助。

虽然印度如愿以偿地获得了美国大量的经济支持，但这段时期的印美关系从总体来说是不温不火的。其主要症结在于美国对巴基斯坦的军事援助以及美巴结盟。1954 年 2 月，艾森豪威尔宣布美国军事援助巴基斯坦的决定；4 月，巴基斯坦与土耳其签订了《巴土军事协定》；5 月，美国与巴基斯坦签订了《共同防御援助协定》；9 月，巴基斯坦加入美国策划建立的旨在对付亚洲共产主义和民族解放运动的东南亚条约组织。第二年（1955 年）9 月，巴基斯坦参加了《巴格达条约》。

巴基斯坦向美国以及美国集团的靠近，不仅改变了印度的地缘安全环境，还把冷战扩展到南亚地区。如何对待印巴关系逐渐成为美国南亚政策中的一道难题。而美国考虑南亚地区问题、制定南亚政策的出发点是在冷战大背景下"遏制共产主义在亚洲的扩张"。印度不愿意参与这种"遏制"，它在独立后宣称不结盟，并且希望成为亚洲的代言人。印度政府认为亚洲的问题应该主要由亚洲国家来处理，美国作为一个非亚洲国家在远东自居领袖，对亚洲人民指手画脚，是过分干涉亚洲事务。[①] 在朝鲜停战谈判的进程中，印度积极参与调停，美国反对印度参与联合国有关朝鲜问题的政治安排的会谈，尼赫鲁对此大为恼火，抨击美国的大国行径。朝鲜战争结束后，鉴于印度在朝鲜战争中的态度以及中印关系的发展，美国开始重新考虑其南亚政策，决定把南亚政策的重点转向巴基斯坦，以遏制苏联在南亚地区的扩张。

尽管美国把南亚政策的重点放在巴基斯坦上，但并没有放弃印度，

---

① 参见〔澳〕内维尔·马克斯韦尔《印度对华战争》，陆仁译，三联书店，1971，第 94 页。

美国始终坚信印度这个"民主橱窗"在抵制共产主义"威胁"上具有重要作用，因此也始终试图通过经济援助达到争取印度加入西方阵营的目的。[①] 由此可见，美国的对印政策是放在美苏冷战的全球层面来考量的，它忽略了印度在地区层面的安全需求，这也是这一时期美印关系不温不火的主要原因。

（2）逐渐密切的印苏关系

虽然印度与苏联早在 1947 年 4 月 13 日就建立了外交关系，但直到1954 年印苏关系并不密切。尼赫鲁希望与苏联发展友好关系，在 1946年他就宣称苏联是"我们在亚洲的邻邦"，应该"从事共同的事业，彼此进行更多的合作"。但斯大林时期苏联外交以两大阵营来划分敌我，以意识形态来指导苏联对印度的外交政策。1947 年 8 月印度独立以后，苏联官方媒体把印度国大党领导人称为受英美帝国主义影响的"反动分子"，把尼赫鲁说成"英帝国主义的工具"。1949 年 4 月，印度最终决定留在英联邦内，苏联将此视作尼赫鲁投靠西方的又一证据而大加批评，印苏关系相当冷淡。[②]

对苏联而言，印苏关系的转折点是朝鲜战争。徐天新、沈志华主编的《冷战前期的大国关系——美苏争霸与亚洲大国的外交取向（1945—1972）》一书写道：印度在朝鲜战争中的反应促使苏联重新评价印度的不结盟政策，斯大林开始意识到"尼赫鲁的真正兴趣在于从西方列强对亚洲的冷战中追求印度的独立"。斯大林逝世后，苏联开始调整对印度的政策。1953 年 8 月，苏联部长会议主席马林科夫在苏联最高苏维埃会议上称赞印度在朝鲜战争期间所进行的和平努力，希望苏联和印度的关系在友好合作的基础上更加密切。[③]

---

① 吴兆礼：《美国南亚政策演变：1947—2006》，《南亚研究》2007 年第 1 期。

② 参见徐天新、沈志华主编《冷战前期的大国关系——美苏争霸与亚洲大国的外交取向（1945—1972）》，世界知识出版社，2011，第 443 页。

③ 参见徐天新、沈志华主编《冷战前期的大国关系——美苏争霸与亚洲大国的外交取向（1945—1972）》，世界知识出版社，2011，第 465 页。

对印度而言，印苏关系的转折点是 1954 年美国开始对巴基斯坦进行军事援助。美国的这一行为让印度感受到了来自地缘政治的巨大压力，也迫使印度加快国内经济建设的步伐。印度究竟该走什么样的建设道路？尼赫鲁在 1954 年的中国之行中获得启发，他所到之处看到的都是蓬勃的社会主义建设景象。1955 年 1 月，在阿瓦迪（Avadi）召开的国大党第六十届年会，根据尼赫鲁的提议，通过了将印度建成一个"社会主义类型社会"的决定。虽然尼赫鲁的"社会主义"与苏联的"社会主义"在内涵上有差异，但这个决定仍然激发了苏联对印度进行经济援助以及与其发展友好关系的热情。

此后，印苏关系快速发展。除了经济援助，苏联在克什米尔问题、果阿问题、中印边界争端上都支持印度。1955 年 2 月，《苏印钢铁协定》签订，苏联同意为印度建立比莱钢厂。1955 年 6 月，尼赫鲁访问苏联，受到热烈的欢迎。5 个月之后，以赫鲁晓夫和布尔加宁为首的苏联代表团对印度进行了为期一个月的回访，其足迹遍及印度的东、西、南部，并到了印度与巴基斯坦存在严重争议的克什米尔印度控制区，宣称克什米尔是印度领土的一部分。1957 年 2 月 17 日，苏联驻联合国代表投票否决了由美国、英国、澳大利亚和古巴提出的决议案，这一决议案要求将整个克什米尔地区非军事化，并派联合国部队驻守。[①]

从 1958 年开始，中国因素促使印苏两国更加靠近。在中印边界争端逐渐升级的情况下，苏联开始公开向印度提供军事援助。1960 年 2 月，赫鲁晓夫访问印度时表示：只要印度需要，苏联将给予包括军事援助在内的援助。1960 年 10 月，印度军事代表团访问苏联，苏联同意向印度出售直升机和运输机。随后，苏联逐渐成为印度武器的最大供应商。1955~1963 年，苏联向印度提供或者答应提供的经费达到 55 亿卢比。此外，印度与苏联的贸易额持续增加。1951~1959 年，印度和苏联

---

① 徐天新、沈志华主编《冷战前期的大国关系——美苏争霸与亚洲大国的外交取向（1945—1972）》，世界知识出版社，2011，第 480 页。

之间的贸易额增长了 15 倍。1959~1962 年，印度从苏联的进口增长了 4 倍，对苏联的出口增长了 10 倍。①

总之，在尼赫鲁时期，美苏把自己与印度的关系纳入冷战的轨道，但印度对美苏的关系并没有脱离不结盟的外交框架。尼赫鲁游离于美苏两大集团之间，利用两大集团的对峙获得了本国建设急需的经济援助，"第三条道路"似乎获得了成功。1955 年举行的亚非会议为尼赫鲁坚信不疑的"第三条道路"提供了一个出色的讲坛，他在亚非会议上公开呼吁，所有亚洲国家都应该脱离美国拼凑的"东南亚条约组织"和苏联精心建立的"共产党情报局"。② 然而，印度的"第三条道路"终究没能走下去。随着冷战在亚洲的扩展、深化，以及中印关系的恶化、中印边界冲突的爆发，印度放弃了不结盟政策，走向了"双重结盟，既联美又联苏，共同反华"的外交道路。

（二）1962~1991 年南亚地区主义与印苏特殊关系下的印度亚太外交

1962 年中印边界冲突之后，印度收缩外交战线，重点经营南亚地区，并在 20 世纪 70 年代初与苏联结成准军事同盟，亚太地区在印度外交战略中被边缘化，印度与多数亚太地区国家关系疏远。

20 世纪 50 年代后期，印度与苏联在中国因素的影响下逐渐靠拢。1962 年中印边界冲突爆发之后，苏联与印度关系的发展进一步加快。主要原因有二：一是随着中苏关系的恶化，在遏制中国问题上印度与苏联形成了战略一致；二是在中印边界冲突中苏联对印度的支持博得了印度人的好感。在第二次印巴战争中，苏联利用美国忙于越南战争之机积极介入调停，扩大了自己在印度的影响力，为苏印关系的进一步发展奠定了基础。

---

① 徐天新、沈志华主编《冷战前期的大国关系——美苏争霸与亚洲大国的外交取向（1945—1972）》，世界知识出版社，2011，第 469 页。

② 赵干城：《印度：大国地位与大国外交》，上海人民出版社，2009，第 66 页。

　　而推动印度与苏联准结盟的重要因素是 20 世纪 70 年代初中美关系的解冻。1971 年美国总统国家安全事务助理基辛格取道巴基斯坦秘密访华，1972 年初美国总统尼克松访华，开启了破冰之旅。中美关系的解冻以及中国-巴基斯坦、美国-巴基斯坦的特殊关系使印度感受到了巨大的地缘政治压力，促使它最终走上了与苏联准结盟的道路。1971年 8 月，苏印两国签订为期 20 年的《和平友好合作条约》，建立准军事同盟关系。该条约第九条规定："缔约双方的每一方保证不得向参加与另一方发生武装冲突的任何第三方提供任何援助。在任何一方遭到攻击或进攻威胁时，缔约双方应立即共同协商，以消除这种威胁，并采取适当的有效措施以保证两国的和平与安全。"[1] 印苏准军事同盟的建立为印度军事干预巴基斯坦的内部冲突提供了信心和勇气，1971 年 12 月印度击败巴基斯坦，在南亚地区确立了绝对主导地位。

　　对于印苏准结盟，印度学者也承认："印苏特殊关系是由于两国间的利益互补，尤其是苏联支持印度的事业和利益的结果。"[2] 苏印《和平友好合作条约》被看作苏印关系发展的一个"光辉里程碑"，尤其是它消除了印度人对印度及亚洲地区缺乏稳定的"安全、和平与发展"环境的担忧。而 70、80 年代两国密切的贸易关系进一步加强了这种战略联系。在冷战即将结束之际，印度成为苏联的第三大贸易伙伴。同时，苏联成为印度的第二大贸易伙伴，也是印度最重要的军事武器来源国。由于有着如此密切的战略和经济关系，印苏关系在这一时期成为印度外交政策的"基石"。它深刻影响了这一时期印度的对外关系，使印度的亚太外交深深地打上了冷战的烙印。

　　在东南亚地区，印度与大多数亲美的东南亚国家（如新加坡、菲律宾、泰国等）关系疏远。印度与亲苏的越南则保持了密切的关系。

---

[1] 王绳祖主编《国际关系史》第十卷（1970—1979），世界知识出版社，1996，第 175 页。

[2] 转引自张忠祥《略论尼赫鲁时期的印苏特殊关系》，《浙江师范大学学报》（社会科学版）2002 年第 4 期。

1972 年 1 月，印度与正在和美国作战的越南民主共和国建立正式的外交关系。1978 年 11 月，越南与苏联签订为期 25 年的苏越《友好合作条约》，结成了准军事同盟。同为苏联的准盟友，根据印度的"曼荼罗"地缘政治思维，印度与越南也就成了"最亲密的朋友"，在经济、政治、军事、国际关系等方面展开了密切的合作。在东亚地区，由于日本是美国的盟友，印度与日本关系疏远。自 1962 年边界冲突之后，印度与中国的关系一直处于冰冻状态，直到 1988 年 12 月印度总理拉吉夫·甘地访华，两国关系才开始步入正常化的进程。

总之，1962 年中印边界冲突之后，直到 1991 年冷战结束，印度的外交重点是在与苏联准结盟的基础上经营南亚地区，亚太地区在其外交战略中处于边缘化的地位，印度与大多数亚太地区国家关系冷淡。

（三）冷战期间印度对亚太地区合作机制的政策

随着冷战的发展，亚洲被深深地卷入了美苏冷战，印度实行不结盟的外交政策，利用不结盟的身份积极介入朝鲜战争和第一次印度支那战争的调停，扩大自己在亚太地区的影响力。但总的来看，在整个冷战时期，印度与大部分亚太地区的联系是逐渐弱化的。在此背景下，印度对亚太地区合作的态度谨慎而复杂。

首先，印度赞同建立地区经济合作组织。印度独立后即参与地区经济合作，而且"整个 20 世纪 50 年代，印度是地区经济合作和共同市场计划的积极推动者"[①]。在冷战期间，印度积极参与亚洲及远东经济委员会（ECAFE）、科伦坡计划、亚洲开发银行（ADB）以及《曼谷协定》等区域经济合作机制，并成为这些地区合作机制的创始成员。印度也希望在更广泛的范围（如整个亚太范围）内建立地区经济合作组织。

---

① 参见 Kripa Sridharan，*The ASEAN Region in India's Foreign Policy*，Aldershot：Dartmouth Publishing Company，1996，p. 45。

亚洲及远东经济委员会于 1947 年 3 月 28 日在中国上海成立，印度是 10 个创始成员国之一。在该组织成立初期，印度积极参与并发挥了重要作用。1948 年在印度的乌塔卡蒙德举办了 ECAFE 的第 3 次年度会议，1956 年在班加罗尔举办了 ECAFE 的第 12 次年度会议，1961 年、1966 年先后在新德里举办了 ECAFE 的第 17 次、第 22 次年度会议。1974 年，亚洲及远东经济委员会改名为"亚洲及太平洋经济社会委员会"（简称"亚太经社会"，ESCAP），1975 年在新德里举办了该组织的第 31 次年度会议。印度还主办了几次与 ESCAP 相关的部长级会议和其他专家会议。[1] 亚太经社会是联合国在亚太地区关于社会、经济发展的主要论坛，其职能主要是通过区域、次区域合作促进本地区经济社会的发展，是亚太地区建立最早、代表性最为广泛的政府间多边经济社会发展组织。

1975 年 7 月，在联合国亚太经社会的组织下，印度签订了《曼谷协定》，这是印度独立后签订的第一个区域性多边贸易协定。该协定旨在通过成员国对进口商品相互给予关税和非关税优惠，不断扩大成员国之间的经济贸易合作，促进共同发展。在其创始阶段只有孟加拉国、印度、韩国、斯里兰卡和老挝五个成员国，范围及影响比较有限，却是印度参与亚太地区经济贸易合作的开端。

科伦坡计划起源于 1950 年 1 月在锡兰（今斯里兰卡）首都科伦坡召开的英联邦外长会议，其目的是促进南亚、东南亚成员国之间的经济和社会发展的合作。印度是英联邦成员之一，时任首相兼外长尼赫鲁参加了会议，印度是科伦坡计划的创始成员国。随着美国、日本、泰国、菲律宾等国的加入以及新宪章的产生，1977 年科伦坡计划改名为"亚太经济社会发展合作的科伦坡计划"。

1966 年亚洲开发银行成立时，印度是其创始成员。亚洲开发银行是一个致力于促进亚太地区发展中成员经济和社会发展的区域性政府间

---

[1] "India at UNESCAP," http：//indianembassy. in. th/pages. php？id＝155.

金融开发机构，其宗旨是通过"发展援助"帮助亚太地区的发展中成员消除贫困，促进亚太地区经济、社会的发展。截至 2017 年 12 月，印度拥有亚洲开发银行 6.33% 的份额和 5.36% 的投票权，仅次于日本、美国和中国，位居第四。[①]

　　除了积极参与地区经济合作组织外，印度还提议建立广泛范围内的区域经济合作组织。1967 年 5 月，在东盟成立前夕，印度外长查格拉（Chagla）在访问新加坡和马来西亚期间表示：由于印度政府坚信一个经济良好运行的东南亚是地区和平最可靠的保证，也是解决任何革命输出可能性的有效办法，印度准备支持建立一个更大的经济组织。他提议建立"亚洲理事会"（Asian Council）。1967 年 9 月，英迪拉·甘地在访问锡兰时也倡议建立一个比东盟更大的地区组织。1968 年 5 月，英迪拉·甘地在访问新加坡、马来西亚、澳大利亚和新西兰期间提出一项"在发展中国家和发达国家之间进行区域经济合作、思想自由交流、资源和技术共享的计划"。1971 年 9 月，印度总统瓦拉哈吉里·文卡塔·吉里（V. V. Giri）在访问新加坡时建议在联合国亚洲及远东经济委员会的框架下建立亚洲经济部长委员会。这些建议从整体看比较模糊，没有切实可行的措施，因而也没有实际结果，但它们反映了印度对区域经济合作的态度和愿望。

　　总之，印度以积极的态度对待地区以及跨区域经济合作。但是，随着东南亚次地区主义的发展、东南亚国家追求排他性的次地区合作以及印度获得的利益有限，印度参与区域经济合作的热情下降，1967 年，当东盟成立时，印度没有加入。

　　其次，印度反对建立以军事合作和政治集团为基础的地区合作组织。1954 年 9 月 8 日，美国、英国、法国、澳大利亚、泰国、菲律宾等国在马尼拉签署《东南亚集体防务条约》（又称《马尼拉条约》），1955 年 2 月，该条约的签约国在泰国曼谷建立了东南亚条约组织。印

―――――――――――

　　①　数据来源于亚洲开发银行网站，https：///www.abd.org/。

度对此表示强烈反对。1954年8月9日，在《马尼拉条约》签订前夕，尼赫鲁提出建立"太平洋集体和平"的主张。尼赫鲁对美国驻印大使艾伦说，他强烈反对在太平洋地区签订任何集体安全条约，即使它只限于科伦坡国家，或其中的四个、三个或两个国家。他反对涉及军事承诺的任何做法，认为军事承诺只会加剧紧张形势。"集体和平需要在太平洋地区维持某种现状，应该努力设法不发生重大的动乱。"1954年9月9日，在《马尼拉条约》签订之后的第一天，尼赫鲁发表演说，认为东南亚军事联盟增加了亚洲和非洲人民的不安全感。①

1969年6月，苏联共产党中央委员会总书记勃列日涅夫在共产党和工人党国际会议上提出了建立"亚洲集体安全体系"的构想，并竭力拉拢印度参与。虽然1971年8月印度与苏联签订了《和平友好合作条约》，但是在建立"亚洲集体安全体系"的问题上，面对苏联三番五次的动员，印度始终没有表示赞同。1975年7月14日，莫拉尔吉·德赛在人民院答记者问时表示，如果苏联关于"亚洲集体安全"的建议导致建立另一个军事集团的话，印度不感兴趣。②

1986年11月，苏联领导人戈尔巴乔夫访问印度，建立"亚洲集体安全体系"仍是双方谈及的重点问题之一。印度总理拉吉夫·甘地提议召开全亚洲会议来共同研究亚洲集体安全问题。在拉吉夫·甘地的倡议下，第11届亚洲国家会议于1987年10月在印度召开，苏联派代表团参加了此次会议。拉吉夫·甘地在会议上呼吁，"结束任何外来干涉，不允许把我们的国家变成按照别人的旨意、为了维护别人的利益而发起冲突的舞台"，"亚洲应该成为没有任何外国军队驻扎的

---

① 参见刘同舜、姚椿龄主编《战后世界历史长编1954》第九册，上海人民出版社，1994，第300~301页。

② 参见吴瑕《俄罗斯与印度——影响世界政局的大国关系》，解放军出版社，2004，第142页。

地方，印度洋应该成为和平区域"，① 表达了印度不愿意参与任何军事集团组建的地区安全机制的态度。

总之，印度对亚太地区合作机制的认知和态度是由国际环境和国内需求决定的。在冷战时期，印度对亚太地区经济合作机制的态度相对积极，对政治安全合作机制的态度则比较谨慎。在亚太地区合作组织中，直到冷战结束，印度是被边缘化的，它既没有与东盟建立制度性的联系，也没有加入 APEC。冷战结束后，印度推行"东向政策"，全方位地积极参与亚太地区的政治、经济、安全合作机制。

二　冷战结束以来印度的亚太战略及其实施

冷战结束后，印度针对亚太地区提出了"东向政策"，但由于实力有限以及受国际国内因素的影响，直到 2002 年印度的东向政策主要是与东盟和东盟各国展开经贸、政治合作。2003 年后，印度的东向政策扩展到包括中、日、韩等在内的广阔的亚太地区，印度与之展开了包括经贸、政治、军事安全、文化交通等领域在内的全方位合作，地区性的统一的印度亚太战略由此成型。2014 年莫迪政府把"东向政策"升级为"东向行动政策"（Act East Policy），其实施范围进一步扩大，力度进一步加大，印度的亚太战略进一步完善。因此，冷战结束以来的亚太战略主要分为三部分，即东向政策、亚太大国外交和东向行动政策。

（一）东向政策及其实施

自 1991 年 9 月拉奥政府出台面向"东方"的外交政策决议直到 2014 年东向行动政策出台，东向政策经历了两个阶段，1991～2002 年为第一阶段（简称"东向政策 1.0"），主要针对东盟及东盟国家；2003～2014 年为第二阶段（简称"东向政策 2.0"），扩展到整个亚太

---

① 转引自吴琨《俄罗斯与印度——影响世界政局的大国关系》，解放军出版社，2004，第 170 页。

地区。

以 2003 年为界，把东向政策分为两个阶段主要源于印度前外长贾斯旺特·辛哈（Yashwant Sinha）的说法。2003 年 8 月，时任印度外长贾斯旺特·辛哈在新加坡国防与战略研究院的演讲中说道："随着去年 11 月第一届印度-东盟峰会在金边召开，我们已进入东向政策的第二阶段。"① 这是他首次提到"东向政策的第二阶段"。2003 年 10 月，在印尼巴厘岛举行的第二届印度-东盟峰会上，辛哈正式宣布东向政策已迈入了第二阶段。第二届印度-东盟峰会也因其取得巨大成果而成为东向政策新阶段的标志。

1. 东向政策 1.0 及其实施

1991 年至 2002 年的东向政策处于初级阶段，其实施范围从新加坡、泰国、马来西亚、印尼等老东盟国家扩展到整个东盟地区。虽然这一时期印度的东向政策由于受国际国内因素的影响，一波三折，但仍然取得巨大进展，印度与东盟以及东盟国家的制度性联系逐渐建立起来。

（1）东向政策 1.0 的演变

东向政策出台的最初动因之一就是从东南亚国家的经济奇迹中吸取经验教训，寻求资金和市场，以配合印度国内经济改革。因此，在东向政策 1.0 时期，经贸合作是重中之重。但是，1997 年东南亚金融危机给东南亚国家的经济造成了巨大损失，再加上 1998 年印度核试验在国际社会中的负面影响，印度东向政策的推行举步维艰，直到 2000 年以后才出现转机。因此，东向政策 1.0 经历了开启—沉寂—复苏三个阶段。

第一，1991~1996 年为东向政策开启阶段，重点是与经济相对发达的老东盟国家开展经贸合作。

成立于 1967 年 8 月的东盟，其最初的成员国是印尼、马来西亚、

---

① "Speech by External Affairs Minister Shri Yashwant Sinha at the Institute of Defence and Strategic Studies," Singapore, Augnst 26, 2003, http：//meaindia. nic. in/ seeframe. php？ sec＝ss.

菲律宾、新加坡、泰国这 5 个国家，1984 年文莱加入东盟，这 6 个国家被称为老东盟国家。1995 年加入的越南、1997 年加入的缅甸和老挝、1999 年加入的柬埔寨被称为"新东盟国家"，根据国名简写为 CLMV。

当拉奥政府决定"向东看"时，只有 6 个成员国的东盟迅速抓住了印度伸出的橄榄枝。1992 年 1 月，在新加坡举行的第四届东盟峰会上，东盟给予印度在贸易、投资、旅游领域的"部分对话伙伴"地位。在"部分对话伙伴关系"的框架下，促进印度与东盟以及经济发达的老东盟国家的关系发展，成为这一时期东向政策的施行重点。

1993 年 3 月，东盟秘书长率代表团访问印度，双方成立了"东盟-新德里委员会"、"东盟-印度商业理事会"以及"东盟-印度联合部门合作委员会"等机构，专门负责协调、促进双方的贸易、投资、旅游及科技合作。东盟国家的高层领导相继出访印度，如 1992 年印尼工业部长访印，1993 年马来西亚总理马哈蒂尔和印尼总统苏哈托分别访印。1994 年、1995 年新加坡总理吴作栋两次访印。与此同时，拉奥总理以实际行动践行其"东向政策"，他于 1993 年访问泰国，1994 年访问新加坡，1995 年访问马来西亚。在这些高层互访中，经济合作是主要议题，由此签订了一系列有关贸易、投资、旅游、科技合作的协议，有力地促进了印度与东盟的经贸合作。1991 年印度与东盟的双边贸易只有18.47 亿美元，1995 年双边贸易达到 46.59 亿美元。印度对东盟的出口呈递增趋势，1990 年印度对东盟的出口额为 7.48 亿美元，1991 年增加到 9.98 亿美元，1992 年为 12.83 亿美元，1993 年 4 月至 1994 年 3 月为16.44 亿美元。[①]

但是，在这一时期印度与文莱之间几乎没有什么贸易往来，与菲律宾的贸易额也较少。越南作为东盟的一个新成员，虽然在冷战期间与印度有着密切的关系，但因其经济落后而未受到印度的特别关注。缅甸、

---

① 参见 Kripa Sridharan, *The ASEAN Region in India's Foreign Policy*, Aldershot: Dartmouth Publishing Company, 1996, pp. 208—209。

老挝、柬埔寨等国由于经济落后、社会动荡、政局不稳，失去了对印度的吸引力，在印度东向政策中被边缘化，虽然印度与这些国家有一些高层互访，但并没有取得实质性的成果。

第二，1997~1999 年的东向政策陷入沉寂。

这一时期东向政策陷入沉寂，最主要的表现是印度对东盟的出口大幅下滑。1997 年印度对东盟的出口额约为 43.95 亿美元，1998 年锐减为 17.5 亿美元，1999 年该数额回升为 21.45 亿美元。① 印度对东盟的贸易赤字也急剧扩大，双方高层往来有所减少，东向政策的推行举步维艰。究其原因，主要有以下两点。

首先，东盟的扩容和东南亚金融危机使东盟疲于应付内部事务，对外经贸活动减少。随着越南、缅甸、老挝以及柬埔寨的加入，东盟扩展到整个东南亚地区，整合内部事务、消化新成员国所带来的负面影响成为东盟当务之急。但是，1997 年 7 月东南亚金融危机爆发，泰国、菲律宾、印尼、马来西亚等东南亚国家的汇市、股市轮番暴跌，金融系统以及整个社会经济遭受重创。1998 年，金融危机的负面影响全面体现，外资迅速撤离，企业大量倒闭，失业率急剧上升，出口严重萎缩，东南亚经济跌到了二战以来的最低点，出现了 6.9% 的负增长，② 经济衰退导致东盟各国政局动荡。恶化的经济形势导致东盟国家购买力降低，印度对东盟出口锐减。同时，东盟地区不稳定的政治状况对印度-东盟关系产生了不良的影响。

其次，1998 年 5 月的印度核试验对印度-东盟关系造成了负面影响。一方面，印度核试验妨碍了东盟成为无核区的努力，引起东盟的疑

---

① 数据来源于 Faizal Yahya，"India and Southeast Asia：Revisited，" *Contemporary Southeast Asia: A Journal of International and Strategic Affairs*，Vol. 25，No. 1，2003，p. 87。参见余芳琼《当代印度的东南亚政策研究》，中央民族大学出版社，2015，第 165 页。

② 《新华社：亚行预测亚洲经济今年将缓慢复苏》，新浪网，1999 年 4 月 20 日，http：//news. sina. com. cn/money/9904/042012. html。

虑，东盟从而拉开与印度的距离。另一方面，核试验是逆历史潮流的，它导致印度在外交上陷入孤立境地。美国、日本、韩国、澳大利亚等国对印度核试验进行了严厉谴责，并对印度实施经济制裁，取消了与印度的一切合作项目。印度核试验也使中印关系严重受挫。印度与世界主要大国关系的恶化以及印度核试验引发的南亚地区的紧张，在一定程度上增加了印度推行东向政策的难度。

第三，2000~2002 年东向政策复苏，实施范围从老东盟国家扩展到新东盟国家。

为了扩大与东盟的经济、战略合作，2000 年印度再次把目光投向东南亚，正如当时印度总理瓦杰帕伊所言，"（这）不是向东看，而是再次向东看"①。印度"再次向东看"首先表现为频繁的高层互访。从 2000 年到 2003 年，印度总理瓦杰帕伊几乎每年都要出访东南亚国家。与此同时，东南亚国家高层相继访问印度，如 2000 年柬埔寨首相、印尼总统访问印度，2001 年 11 月泰国总理访问印度，2002 年新加坡总理、泰国总理、印尼总统、马来西亚总理先后访问印度。

2000 年 11 月"恒河-湄公河合作组织"的建立重新激活了东向政策。该组织由印度、缅甸、越南、老挝、柬埔寨及泰国六国组成，主要目标是促进旅游、文化、人力资源与交通合作。印度希望通过该组织发展与新东盟国家的关系，参与湄公河流域的开发，因而表现得非常积极。为了让该组织在经贸合作中发挥更大作用，印度耗费巨资修筑边境公路，并提出了雄心勃勃的筑路计划，以此促进与东南亚国家的互联互通。2001 年，印度为缅甸修建了名为"达武—加那瓦"的边境公路，该公路长 160 公里，耗资 10 亿卢比。2002 年 4 月，印度、缅甸和泰国拟修建一条连通三国的公路，初步设计线路为"印度莫苗—缅甸蒲

---

① 转引自 Tridib Chakraborti, "Disparate Priorities: Explaining the Penumbra of India's Look East Policy," in K. Raja Reddy, ed., *India and ASEAN: Foreign Policy Dimensions for the 21st Century*, New Delhi: New Century Publications, 2005, p. 90.

甘—泰国夜速",长达 1448 公里。同时,印度提出在 10 年内修通从新德里到越南河内的铁路,并将其纳入亚洲大陆桥东南线方案。尽管现在看来印度的计划并未完成,但在当时,这是东向政策从老东盟国家扩展到新东盟国家的重要表现。

促使印度政府决定"再次向东看"的重要因素是中国在东南亚地区影响力的上升。在 1997 年东南亚金融危机中,中国政府保持人民币不贬值,并对东南亚国家实施经济援助,这种"负责任"的表现和担当精神赢得了东盟的信任,从而初步形成了中国-东盟 10+1 合作机制。中国与东盟关系的日益紧密使印度担心自己在东南亚地区外交中被边缘化。因此,印度迫切希望通过"再次向东看"提升与东盟的关系,对中国在东南亚影响力的上升形成一种制衡,以保证印度地缘政治的安全。

此外,印度通过外交努力打破了核试验之后的被孤立局面,为印度"再次向东看"提供了较好的外部环境。核试验之后,印度对中国展开积极外交,印中关系逐渐改善。1999 年 6 月,印度外长辛格访华,双方就"互不视对方为威胁"达成共识。2000 年 5 月,印度总统纳拉亚南对中国进行国事访问。2000 年 7 月,应印度外长辛格的邀请,中国外长唐家璇访问印度。与此同时,印美、印日"伙伴关系"先后建立。2000 年 3 月,美国总统克林顿访问印度,与印度总理瓦杰帕伊签署了《印美关系:21 世纪展望》的框架文件,两国同意建立"持久的、政治上有建设性、经济上有成果的新型伙伴关系"。2000 年 1 月,印度国防部长费尔南德斯访问日本;8 月,时任日本首相的森喜朗访问印度,印日两国宣布建立"全球伙伴关系"。印度与亚太地区大国关系的改善为印度"再次向东看"奠定了基础。1999 年 7 月,印度宣布愿意签订《东南亚无核武器区条约》,这在一定程度上打消了东盟的顾虑,促进了印度与东盟关系的发展。

(2)东向政策 1.0 的实施及特点

尽管东向政策 1.0 经历了一波三折,但它仍取得了巨大进展。

首先，印度与东盟的制度性联系逐渐建立起来。在政治、经济领域，双方从"部分对话伙伴"发展到"峰会伙伴"；在安全领域，印度逐渐参与以东盟主导的亚太地区安全合作机制。

1992 年 1 月，东盟决定接受印度为"部分对话伙伴"（Sectoral Dialogue Partner），这是印度与东盟第一次建立起正式的制度性联系，是东向政策出台之后取得的初步成果。1995 年 12 月，印度正式成为东盟的"全面对话伙伴"（Full Dialogue Partner），此后，"全面对话伙伴关系"成为印度-东盟关系发展的基石，印度与东盟关系的发展进入一个新时期，双方高层互访更加频繁，合作更加密切。1996 年 8 月，印度外长古杰拉尔访问马来西亚和新加坡，感谢它们全力支持印度成为东盟的"全面对话伙伴"。1997 年 3 月，菲律宾总统拉莫斯首次访印，印度外交部长于 1998 年、财政部长于 2000 年访问菲律宾。2000 年印尼总统瓦希德访问印度；2001 年印度总理瓦杰帕伊回访印尼，双方签订了一系列合作协议，并确立了两国领导人定期会晤机制。

2001 年 11 月，在文莱举行的第七届东盟峰会上，东盟决定将与印度的关系提升为"峰会伙伴关系"，印度成为继中日韩之后单独与东盟举行峰会的国家。2002 年 11 月，在柬埔寨金边举行了印度-东盟的第一届峰会，这届峰会提出了印度-东盟合作原则及未来合作的路线图，不仅为印度-东盟的合作提供了制度性保障，也是东盟第四个 10+1 合作机制正式确立的标志。由此，印度-东盟关系正式由冷战后初期的"部分对话伙伴关系"上升到"峰会伙伴关系"，它使印度与东盟的政治、经济合作迈进了快车道。

在安全领域，印度与东盟的制度性联系始于 1996 年 7 月印度成为东盟地区论坛的正式成员国。东盟地区论坛是东盟国家为了应对冷战结束后东南亚地区所面临的安全问题而建立的一种多边安全合作机制，也是目前亚太地区最主要的官方多边安全对话与合作渠道。冷战结束后，由美国从东南亚撤退引起的地缘政治安全变局促使东盟国家寻求多边安全合作。1993 年 7 月，在新加坡举行的东盟外长扩大会议决定在东盟及其对话伙伴的基础上建立"东盟地区论坛"。1994年7月，在泰国曼谷举行了首届东盟地区论坛外长会议。由于此时的印度只是东盟的"部分对话伙伴"，未能参与首届东盟地区论坛外长会议。

实际上，冷战结束后，为了配合"东向政策"的推行，印度就已经开始与东盟国家进行安全领域尤其是海军方面的合作。从1992年开始，印度多次提议与东盟国家开展包括联合军演、军舰互访、军事人员交流、互换装备等活动在内的军事安全合作，并得到东盟国家的响应和支持。随后，印度与东盟国家的联合军演相继举行。印度与新加坡、马来西亚、印尼的海军战术联合演习于1993年2月举行。印度与新加坡的"反潜战"海军联合演习于1994年2月举行。印度与印尼、新加坡、泰国以及斯里兰卡五国海军的首次"米兰"演习于1995年2月举行。印度的努力没有白费，1995年12月，印度终于如愿以偿，成为东盟的"全面对话伙伴"，为加入东盟地区论坛扫清了障碍。1996年7月，在雅加达举行了第三届东盟地区论坛外长会议，印度外长获邀参加，印度正式成为东盟地区论坛的成员国，这是"东向政策"的重要成果，标志着印度与东盟的安全合作开始走向机制化。

此后，印度积极地参与以东盟为主导的亚太地区安全合作机制，如2000年6月，印度成为亚太安全合作理事会（CSCAP）的正式成员。1993年6月在马来西亚吉隆坡成立的亚太安全合作理事会，其发起者为亚太国家的10个研究机构，汇集了众多亚太安全事务方面的重要专家、学者和官员，拥有影响地区安全结构的巨大潜力，是亚太地区最有影响力、最具开放性、活动最积极的第二轨道安全对话与合作机制之一，也是东盟地区论坛最重要的咨询机构。1994年12月，印度成为亚太安全合作理事会的准成员，2000年6月在吉隆坡举行的CSCAP指导委员会会议上，印度与柬埔寨、巴布亚新几内亚一起获得全票通过，成为正式成员。加入CSCAP使印度更加有效地参与亚洲安全的讨论。官方与非官方的非正式磋商是成员之间平和地达成共识的"东盟方式"中不可或缺的。2000年6月，印度建立亚太安全合作理事会印度委员会（CSCAP-India Committee），其活动包括参与亚太安全合作理事会所有的技术、专家和工作组会议，委员会成员积极参加组织活动、圆桌讨论、发表演讲，并参加与全印度范围内的大学、学术机构的活动与交流。印度世界事务委员会（ICWA）发挥亚太安全合作理事会印度委员会秘书处的功能，维护在印度和亚太地区的专家与机构的数据库，定期就各种事件出版学术刊物和发表演讲。这些机构的建立为印度有效地参与亚太安全合作理事会的活动提供了条件，也使印度在东盟地区论坛中的活动更有效率。

2003 年，印度开始参加香格里拉对话（Shangri-La Dialogue，SLD）。香格里拉对话是"9·11"事件后在亚太地区出现的新的多边安全对话机制，也是目前亚太地区安全对话机制中规模最大、规格最高的多边会议之一。"9·11"事件后亚太地区安全形势和安全议程发生了重大变化，香格里拉对话主办方希望通过对话来促进亚太地区国家的防务和安全政策研究者、决策者形成一种共同体意识，推进彼此信任，建立和开展务实的安全合作，并形成新的地区安全架构。印度的参与表明它希望在亚太地区新的安全架构中发挥作用。这一时期，印度与东盟及亚太地区制度性联系的建立情况如表 4-1 所示。

表 4-1　印度与东盟及亚太地区制度性联系的建立情况（东向政策 1.0 时期）

年份	印度与东盟及亚太地区制度性联系的建立情况	备注
1992	印度成为东盟"部分对话伙伴"	
1995	印度成为东盟"全面对话伙伴"	
1996	印度加入"东盟地区论坛"（ARF）	
1999	印度支持《东南亚无核武器区条约》	
2000	印度加入亚太安全合作理事会（CSCAP）	
2002	印度与东盟的"峰会伙伴关系"正式建立	第四个 10+1 合作机制
2003	印度开始参加香格里拉对话（SLD）	

资料来源：印度外交部网站，http://www.mea.gov.in；东盟官方网站，http://www.asean.org，经作者整理。

其次，印度与东盟的经贸联系快速发展。

在推行东向政策 1.0 的初期，印度非常注重与东盟国家的经济合作，因此在经济合作方面首先取得进展。1992 年印度成为东盟贸易、投资、旅游领域的"部分对话伙伴"，这既是印度注重与东盟经济合作的结果，也为印度与东盟进一步的经济合作提供了驱动力。随后，印度与东盟的经贸合作机构建立起来，印度与东盟国家的经贸协议相继签订。1995 年 12 月，印度成为东盟的"全面对话伙伴"。1996 年 1 月，印度先后派出 5 个代表团前往泰国、柬埔寨、老挝、新加坡、马来西亚等国访问，与东南亚各国探讨双边贸易、投资、农业、科技等领域进一步合作的前景。1997 年 3 月，首届东盟-印度商业理事会（AIBC）会议举行。会议讨论了双方在汽车配件制造、ISO9000 培训、化学品生产、旅游业等方面的合作，还探讨了在交通运输、工程货物、建筑材料、纺织品和成衣、珠宝等领域进行合作的可能性。

在印度与东南亚国家的经贸合作取得重要进展之时，1997 年 7 月东南亚金融危机爆发，印度-东盟的经贸合作遭受重创。1997 年 10 月，东盟-印度商业理事会会议召开，双方探讨了进一步进行经贸合作的可能性。为了促进中小企业之间的交往与合作，1998 年东盟-印度商业理事会资助成立了印度-东盟中小企业联合会。随后，瓦杰帕伊政府积极推动"再次向东看"外交政策的实施。在此背景下，"印度-东盟商务峰会"机制建立起来，首次会议于 2002 年召开，这极大地促进了双边贸易的发展。2003 年，印度-东盟双边贸易额达到 97.69 亿美元，是 1991 年双边贸易额 18.47 亿美元的 5 倍多。2003 年，东盟已成为印度的第三大贸易伙伴，仅次于欧盟和美国。这一时期，印度和东盟的进出口贸易情况见表 4-2。

在投资方面，1991~2002 年东盟国家对印度的直接投资累计金额达 40 亿美元，占这一时期外国对印度直接投资总额的 6.1%。东盟对印度的投资主要集中在电信、石油、重工业等部门，新加坡、马来西亚和泰

表4-2 1991~2003年印度和东盟的进出口贸易情况

单位：亿美元

年份	出口到东盟	从东盟进口	总额
1991	9.98	8.49	18.47
1992	12.83	6.19	19.02
1993	14.30	14.84	29.14
1994	15.47	19.90	35.37
1995	18.38	28.21	46.59
1996~1997	29.02	29.34	58.36
1997~1998	24.65	33.96	58.61
1998~1999	16.30	43.17	59.47
1999~2000	22.38	46.29	68.67
2000~2001	29.14	41.47	70.61
2001~2002	34.57	43.87	78.44
2002~2003	46.19	51.50	97.69

注：印度的统计年度是当年的4月1日到次年的3月31日。

资料来源：1991~1992年的数据来源于 Kripa Sridharan, *The ASEAN Region in India's Foreign Policy*, Aldershot：Dartmouth Publishing Company, 1996, p.208；1993~1995年的数据主要来源于东盟官方网站，http://www.aseansec.org；1996~2003年的数据来源于印度商务部网站，http://commerce.gov.in。

国是东盟国家中对印度的主要投资国。[1] 与此同时，印度资本也进入东南亚地区。1995~2004年印度对东盟国家的直接投资累计金额达到7.368亿美元，占这一时期外国对东盟国家的直接投资总额的0.3%，印度投资主要集中在高科技和资本密集行业。[2] 其中，印度对越南油气开发的投资尤其引人注目。2000年9月，印度石油天然气委员会投资2.3亿美元，与英国、挪威的石油公司和越南政府联合开发南昆山气田，这是当时印度政府在海外的最大投资项目。

这一时期，印度与东盟的经贸合作侧重于老东盟国家，尤其注重与

[1] 赵洪：《试论印度与东盟关系》，《国际问题研究》2004年第3期。

[2] 数据来源于 *ASEAN Statistical Yearbook 2005*，http://www.asean.org，转引自余芳琼《当代印度的东南亚政策研究》，中央民族大学出版社，2015，第180页。

新加坡的经贸合作。在投资方面，1992 年印度与新加坡签署了 35 个投资协议，投资额高达 6.02 亿卢比，占印度政府批准的对外投资总额的 2%。在 1995～2004 年印度对东盟的 7.368 亿美元的直接投资中，有 7.327 亿美元的投资在新加坡，① 占总投资的 99% 以上。新加坡也是东盟在印度的最大投资国。2000 年新加坡公司在印度投资 6.5 亿美元用于私人电信项目，是印度最大的外国私人投资企业之一。到 2003 年底，新加坡已在印度投资 14.5 亿美元，在过去的 10 年中每年投资增长达到 60%。在双边贸易方面，2001 年新加坡取代马来西亚，成为印度在东盟最大的贸易伙伴，2003 年双边贸易额达到 29 亿美元，占该年印度与东盟贸易总额的 23.2%。②

印度注重与新加坡的经贸合作，既有历史文化的原因，也有现实因素。印度与新加坡曾同为英国殖民地，在英国殖民统治时期，两国就有着较为密切的人员往来和经济联系。在新加坡人口中，印度裔占 7%。这些为印度与新加坡的密切合作奠定了基础。况且，新加坡在 20 世纪六七十年代的经济腾飞中逐渐成为亚太地区重要的经济中心和全球经济网络的重要连接点，这对急于向亚太地区扩展的印度很有吸引力。同时，新加坡实行"大国平衡"外交战略，也希望印度在东南亚乃至亚太地区事务中扮演"平衡"角色，因而积极支持印度"东进"。这种相互需求促进了双边经贸合作的快速发展。

总之，在东向政策 1.0 时期，印度的重点是与东盟和东盟国家发展政治安全与经贸文化合作，并与之建立起制度性联系，为印度进一步走向广阔的亚太地区奠定基础，铺平道路。

---

① 数据来源于 *ASEAN Statistical Yearbook 2005*，http：//www.asean.org，转引自余芳琼《当代印度的东南亚政策研究》，中央民族大学版社，2015，第 181 页。

② 数据来源于 *ASEAN Statistical Yearbook 2005*，http：//www.asean.org，转引自余芳琼，《当代印度的东南亚政策研究》，中央民族大学出版社，2015，第 181 页。

2. 东向政策2.0及其实施

2003年10月第二届印度-东盟峰会的举行是印度东向政策2.0开始的标志。在其后的11年中，印度的东向政策呈现以下特点：第一，东向政策扩展到亚太地区，印度在进一步加强与东盟的制度性联系的基础上开始参与亚太地区秩序的建构；第二，东向政策的实施重点出现了"双核心"，即东盟与日本；第三，印度与亚太地区各国的经贸、政治、安全合作进一步深化。

（1）印度开始参与亚太地区秩序的建构

在进一步强化与东盟的制度性联系的基础上，印度开始参与亚太地区秩序的建构。在第二届印度-东盟峰会上，印度签署了三个重要文件，即《全面经济合作框架协议》、《打击恐怖主义的联合宣言》和《东南亚友好合作条约》，表明印度与东盟经济、政治、安全合作的升级。2004年11月，在第三届印度-东盟峰会上，印度与东盟签订了《印度-东盟和平、进步和共同繁荣伙伴关系协定》。这是指导和促进印度与东盟在政治、经济、文化、科技、安全等领域全面合作的纲领性文件，被印度瓦杰帕伊总理称为"印度与东盟关系发展史上的里程碑"。印度与东盟关系的发展为印度进一步参与以东盟为主导的亚太地区合作机制的建构奠定了基础，其中最突出的表现就是2005年印度参加东亚峰会（10+6）合作机制。

早在2000年，马来西亚总理马哈蒂尔就已提出东亚峰会（East A-sia Summit，EAS）的概念，希望在业已存在的东盟10+3合作机制的基础上建立新的区域合作平台。2001年11月，在文莱斯里巴加湾举行的第五次东盟10+3领导人会议上，由26位专家、学者组成的"东亚展望小组"提出了建立"东亚共同体"的报告，为东亚地区合作勾勒出发展蓝图。此次会议后，由各国政府官员组成的"东亚研究小组"进一步研究了"东亚展望小组"的建议，并在2002年柬埔寨金边举行的第六次东盟10+3领导人会议上提出《东亚研究小组最终报告》，"推动东盟10+3领导人会议向东亚峰会演变"是报告提出的九项中长期措施之一。2004年，在老挝首都万象举行的第八次东盟10+3领导人会议上，各国领导人决定2005年在吉隆坡召开首届东亚峰会。

东盟提出需要具备三个基本条件才能获邀参加东亚峰会，即与东盟有实质性的政治和经济关系、是东盟的全面对话伙伴、已加入《东南亚友好合作条约》。按照这三个条件，印度完全符合参加标准。因此，2005年12月14日首届东亚峰会在马来西亚吉隆坡举行时，印度应东盟之邀参加，与东盟10国、中国、日本、韩国、澳大利亚和新西兰一起成为东亚峰会的创始成员国。印度时任总理曼莫汉·辛格在参加首届东亚峰会之前明确表示："首届东亚峰会将是一个历史性的事件。它将是使该地区成为世界经济增长引擎的国家的领导人的首次聚会。它开始了把相互联系、相互依存不断加强的国家聚集在一起的进程。我们预期此次峰会将阐述一个塑造地区结构、推动共同体建设的长期的、共同的愿景。"①

东亚峰会创造了亚太区域合作新模式，其16个成员来自东亚、南亚、南太平洋3个不同地区。其名为东亚峰会，实际上打破了东亚的地域限制，是更为广泛的亚太范围内的区域合作机制，尤其是2010年10月第五届东亚峰会决定允许俄罗斯、美国加入后，亚太地区大国基本被囊括其中，因此东亚峰会不仅是亚太地区合作的新平台，而且成为连接太平洋和印度洋地区的桥梁。印度参加首届东亚峰会，不仅是印度推行东向政策的重大成果，也是对其"亚太"身份的肯定，更重要的是为印度参与亚太地区合作机制的建构提供了机会。

2007年1月，第二届东亚峰会在菲律宾宿务举行，与会领导人签署了《东亚能源安全宿务宣言》，提出了东亚地区能源合作的具体目标和措施。同年11月，第三届东亚峰会在新加坡举行，与会领导人签署并发表了《气候变化、能源和环境新加坡宣言》。在参加此次东亚峰会

---

① "Statement by Prime Minister Dr. Manmohan Singh on the Eve of His Departure for Malaysia," December 11, 2005, http://www.mea.gov.in/Speeches-Statements.htm.

前夕，曼莫汉·辛格总理表示："东亚地区有世界经济增长最快的国家。在东亚地区创建一个合作框架将对全球经济和国际关系产生深远影响。印度在这项事业的成功中扮演至关重要的角色。""印度参与印度–东盟峰会和东亚峰会是东向政策的重要支柱，也是印度寻求高质量融入该地区的关键。"①

第五届东亚峰会于 2010 年 10 月在越南河内举行，通过了旨在纪念东亚峰会 5 周年的《河内宣言》。2011 年 11 月，美国和俄罗斯首次参加了在印尼巴厘岛举行的第六届东亚峰会，此次峰会通过了《东亚峰会互惠关系原则宣言》和《东亚峰会关于东盟互联互通的宣言》。2012 年 11 月，第七届东亚峰会在柬埔寨首都金边举行，会议通过了《金边发展宣言》，倡导"均衡、包容、可持续"的发展，表示将在金融、能源、教育、灾害应对、公共卫生、互联互通等六大领域扩大合作。宣言再次确认了东盟对东亚峰会的主导作用和在相关区域合作机制中的核心地位。印度总理辛格在此次峰会上表示：东亚峰会有利于建立更强大的经济共同体，促进发展，增进互信；各成员应减少分歧，加强合作，共同应对挑战，为本地区经济发展发挥积极作用。第八届东亚峰会于 2013 年 10 月在文莱斯里巴加湾市举行，与会领导人着重讨论了能源安全、粮食安全、气候变化、灾害管理、流行病控制，以及地区和国际热点等问题，并达成广泛共识。2014 年 11 月，印度总理莫迪出席了在缅甸内比都举行的第九届东亚峰会。他在峰会上表示："自六个月前我就任总理以来，我的政府重点促进'东向政策'转变为'东向行动政策'。"印度参与东亚峰会是"东向行动政策"的重要支柱。

这一时期，印度参与亚太地区经济合作机制的重要事件是，2013 年 5 月印度参加了首轮《区域全面经济伙伴关系协定》（Regional Comprehensive Economic Partnership，RCEP）谈判。RCEP 是由东盟国家于

---

① "PM's Statement on the Eve of Departure to Singapore for 6th India–ASEAN Summit and 3rd East Asia Summit," November 19, 2007, http：//www.mea.gov.in/Speeches–Statements.htm.

2011 年 11 月在印尼巴厘岛举行的第十九届东盟峰会上提出的，是以东盟为主导、以 10+6 合作机制为基础的亚太地区经济一体化安排。2012 年 8 月 30 日，第一届东盟与自贸伙伴国经贸部长会议在柬埔寨暹粒举行，东盟 10 国和澳大利亚、中国、印度、日本、韩国、新西兰的经贸部长在会后发表了《东盟与自贸伙伴国经贸部长第一次媒体联合声明》，指出此次会议是启动 RCEP 谈判的关键一步，会议决定 2012 年 11 月启动覆盖这 16 个国家的自由贸易区谈判。① 在 2012 年 11 月柬埔寨首都金边举行的第二十一届东盟峰会和第七届东亚峰会上通过了《关于启动 RCEP 谈判的联合声明》② 以及《RCEP 谈判指导原则和目标》③。根据《RCEP 谈判指导原则和目标》的设计，"RCEP 谈判领域包括货物贸易、服务贸易、投资、经济技术合作、知识产权、竞争政策、争端解决机制等八个方面，目的是建立一个消除内部贸易壁垒、创造和完善自由的投资环境、扩大服务贸易的区域经济一体化组织"④。RCEP 建成后将覆盖 30 多亿人口，区内经济总量接近 20 万亿美元，其将成为目前世界上最大的自贸区。

2013 年 5 月，RCEP 首轮谈判在文莱首都斯里巴加湾市举行，印度与东盟 10 国以及中国、日本、韩国、澳大利亚、新西兰共 16 国派代表团参加谈判。此轮谈判正式成立了贸易协商委员会（Trade Negotiating Committee，TNC），并就货物贸易、服务贸易和投资议题成立了货物贸

---

① "First ASEAN Economic Ministers Plus ASEAN FTA Partners Consultations Joint Media Statement," August 30, 2012, http：//www. asean. org/images/documents/AEM-AFP%20JMS%20（FINAL）. pdf.

② "Joint Declaration on the Launch of Negotiations for the Regional Comprehensive Economic Partnership," November 18, 2012, http：//www. asean. org/news/item/twentyfirst-asean-summit-phnom-penh-cambodia-18-november-2012.

③ "Guiding Principles and Objectives for Negotiating the Regional Comprehensive Economic Partnership," November 18, 2012, http：//www. asean. org/news/item/twentyfirst-asean-summit-phnom-penh-cambodia-18-november-2012.

④ 参见张锐《RCEP：渐行渐近的脚步》，《国际商报》2014 年 12 月 3 日，第 A4 版。

易、服务贸易、投资三个工作小组。另外，此轮谈判还拟定了下轮谈判的框架性方案，将成立有关劳务、环保、经济技术合作等领域的工作小组。但此轮谈判只是初步性探讨，强调尊重东盟的中心地位，并考虑欠发达国家的特殊情况，发表相关声明和指导原则，有助于形成共识，为进一步合作铺路。RCEP 第二轮谈判于 2013 年 9 月在澳大利亚布里斯班举行，由 16 个成员国提出各自的方案，力争实现 2015 年结束谈判的目标。此后，RCEP 的谈判进程加快，仅在 2014 年就先后进行了 4 轮谈判。2014 年 12 月在印度新德里举行了 RCEP 的第六轮谈判。RCEP 将为印度提供一个更广泛地参与亚太地区经济合作机制的平台，为印度更深地融入亚太经济圈创造条件。

在融入和参与亚太地区经济、政治合作机制的建构之外，印度还积极参与亚太地区安全合作机制的建构。除了继续在东盟地区论坛、香格里拉对话中发挥作用，印度参加了东盟防长扩大会议，还积极谋求加入上海合作组织。

自 1996 年参加东盟地区论坛之后，印度与东盟地区论坛的合作随着东盟地区论坛的发展而逐渐深化。2008 年 2 月，印度与印尼共同主持了第六届东盟地区论坛反恐与打击跨国犯罪会间会（ARF-ISM）。2008 年 11 月和 2009 年 3 月，印度在钦奈主持了两个海上安全培训项目。2009 年 7 月，时任印度外长克里希纳（S. M. Krishna）出席了在泰国普吉岛举行的第十六届东盟地区论坛外长会议，该会议通过了《2020 年东盟地区论坛远景声明》（A Vision Statement for ARF for 2020）。声明认为东盟地区论坛是新兴的地区安全架构的一个核心支柱，呼吁在增强应对安全挑战的共识、强化互信的建立与合作等方面加强东盟地区论坛的作用。2009 年 11 月，东盟地区论坛建立信任措施与预防性外交会间辅助会议（ARF-ISG）在新德里举行。2010 年 7 月 23 日，在河内举行的十七届东盟地区论坛外长会议通过了实施远景声明的《河内行动方案》（Hanoi Plan of Action），方案包括采取措施增强东盟地区论坛的预防性外交能力。2011 年 7 月，在印尼举行的第十八届东盟地区论坛外长会议审议并通过了《ARF 预防性外交工作计划》《ARF 海上安全工作计划》《ARF 反恐与打击跨国犯罪工作计划（2011—2012）》等文件。

随后，印度参加了 2011 年 12 月在柬埔寨金边举行的东盟地区论坛建立信任措施与预防性外交会间辅助会议、安全政策会议、国防官员对话会议。2012 年 2 月，印度参加了在泰国曼谷举行的第六届东盟地区论坛专家名人会议（ARF-EEP）。2012 年 5 月，印度参加了在柬埔寨金边举行的东盟地区论坛国防官员对话会议，会议代表共同探讨了海上安全、恐怖袭击、拐卖人口和贩卖毒品、争议解决机制等问题，并要求制定具体的应对安全问题、增强东盟和对话伙伴的安全合作机制。2012 年 7 月在柬埔寨金边举行了第十九届东盟地区论坛外长会议，时任印度外长克里希纳出席了会议。第二十届东盟地区论坛外长会议于 2013 年 7 月 2 日在文莱斯里巴加湾举行，时任印度外长库尔希德（Salman Khurshid）出席了会议。2014 年 8 月，时任印度外长斯瓦拉吉（Sushma Swaraj）出席了在缅甸内比都举行的第二十一届东盟地区论坛外长会议，她在演讲中说道：为了应对安全挑战，亚太地区总体的安全架构，尤其是东盟地区论坛应该是开放、透明、包容和不断进步的；印度希望东盟地区论坛提升与东亚峰会、东盟防长扩大会议等地区安全机制的协同性和互补性，并且保证印度将为东盟地区论坛的成功继续做出自己的贡献。①

印度于 2003 年开始参加香格里拉对话。2006 年 6 月，时任印度国防部长慕克吉（Pranab Mukherjee）参加了第五届香格里拉对话，并做了名为《印度：正在崛起的全球角色》的演讲，阐述正在崛起的印度对地区和全球事务的影响。2011 年是香格里拉对话举办 10 周年，印度

---

① "Intervention by External Affairs Minister at 21st ASEAN Regional Forum (ARF) Meeting," Nay Pyi Taw, Myanmar, August 10, 2014, http://www.mea.gov. in/Speeches-Statements.htm? dtl/23882/Intervention_by_External_Affairs_Minister_ at_21st_ASEAN_Regional_Forum_ARF_Meeting_Nay_Pyi_Taw_Myanmar.

国务部长帕拉姆·拉詹（M. M. Pallam Raju）率领代表团出席。2012 年 6 月，印度国防部长安东尼（A. K. Antony）出席第十一届香格里拉对话，并发表演讲。

首届东盟防长扩大会议于 2010 年 10 月 12 日在越南河内举行，印度国防部长参加了此次会议。参会防长就进一步深化各国在非传统安全领域的合作、维护地区和平与稳定等问题进行讨论，并发表了《河内联合声明》。与会代表同意在以下 5 个方面寻求务实合作，即海上安全、灾害搜救、反恐、维和行动以及军事医学，并设立 5 个相应的专家工作组。首届东盟防长扩大会议的召开标志着东盟防长扩大会议机制的建立，也是亚太地区新的安全合作机制正在形成的标志。

2013 年 8 月 29 日，第二届东盟防长扩大会议在文莱首都斯里巴加湾市举行，印度总理办公室国务部长吉坦德拉·辛格（Jitendra Singh）率领代表团参会。与会代表就国际和地区安全形势深入交换意见，并共同签署《斯里巴加湾联合宣言》。该宣言对东盟防长扩大会议成员国在地区和平、稳定和发展方面做出的积极贡献给予高度评价，再次确认东盟是东盟防长扩大会议进程的主要驱动力，东盟防长扩大会议是建立积极、有效、开放和包容的地区安全架构的关键组成部分。吉坦德拉·辛格在第二届东盟防长扩大会议上说道："我们承认我们自己的安全和繁荣与亚太地区有非常密切的联系。因此，三年前，我们欢迎东盟防长扩大会议的成立，并且把我们参与这个论坛看作我们与东盟成员国政治、经济和安全合作的自然结果。"①

2001 年 6 月上海合作组织（SCO）成立时，印度就极其关注这一组织，因为上海合作组织把中亚重要国家都囊括在内，而中亚地区对印度的国家安全、能源安全极其重要。2005 年 7 月，在哈萨克斯坦阿斯塔纳（Astana）举行的峰会上，印度与巴基斯坦、伊朗一起获得了上海

---

① "India Makes a Mark in ADMM Plus Meeting in South East Asia," August 30, 2013, http://www.security-risks.com.

合作组织观察员的地位。此后，印度就作为观察员列席每届上海合作组织峰会。2014 年 9 月，印度提出成为上海合作组织正式成员的申请。2014 年 9 月 12 日，上海合作组织成员国领导人在塔吉克斯坦首都杜尚别签署了《给予上海合作组织成员国地位程序》和《关于申请国加入上海合作组织义务的备忘录范本》修订案，为印度、巴基斯坦两国在 2015 年加入上海合作组织提供了可能。上海合作组织将为印度参与地区安全合作提供重要平台。

总之，在东向政策 2.0 时期，印度提高了在亚太地区的影响力，参与了亚太地区政治、经济与安全合作机制的建构。在政治层面，印度通过与东盟的 10+1 合作机制、东亚峰会，以及与亚太地区各国的政治对话、高层互访定期化、制度化，拓展了印度的外交活动空间，提升了其在亚太地区的政治影响力。在经济层面，印度参与 RCEP 谈判，加速推进融入亚太区域合作的进程，并积极推动亚太地区经济合作朝一体化方向发展。在安全层面，印度积极参与亚太地区的军事安全合作，通过参加东盟地区论坛、亚太安全合作理事会、香格里拉对话、东盟防长扩大会议、上海合作组织等亚太地区安全合作机制，将军事触角成功地延伸到亚太地区。印度融入和参与东盟及亚太地区合作机制的情况见表 4-3。

表 4-3　印度融入和参与东盟及亚太地区合作机制建构的情况（东向政策 2.0 时期）

年份	印度融入和参与东盟及亚太地区合作机制的情况	备注
2003	印度签署《东南亚友好合作条约》	
2003	印度与东盟签署《全面经济合作框架协议》	
2003	印度与东盟签署《打击恐怖主义的联合宣言》	
2004	印度签订《印度-东盟和平、进步和共同繁荣伙伴关系协定》	
2005	印度成为上海合作组织（SCO）观察员	
2005	印度参加首届东亚峰会	
2007	印度签署《东亚能源安全宿务宣言》	
2007	印度签署《气候变化、能源和环境新加坡宣言》	
2008～2010	印度与东盟建立自由贸易区	2011 年 8 月推广到东盟 10 国

年份	印度融入和参与东盟及亚太地区合作机制	备注
2010	印度参加首届东盟防长扩大会议	
2012	印度与东盟的关系升级为"战略伙伴关系"	
2013	印度参加《区域全面经济伙伴关系协定》（RCEP）首轮谈判	

资料来源：印度外交部网站，http://www.mea.gov.in；东盟官方网站，http://www.asean.org，经作者整理。

（2）东向政策 2.0 时期的印度-东盟关系

在东向政策 2.0 时期，东盟仍是印度推行该政策的重点地区之一。印度政府高官在不同场合强调东盟是东向政策的核心。2013 年 6 月，印度外长在东盟-印度中心启动仪式上的讲话中明确提出"东盟是印度东向政策的核心"[①]。2014 年 8 月 16 日，印度外长在新加坡的演讲中再次指出，东盟是印度东向政策的核心，新加坡是印度走向东盟的门户。[②] 东盟是印度东向政策的优先推行地区，印度与东盟的关系在这一时期出现了实质性的飞跃。

政治安全方面，实现了从"峰会伙伴关系"到"和平、进步和共同繁荣的伙伴"关系再到"战略伙伴"关系的三级飞跃。2004 年 11 月，在第三届印度-东盟峰会上，《印度-东盟和平、进步和共同繁荣伙伴关系协定》签订，印度与东盟的关系由"峰会伙伴关系"升级为"和平、进步和共同繁荣的伙伴关系"。此次峰会还通过了《2004—2010 年行动方案》，以保证《印度-东盟和平、进步和共同繁荣伙伴关系协定》的贯彻施行。5 年后，在泰国华欣举行的第七届印度-东盟峰会上，双方对"和平、进步和共同繁荣的伙伴关系"的稳步发展表示

---

① 参见 "External Affairs Minister's Speech at the Launch of ASEAN-India Centre in New Delhi," June 21, 2013, http://www.mea.gov.in/Speeches - Statements.htm。

② "Speech by External Affairs Minister at Inauguration of Year of India in Singapore," August 16, 2014, http:/www.mea.gov.in/Speeches-Statements.htm.

满意，并决定进一步合作以应对全球金融危机的挑战。2010 年 10 月，在河内举行的第八届印度-东盟峰会通过了《2010—2015 年行动方案》。2011 年 11 月，在印尼巴厘岛举行的第九届印度-东盟峰会上，时任印度总理曼莫汉·辛格指出，印度与东盟的合作在全球经济衰退的背景下更具迫切性，与东盟的伙伴关系是印度外交政策的基石，也是"东向政策"的关键。在 2012 年 12 月举行的印度-东盟建立对话伙伴关系 20 周年纪念峰会上通过了《印度-东盟纪念峰会愿景声明》，以指导印度与东盟未来 20 年关系的发展，该声明宣布印度与东盟升级为"战略伙伴关系"，突出双方在战略、安全领域的合作。

印度与东盟在安全领域的合作集中在两个方面：海上安全合作和反恐合作。海上安全在 2003 年东盟地区论坛发布的声明中已成为关注重点，而印度尤其关注海盗问题以及马六甲海峡的安全通行问题。印度和印尼海军于 2002 年开始在安达曼海域实行联合巡航，以打击该海域日益猖獗的海盗活动。印度与新加坡、马来西亚、印尼等国于 2004 年在马六甲海峡附近地区实行联合巡逻。印度在 2005 年 12 月举行的第四届印度-东盟峰会上宣称要帮助东盟加强马六甲海峡的安全防卫。2006 年 6 月，印度再次提议愿意负责维护航道狭窄和海盗猖獗的马六甲海峡航道安全，并提供卫星监控情报。同月，马来西亚副总理兼国务部长纳吉布·拉扎克访问印度，与印度国防部长慕克吉举行会谈，讨论国防合作、马六甲海峡安全形势以及在马六甲海峡共同巡逻和共同进行军事演习等问题。2010 年 2 月的"米兰"海军演习在位于马六甲海峡西端的安达曼-尼科巴群岛海域举行，印度尼西亚、马来西亚、缅甸、新加坡和泰国派舰船参加，菲律宾、文莱、新西兰和越南则派海军官员参加。2012 年第 8 次"米兰"海军演习仍在安达曼-尼科巴群岛海域举行。联合军演旨在加强海上反恐、打击海盗和非法捕捞以及演练人道主义搜索和救援行动，提升协同工作能力和就共同关心的海上问题交换意见，以深化"跨越海洋的友谊"。

"9·11"事件后，恐怖主义等非传统安全问题的危害性和严重性更加突出，国家安全问题更加多元化。印度和东盟在 2003 年巴厘峰会上签署了打击国际恐怖主义的联合宣言，加强信息分享、司法、执法等领域的合作。2006 年 4 月，国际反恐专家大会在菲律宾举行，包括印度在内的亚太、欧洲的 50 多个国家和地区组织参会。会议通过了《宿务协定》，为国际反恐合作制定了相关规则。在 2007 年举行的第十二届东盟峰会上，东盟国家签署了该地区在安全领域的第一个有法律约束力的文件——《东盟反恐公约》，在反恐问题上加强地区性协调与合作，印度对此表示支持和欢迎，此后，印度与东盟在反恐领域的合作逐渐加强。

经贸方面，印度与东盟从普通的经贸合作到建成"自由贸易区"。2003 年印度与东盟签订《全面经济合作框架协议》，该协议决定通过谈判建立印度-东盟地区贸易投资区（RTIA），合作范围包括货物、服务、投资等领域。为此，双方决定从 2004 年 11 月起，在"早期收获计划"中对协调制度税目下的 105 项产品逐步减让关税，并在此期间进行"印度-东盟自由贸易区"谈判。2009 年 8 月，印度与东盟签署货物贸易协定，2010 年 1 月 1 日，该协定在印度与马来西亚、新加坡和泰国间施行，2011 年 8 月推广到东盟 10 国。印度-东盟自由贸易区的建立既是双方经贸合作快速发展的结果，也促进了双方经贸合作进一步发展。2012 年 12 月，在印度-东盟建立对话伙伴关系 20 周年纪念峰会上，双方为经贸规模的扩大设立了新目标，即在 2015 年实现双边贸易总额达到 1000 亿美元，在 2022 年再翻一番，达到 2000 亿美元。这一时期印度与东盟的进出口贸易情况见表4-4。

表4-4　2002~2014 年印度和东盟的进出口贸易情况

单位：亿美元

年份	出口到东盟	从东盟进口	总额
2002~2003	46.19	51.50	97.69
2003~2004	58.22	74.33	132.55
2004~2005	84.26	91.15	175.41
2005~2006	104.11	108.84	212.95

年份	出口到东盟	从东盟进口	总额
2006~2007	126.07	181.08	307.15
2007~2008	164.13	226.75	390.88
2008~2009	191.41	262.02	453.43
2009~2010	181.14	257.98	439.12
2010~2011	272.78	306.08	578.86
2011~2012	367.44	421.59	789.03
2012~2013	330.08	428.66	758.74
2013~2014	331.34	412.78	744.12

注：印度的统计年度是当年的 4 月 1 日到次年的 3 月 31 日。

资料来源：印度商务部网站，http://commerce.gov.in。

投资方面，虽然 2012 年 12 月印度与东盟完成了服务贸易和投资领域的自由贸易协定的谈判，但印度对东盟的投资占比不高。2006~2008年，印度对东盟的直接投资累计约为 5.28 亿美元，占外国对东盟直接投资总额的 0.3%。[1] 2010 年印度对东盟的投资呈爆炸式增长，在 2009年的基础上增长 218.5%，达到 25.8 亿美元。但是，2011 年印度对东盟的直接投资有所下降，2013 年印度对东盟的直接投资则在 2012 年的基础上下降 41%，只有 13 亿多美元，占东盟吸引外资的 1.1%。2014年印度对东盟的直接投资数额虽有增加，但在东盟吸引外资中的占比是下降的。2008~2014 年印度对东盟直接投资情况见表 4-5。

表 4-5　2008~2014 年印度对东盟直接投资情况

单位：百万美元，%

	2008 年	2009 年	2010 年	2011 年	2012 年	2013 年	2014 年
印度对东盟的直接投资	547.3	811.3	2584.3	2230.5	2233.4	1317.5	1378.4

---

[1]　ASEAN Foreign Direct Investment Statistics Database，http://www.asean.org.

续表

	2008 年	2009 年	2010 年	2011 年	2012 年	2013 年	2014 年
东盟吸引外国直接投资总量	47075.6	38266.0	76207.9	97538.1	114284.0	122376.5	135972.8
印度所占的比例	1.2	2.1	3.4	2.3	2.0	1.1	1.01

注：印度的统计年度是当年的 4 月 1 日到次年的 3 月 31 日。2012 年、2013 年的数据均不包括对老挝的投资。

资料来源：ASEAN Foreign Direct Investment Statistics Database，http：//www.asean.org。

（3）东向政策 2.0 时期的印度-日本关系

自 2003 年 10 月时任印度外长贾斯旺特·辛哈宣布把东向政策从东盟地区延伸到东亚（中国、日本、韩国）以及南太平洋（澳大利亚、新西兰）地区之后，印日关系快速发展，日本逐渐成为印度东向政策 2.0 的另一个核心。

在政治方面，印日两国实现了从"全球伙伴关系"到"全球战略伙伴关系"再到"特殊的全球战略伙伴关系"的飞跃。印日"全球伙伴关系"建立于 2000 年 8 月，但随后几年，双方关系发展平淡，直到 2005 年才出现快速发展。2005 年印度与日本建立首脑年度会晤机制，此后双方高层互访频繁。日本首相小泉纯一郎、安倍晋三、鸠山由纪夫、野田佳彦分别于 2005 年、2007 年、2009 年、2011 年访问印度，而印度总理曼莫汉·辛格在其两届任期内分别于 2006 年、2008 年、2010 年、2013 年四次正式访问日本。在曼莫汉·辛格时期，印日政治、经贸关系都出现了重大突破。2006 年双方把"全球伙伴关系"升级为"全球战略伙伴关系"。2011 年 8 月，《印日全面经济伙伴关系协定》正式生效。2013 年 5 月，曼莫汉·辛格总理在其第四次正式访问日本时的演讲中声称，"我们与日本的关系已成为东向政策的中心"，"印度与日本的关系对我们的经济发展重要，在我们寻求包括太平洋和印度洋在内的广大亚洲地区的稳定与和平时，日本是一个天然的、不可或缺的合作伙伴"。① 2013 年 11 月底 12 月初，日本天皇夫妇对印度进行访问，这是天皇即位后的首次访问，也是时隔 53 年对印度的重访。2014 年 1 月，日本首相安倍晋三访问印度，参加印度的共和国日庆祝活动，印日的政治合作进一步深化。

印度总理莫迪执政后，把日本选为其担任总理之后在南亚之外的首个外访国，以示对日本的高度重视。在莫迪总理 2014 年 8 月底 9 月初的访日期间，两国发表《印日特殊的全球战略伙伴关系东京宣言》，把双边关系从"全球战略伙伴关系"提升为"特殊的全球战略伙伴关系"。该宣言再次提到日本在印度外交政策和经济发展中的重要性，以及它在印度东向政策中的核心地位。②

在经贸方面，印日建成了自由贸易区，经贸关系实现了质的飞跃。2006 年 12 月 15 日，印度与日本发表部长联合声明，宣称两国正式组建联合工作小组来进行印度-日本经济伙伴关系协定（EPA）或者全面经济伙伴关系协定（CEPA）的谈判。双方正式谈判开始于 2007 年 1 月。经过 5 年 14 轮的谈判，两国于 2011 年 2 月 16 日在东京签订了《印日全面经济伙伴关系协定》（India-Japan Comprehensive Economic Partnership Agreement），该协定于 2011 年 8 月正式生效。印日 CEPA 所涉及的领域比自由贸易协定（FTA）要广泛，包括货物贸易、服务贸易、投资等领域。这是印度继与新加坡、韩国之后签订的第三个全面经济伙伴关系协定。根据该协定，未来 10 年，印度与日本将削减 94% 的关税。其中，日本将逐步免除自印度进口的 97% 商品的关税，涵盖多种工业品及农产品；而印度将免除自日本进口的 90% 商品的关税，包括轿车配件、钢材、数码产品等。并且日本同意从印

---

① "Prime Minister's Address to Japan – India Association, Japan – India Parliamentary Friendship League and International Friendship Exchange Council," May 28, 2013, http: //mea. gov. in/Speeches-Statements. htm.

② 参见 "Tokyo Declaration for India-Japan Special Strategic and Global Partnership," September 1, 2014, http: //www. mea. gov. in/bilateral-documents. htm。

日 CEPA 生效之日开始，立即免除 87% 的应税产品关税；而印度只需立即免除 17.4% 的应税产品关税。在关税方面，日本让步较大，这有利于印度商品进入日本市场。

《印日全面经济伙伴关系协定》的签订和生效施行是印日经贸关系快速发展的结果，同时又进一步促进了双方的经贸合作。2002～2003年，印度与日本的双边贸易额仅为 37 亿美元；到 2013～2014 年，印、日双边贸易达到 166.55 亿美元。印度与日本的进出口贸易情况见表 4-6。

表 4-6　2002～2014 年印度与日本的进出口贸易情况

单位：百万美元

年份	出口到日本	从日本进口	总额
2002～2003	1864	1836	3700
2003～2004	1709	2668	4377
2004～2005	2128	3235	5363
2005～2006	2481	4061	6542
2006～2007	2868	4600	7468
2007～2008	3858	6326	10184
2008～2009	3026	7886	10912
2009～2010	3630	6734	10364
2010～2011	5091	8632	13723
2011～2012	6329	12101	18430
2012～2013	6100	12510	18610
2013～2014	6814	9841	16655

注：印度统计年度为当年 4 月 1 日到次年 3 月 31 日。

资料来源：印度商务部网站，http://commerce.gov.in，经作者整理。

在直接投资方面，根据印度工业政策与促进司（Department of Industrial Policy & Promotion）的统计，2000 年 4 月至 2014 年 12 月，日本对印度的直接净投资额约为 176.95 亿美元，占印度所吸引外资的

7.42%，是印度的第四大投资国。① 在日本对印度的直接投资中，医药制造业占 29%，汽车工业占 16%，服务业占 14%，冶金工业占 9%，电气设备行业占 5%。② 2006 年日本在印度的企业只有 300 多家，到 2012 年 10 月则有 926 家日本企业在印度运营，2014 年 10 月在印度的日本企业达到 1209 家。印度对日本的直接净投资情况见表 4-7。

表 4-7　2000 年至 2014 年日本对印度的直接净投资情况

单位：百万美元，%

年份	日本对印度的直接净投资	印度所吸引的外国直接净投资	日本所占比例
2000~2001	224	2463	9.09
2001~2002	178	4065	4.38
2002~2003	412	2705	15.23
2003~2004	78	2188	3.56
2004~2005	126	3219	3.91
2005~2006	208	5540	3.75
2006~2007	85	12492	0.68
2007~2008	815	24575	3.32
2008~2009	4470	31396	14.24
2009~2010	1183	25834	4.58
2010~2011	1562	21383	7.30
2011~2012	2972	35121	8.46
2012~2013	2237	22423	9.98
2013~2014	1718	24299	7.07

注：印度统计年度为当年 4 月 1 日到次年 3 月 31 日。

资料来源：印度工业政策与促进司网站，http：//dipp. nic. in，经作者整理。

另外，日本逐年增加对印度的政府开发援助（ODA）。日本的政府

---

① 印度工业政策与促进司网站，http：//dipp. nic. in/English/Publications/FDI_Statistics/2014/india_FDI_December2014. pdf。因统计时段略有差异，此处数据与表 4-7 不一致。

② 印度工业政策与促进司网站，http：//www. dipp. nic. in/English/Investor/Japan_Desk/JapanDesk. aspx。

开发援助是日本非常重要的外交工具，在日本对外经贸关系中起着重要作用，它也是日本政府引导企业对外投资的一种手段。日本对印度的政府开发援助是日印双边关系的基础，也是深化双边合作的基础。在ODA项目中，贷款援助是主要方式，但也包括少量的赠款和技术合作资金。2004年印度成为日本ODA的最大受援国。2012~2013年，日本对印度的ODA贷款承诺高达3531亿日元，当年支付额达到1139.6亿日元，涉及项目包括德里供水改造、钦奈地铁三号线、泰米尔纳德邦的传输系统等8个工程。总的来看，日本对印度的ODA主要用于大城市的地铁、供排水系统以及电力输送等基础设施建设项目，在印度基础设施建设中起着重要作用。2003年至2014年，日本对印度的ODA贷款情况见表4-8。

表4-8 2003~2014年日本对印度的ODA贷款情况（东向政策2.0时期）

单位：十亿日元

年份	承诺（Commitment）	支付（Disbursement）
2003~2004	125	80
2004~2005	134.466	68.85
2005~2006	155.458	68.68
2006~2007	184.893	55.47
2007~2008	225.13	94.65
2008~2009	236.047	122.56
2009~2010	218.2	128.95
2010~2011	203.566	123.84
2011~2012	134.288	139.22
2012~2013	353.106	113.964
2013~2014	365.059	144.254

资料来源：印度驻日大使馆官方网站，https://www.indembassy-tokyo.gov.in，经作者整理。

莫迪总理在2014年首访日本时，一再强调日本对印度经济改革和发展的重要性，强调两国在经济领域合作所取得的重要成果，两国设定了"今后5年日本对印度直接投资以及进驻印度的日企数量翻番"的目标。

日本首相安倍晋三承诺将在 5 年内对印度投资 3.5 万亿日元（包括政府开发援助在内），用于印度的基础设施、食品加工、农村开发等领域。

总之，在东向政策 2.0 时期，印日政治、经贸关系都获得了快速发展，这是东向政策 2.0 时期的一个显著特点。印日"靠拢"对亚太地区格局以及亚太地区合作机制的建构将产生重要影响。

（二）印度的亚太大国外交

东向政策时期，印度对美国、中国、俄罗斯等亚太大国主要实行平衡外交战略。由于第七章要专门论述冷战结束后印度与中国的关系，本部分主要论述印度对美国、俄罗斯的外交政策以及与其外交关系。

1. 逐渐密切的印美关系

冷战期间，尤其是 1971 年苏印《和平友好合作条约》签订之后，印美之间相互猜疑，关系甚为冷淡。冷战的结束从根本上改变了印度的国际战略环境以及战略考量，为印美关系的改善提供了可能性，但 1998 年印度因为核试验遭到美国的经济制裁，这为双方关系的发展蒙上了阴影。在 1999 年印度与巴基斯坦的卡吉尔冲突中，克林顿总统要求巴基斯坦军队撤回控制线以内，这被印度领导人视为美国的善意，此后印美关系的发展开始加速，主要表现如下。

第一，政治上，印美从建立"新型伙伴关系"到建立"全球战略伙伴关系"。2000 年 3 月，时隔 22 年，美国总统克林顿踏上印度领土，对印度进行正式国事访问，与印度签署了《印美关系：21 世纪展望》这一指导 21 世纪印美关系的框架性文件，从而确立了美印"持久的、政治上有建设性、经济上有成果的新型伙伴关系"，这被视为印美关系的转折点。同年 9 月，印度总理瓦杰帕伊回访美国，双方就地区安全、经贸合作以及核不扩散等问题进行深入磋商。在这次访问中，瓦杰帕伊称印度是美国的"天然伙伴"。

2001 年 1 月入主白宫的小布什（George W. Bush）总统延续了克林顿总统的对印政策，重视发展与印度的双边关系。尤其是"9·11"事件之后，出于反恐需要，美国更加重视印度的地位，积极拉拢印度。印度也抓住机会，迅速表示支持美国反恐，并愿意进行包括情报分享、后勤支援、提供军事基地在内的"最充分的合作"。2001 年 11 月，印度总理瓦杰帕伊访美，与布什总统就反恐和南亚地区安全等问题进行磋商。在 2002 年 9 月美国发表的《国家安全战略报告》中，印度被认为能够成为 21 世纪最伟大的民主国家之一。2003 年，印美"新型伙伴关系"升级为"战略伙伴关系"。2004 年 1 月，美印就"战略伙伴关系后续行动"开始谈判，两国宣布将在民用核活动、民用空间项目和高技术贸易等领域开展合作。2005 年 7 月，两国完成了"战略伙伴关系后续行动"谈判。同月，印度总理曼莫汉·辛格访问美国，两国表示将"战略伙伴关系"升级为"全球战略伙伴关系"，美印将在共同关心的领域成为全球领导者。①

2009 年 7 月，印度和美国发起由印度外长和美国国务卿参与的部长级战略对话，以重点讨论涉及两国双边关系和共同利益的五个关键性问题，即战略合作，能源和气候变化，教育和发展，经贸和农业，科技、卫生健康与创新。2010 年 6 月在华盛顿举行第一次战略对话。2010 年 11 月，美国总统奥巴马访问印度，他在印度议会的演讲中宣称：美国不仅支持而且是热切地支持印度作为一个崛起的大国；我们努力帮助它成为现实。此后，奥巴马政府不断强化与印度的"全球战略伙伴关系"，加强与印度的国防军事合作，积极支持和鼓励印度在亚太地区发挥"重要作用"。2015 年 1 月，奥巴马总统再次访印，并偕夫人出席了印度的国庆阅兵式，他不仅由此成为首位出席印度国庆阅兵式的美国总统，还是在任期间首位两次出访印度的美国总统。

第二，在不断升温的政治关系背景下，印美经贸关系也获得了迅猛发展。据印度商务部的数据，从 2000 年到 2007 年，美国一直是印度最

---

①　参见刘鹏《印美全球战略伙伴关系中的军事安全合作评估》，《南亚研究》2016 年第 4 期。

大的贸易伙伴，也是印度最主要的货物出口目的地。受 2008 年国际金融危机的影响，2009 年印美双边货物贸易下滑，降幅达到 13%。为了应对金融危机的冲击，印美加强经济领域合作的制度化，在建立新的合作机制的同时，优化已经建立起来的合作机制。2009 年，两国建立了"印美战略对话"以及"印美金融与经济伙伴关系"对话机制，重组了 2005 年建立的"印美 CEO 论坛"，充分发挥了"印美贸易政策论坛"的作用。

2010 年 3 月 17 日，美国和印度政府签署了一项促进贸易和投资合作的框架协议，双方宣布要将两国的经贸关系提升到新高度。根据该协议，美印双方将在未来促进双边投资、增加对彼此知识产权的保护，同时减少设置对彼此商品的贸易壁垒。紧随其后，4 月 6 日，美国财政部长盖特纳率团访问印度，双方在新德里正式签署了"建立印美金融与经济伙伴关系机制的协定"，举行了"印美金融与经济伙伴关系"的首次会议，第二次会议于 2011 年 6 月在华盛顿举行。2011 年 9 月 22 日，重组后的印美 CEO 论坛第四次会议在华盛顿举行，其目的是促进政府和企业之间有组织的对话。在政府的大力推动以及世界经济逐渐复苏的背景下，2010 年印美双边货物贸易大幅回升，2011 年双边货物贸易在 2010 年的基础上又有大幅增长。2000~2017 年印美进出口贸易情况见表 4-9。

表 4-9　2000~2017 年印度与美国的进出口贸易情况

单位：百万美元，%

年份	出口到美国	从美国进口	总额	在印度外贸中的占比
2000~2001	9305.12	3015.00	12320.12	12.97
2001~2002	8513.34	3149.62	11662.96	12.26
2002~2003	10895.76	4443.58	15339.34	13.45
2003~2004	11490.03	5034.83	16524.86	11.65
2004~2005	13765.75	7001.35	20767.10	10.89
2005~2006	17353.06	9454.74	26807.80	11.52

年份	出口到美国	从美国进口	总额	在印度外贸中的占比
2006～2007	18863.47	11738.24	30601.71	9.80
2007～2008	20731.34	21067.24	41798.58	10.08
2008～2009	21149.53	18561.42	39710.95	8.12
2009～2010	19535.49	16973.68	36509.17	7.82
2010～2011	25291.91	20050.72	45342.63	7.32
2011～2012	34741.60	23454.92	58196.52	7.32
2012～2013	36155.22	25204.7	61359.95	7.76
2013～2014	39142.10	22505.08	61647.19	8.06
2014～2015	42448.66	21814.60	64263.26	8.37
2015～2016	40335.82	21781.39	62117.21	9.66
2016～2017	42212.27	22307.44	64519.71	9.77

注：印度统计年度为当年 4 月 1 日到次年 3 月 31 日。

资料来源：印度商务部网站，http：//commerce.gov.in，经作者整理。

与此同时，印度与美国之间的直接投资也在快速增长。根据统计，美国对印度的直接投资从 2000 年的 24 亿美元增加到 2010 年的 271 亿美元，10 年间增长了 10 倍多。① 从 2000 年 4 月到 2014 年 9 月，来自美国的直接投资累计达到 131.9 亿美元，占流入印度的直接投资总额的 6%，美国是印度的第六大直接投资来源国。② 印度在美国的直接投资也不断增长，2000 年印度在美国的直接投资只有 960 万美元，但自 2005 年以来，印度在美国的直接投资平均每年增长 33%。2005 年印度在美国的直接投资约为 15 亿美元，2008 年剧增到 28 亿美元。受国际金融危机影响，2009 年印度在美国的直接投资有所下降，约为 24 亿美元。2010 年则达到 33 亿美元，印度公司雇用成千上万的美国人。两国政府继续进行关于投资协定的技术性谈判，双边投资协定（BIT）正在谈判之中。2014 年，印度在美国的直接投资总额达到 78 亿美元；美国

---

① 美国人口普查局网站，http：//www.census.gov。

② "India-United States of America Relations，" http：//meaindia.nic.in。

对印度的直接投资为 280 亿美元。为了促进双向贸易和向私人投资开放新领域，两国政府充分运用已建立的双边对话机制，如 2015 年 2 月在新德里举行了部长级的"印美金融与经济伙伴关系"会议，2015 年 10月举行了部长级的贸易论坛。这些论坛和会议促进了两国贸易与投资的增长和经济发展，以及两国人民的交流。

第三，印美之间的国防、军事安全合作取得巨大进展。1995 年 1月，美国国防部长佩里访印，两国签署了《印美防务关系备忘录》，规定除了在军品生产和研究上进行合作外，还将进行军职人员和非军职人员的交流。"9·11"事件后，美印两国开始在反恐、联合国维和行动等方面进行积极的合作。2005 年 6 月 28 日，印美两国防长签署了《印美防务关系新框架》，对未来 10 年的两国防务合作进行了规划，内容包括联合军演、人员培训与交流、合作研发和生产武器装备、情报共享等方面；为了两国的防务合作能够顺利进行，还设置了防务联合工作组（DJWG）和防务采购与生产组（DPPG）等新的合作机制。2006 年印美两国签署了《印美海洋安全合作框架》，2010 年签署了《美印反恐合作计划》，将之作为《印美防务关系新框架》的补充。随着两国防务合作的加强，美国对印度在地区安全中的定位也更加明确。美国把印度作为"印度洋及以外地区安全的净提供者"。在 2010 年美国发布的《四年防务评估报告（2010）》中，对印度在防务中的作用是这样定位的："印度通过反海盗、维和行动、人道主义援助和灾难救济成就，已经建立起它在全世界的军事影响力。随着其军事实力的增强，印度将作为印度洋及以外地区安全的净提供者对亚洲安全做出贡献。"① 2012 年 4 月，印美政治军事对话（Political-Military Dialogue）和第 5 次东亚问题对话会议（Meeting of the East Asia Dialogue）在新德里举行。2015 年 1 月，在奥巴马总统再次访印时，印度向美国提出延续 2005 年签署的《印美

---

① *Quadrennial Defense Review Report 2010*, Washington, D. C.: U. S. Department of Defense, 2010.

防务关系新框架》。经过谈判，该协议到期之后，两国签订了新的协议
《印美防务关系合作框架》，期限仍为 10 年。在该协议中，印度的两个
关键的优先事项——技术转让和国防合作生产（defence co-production）
得到更高程度的认可。

由此可见，防务合作已成为印美两国关系迅速发展的支柱之一。尤
其是在 2008 年国际金融危机之后，美国政治精英越来越认为：鉴于美
国经济增长放缓，以及亚太地区、中东和其他地区的安全危机，美国不
可能独自确保和平与安全，它需要与印度这样的新兴国家进行接触和合
作。而面对日益强大的中国以及出于对中国在南亚地区影响力上升的担
忧，印度需要与美国进行防务合作来平衡中国的影响，以及通过与美国
的军事合作来完成军队现代化。相互需求是合作最主要的推动力，冷战
结束后印美两国签署的防务合作协议见表 4-10。

表 4-10　冷战结束后印美签署的防务合作协议

签订时间	协议名称	备注
1995 年 1 月	《印美防务关系备忘录》	印美关于防务合作的框架性共识
2005 年 6 月	《印美防务关系新框架》	为期 10 年的两国防务合作规划
2006 年	《印美海洋安全合作框架》	确立海洋安全合作的重点，包括航行安全、海上搜救、打击海盗走私等跨国犯罪
2010 年 7 月	《印美反恐合作计划》	反恐合作
2015 年 6 月	《印美防务关系合作框架》	为期 10 年
2016 年 8 月	《印美后勤交换协议备忘录》	允许使用对方的海陆空基地以提供军事后勤保障

资料来源：美国国防部网站，http：//www.defense.gov/；美国战略与国际研究中心网站，ht-
tp：//csis.org/，经作者整理。

第四，印美在民用核能合作方面取得实质性的突破。2006 年 3 月，
小布什访印，推动两国签订《民用核能合作协议》。2007 年 7 月，印美
两国完成《民用核能合作协议》的谈判。2008 年 10 月，协议正式签署
生效。该协议结束了 30 多年来美国对印度的核贸易禁令，美国可以向

印度提供民用核能技术和核燃料，条件是印度必须把民用核能项目与军用核能项目分离。2010 年 11 月，奥巴马总统访问印度期间，两国政府宣布已完成所有准备工作，开始实施《民用核能合作协议》。美国核电公司与印度核电公司（NPCIL）进行磋商，以便在这一领域开展商业合作。2012 年 6 月，美国西屋电气公司（Westinghouse）和印度核电公司签署了一份谅解备忘录，承诺双方将协商一项早期的工作协议。印度-美国民用核能工作组（CNWG）定期召开会议以加强民用核能项目的实施。2014 年 9 月，在印度总理莫迪访美期间，双方建立了一个联络小组来推动印美《民用核能合作协议》的全面和及时实施，并解决悬而未决的问题。到 2016 年 1 月为止，该联络小组已经召开了五次会议，就印度核责任法与相关国际公约的兼容性问题达成一致，并创建了一个有着最佳实践经验的保险集团来应对核责任风险。①

总之，冷战结束以来，尤其是进入 21 世纪以来，印美政治安全、经贸投资关系逐渐密切。究其原因主要有两点。其一，中国的发展促使印美接近。中国的发展对亚太地缘政治格局产生重大影响，印美两国希望与中国保持建设性的关系，但又都不希望中国成为亚太地区的主导性力量，都对中国在亚太地区以及印度洋地区日益增强的影响力保持警惕。因此，对中国的防范与制衡成为两国政治、军事安全关系发展的动力之一。

其二，全球化时代，双方的经济利益需求是一个重要推动力。印度有丰富的人力资源、待开发的市场、逐渐提升的经济发展速度、不断推进的经济改革……这些对美国有着吸引力，促使美国关注这样的新兴市场。同时，美国在亚太地区经济中的影响力、美国的资金和技术对于渴求发展、渴求融入亚太经济圈的印度来说至关重要。这些需求促成了日益密切的印美关系。

---

① "India – United States Relations," https：//mea. gov. in/Portal/ForeignRelation/USA_15_01_2016. pdf.

2. 从"准盟友"到"战略伙伴"的印俄关系

1991 年,美苏延续近半个世纪的冷战由于苏联的解体而结束,这对与苏联有着"准盟友"关系的印度造成巨大打击,迫使印度调整外交政策,实行全方位的大国平衡外交。而俄罗斯由于自身陷于困顿,无暇南顾,一时之间印俄关系陷入停滞状态。究竟在后冷战时代,应怎样发展印俄关系?经过一段时间的探索,两国于 2000 年建立起符合时代特点的"战略伙伴关系",完成了从"准盟友"到"伙伴"关系的转变。

(1)印俄"战略伙伴关系"的建立与深化

1993 年 1 月,俄罗斯时任总统叶利钦受印度之邀访问新德里,与印度签署了《印俄友好合作条约》,取消了 1971 年印苏《和平友好合作条约》中具有军事同盟性质的条款,从而奠定了两国建立正常国家关系的基础。1994 年 6 月底至 7 月初,印度时任总理拉奥正式访问俄罗斯,双方就进一步加强政治、经济、军事与科技合作等问题进行了会谈,表达了进一步合作的愿望。1997 年 3 月,印度总理高达访问俄罗斯,两国提出要建立"战略伙伴关系",并商定建立印俄首脑年度会晤机制。但其后由于印度核试验以及俄罗斯国内政局的变动,印俄"战略伙伴关系"的协议迟迟未能正式签署。转折点出现在 2000 年 3 月。

2000 年 3 月,美国总统克林顿访问印度,印美关系大为改善。同月,普京当选为俄罗斯总统。他上台之后,对俄罗斯的外交战略进行调整,从地缘实力政治出发,全面开展强势外交,打破美国的战略围堵。在加快独联体一体化的同时,把印度洋、大西洋和太平洋等地区作为俄罗斯外交战略的重点发展地区,展开外交攻势,并开始建立以莫斯科为中心的外交新体系。① 在此背景之下,俄罗斯加快与印度建立"战略伙伴关系"的步伐。2000 年 10 月,俄罗斯总统普京访问印度,两国签署

---

① 参见胡志勇《后冷战时期印度与俄罗斯的关系及其影响》,《社会科学》2007年第 5 期。

《印俄战略伙伴关系声明》，正式宣告印俄"战略伙伴关系"的建立，同时正式建立印俄首脑年度会晤机制，为印度与俄罗斯在 21 世纪的合作揭开了新篇章。10 年之后的 2010 年 12 月，俄罗斯总统梅德韦杰夫访问印度，双方决定把"战略伙伴关系"升级为"特别的、优先的战略伙伴关系"。2013 年 10 月，印度总理辛格访俄，双方签署《深化面向全球和平与稳定的战略伙伴关系的联合声明》，印俄"战略伙伴关系"提升到新高度。

印俄"战略伙伴关系"的建立和深化，既是印苏关系的延续和发展，又契合了后冷战时代南亚地缘政治变化的需要。对印度而言，与俄罗斯建立"战略伙伴关系"可以实现"一箭双雕"的外交目标：一是这有助于印度继续获取俄罗斯的高新技术武器装备，促进印度军队的现代化建设，从而有利于印度在南亚周边地区形成局部优势和战略威慑，巩固其在南亚的主导地位；二是印度在美俄之间实行平衡外交，与美俄均建立战略伙伴关系，在美俄之间左右逢源，这有助于拓展其外交战略空间，实现其大国梦想。

（2）印俄"战略伙伴关系"框架下的国防军事合作

由于冷战期间印度与苏联在国防军事领域有着长期的、广泛的合作，冷战结束后，俄罗斯延续了与印度的国防军事合作关系。印度领导人认为，与俄罗斯在防务领域合作有着价格竞争力、前沿技术、技术转移潜力，以及印度军方对俄罗斯装备熟悉等优势。[①] 因此在"战略伙伴关系"框架下，印度与俄罗斯的国防军事合作仍是重点，并得到进一步发展。

首先，印俄双方从战略上高度重视国防军事合作，并推动合作的机制化。自 2000 年两国建立首脑年度会晤机制以来，国防军事合作是每次首脑会晤的重点。以下首脑谈话充分表明了印俄双方对国防军事合作

---

① 参见〔美〕苏米特·甘古利主编《印度外交政策分析：回顾与展望》，高尚涛等译，世界知识出版社，2015，第 226~227 页。

领域的重视。2001 年 11 月，印度总理瓦杰帕伊访问俄罗斯时，双方表示"印俄之间的军事技术合作已经提升到了一个新高度"；在双方发表的联合声明中，主张建立一种新型的"安全合作秩序"。2007 年 11 月，印度总理辛格访俄时表示："防务合作是印俄战略伙伴关系的重要支柱之一。共同研发和生产五代机、多功能运输机是未来军事技术合作的主要方向。"2010 年 12 月印俄年度会晤的联合公报中指出："印俄在军事技术领域的密切合作是印俄战略伙伴关系的重要支柱，是两国在过去的半个世纪中建立起来的互信关系的重要体现。"2014 年 12 月，在新德里举行的印俄首脑会晤中，俄罗斯总统普京声称"印度是俄罗斯在军事技术领域久经考验的伙伴"。①

2000 年，为了促进国防军事合作，印俄两国还专门建立了"政府间军事技术合作委员会"（The Inter-Governmental Commission on Military Technical Cooperation，IRIFC-MTC），该委员会由"军事技术合作委员会"和"军备生产事务委员会"两个事务委员会组成，最初由印度国防部长和俄罗斯副总理联合领导，后来改为由印俄国防部长联合领导。该委员会每年举行一次会议，致力于两国的国防军事合作。2015 年 11 月 2 日，印度国防部长访问俄罗斯，与俄罗斯国防部长谢尔盖·绍伊古（Sergei Shoigu）共同主持了该委员会第 15 届会议，审议了双方正在进行的合作以及未来防务合作的机会。

其次，武器贸易是印俄国防军事合作的重中之重。根据瑞典斯德哥尔摩国际和平研究所的统计，2000 年印度武器进口中的 65.83% 来自俄罗斯，2002 年这一比例上升到 88.58%。毫无疑问，俄罗斯是印度最重要的武器供应国。为了摆脱对俄罗斯武器的高度依赖，印度实施"军购多元化"策略，同时向俄罗斯、乌兹别克斯坦、乌克兰、以色列、美国等购买武器装备。以色列在 2004 年、2005 年是印度的第二大武器

---

① 参见霍文乐、张淑兰《新世纪印俄军事合作的特征》，《亚非纵横》2014 年第 3 期。

装备供应国。从 2006 年开始，美国军火商获得印度的大笔订单，2014 年美国成为印度的第二大武器装备供应国，当年印度 35.67% 的武器装备进口来自美国。①

但是，总的来看，2000～2016 年印度从俄罗斯进口武器装备的总额达到 307.65 亿美元，占印度武器进口总额的 71.69%。这一时期印度的第二大武器装备来源国是美国，双方达成 30.3 亿美元的交易，占印度武器进口总额的 7.06%；印度的第三大武器装备来源国是以色列，双方达成 28 亿美元的交易，占印度武器进口总额的 6.52%。② 2000～2016 年，印度从俄罗斯的武器装备进口情况详见表 4-11。

表 4-11　2000～2016 年印度从俄罗斯的武器装备进口情况

单位：百万美元，%

年份	从俄进口武器总额	俄在印武器进口中的比重	印在俄武器出口中的比重
2000	655	65.83	14.55
2001	924	77.00	17.34
2002	1799	88.58	31.36
2003	2113	76.61	40.86
2004	1476	66.49	23.49
2005	693	57.70	13.44
2006	963	63.36	18.54
2007	1785	77.64	32.06
2008	1555	82.8	24.82
2009	1424	74.59	28.31
2010	2371	79.11	38.42
2011	2553	69.64	29.49
2012	3873	86.74	46.27
2013	3647	70.54	46.88
2014	1570	49.01	30.77

① 参见霍文乐、张淑兰《新世纪印俄军事合作的特征》，《亚非纵横》2014 年第 3 期。

② 数据来源于瑞典斯德哥尔摩国际和平研究所武器装备转移数据库，https://www.sipri.org/databases/armstransfers。

续表

年份	从俄进口武器总额	俄在印武器进口中的比重	印在俄武器出口中的比重
2015	1776	62.14	31.98
2016	1590	62.42	24.72

注：数据整理中存在小数点后取舍的差异。

资料来源：瑞典斯德哥尔摩国际和平研究所武器装备转移数据库，https：//www.sipri.org/databases/armstransfers，经作者整理。

　　虽然印度在短期内无法摆脱对俄罗斯的军购依赖，但印度"军购多元化"策略给俄罗斯施加了一些压力，迫使俄罗斯开始改变与印度的合作方式，即通过联合研发和生产来牢牢抓住印度这个巨大的军火市场。[1] 目前，印俄的武器贸易关系已经从一个简单的买方-卖方框架发展为包括国防先进技术和系统的联合研究、开发与生产在内的全方位合作。布拉莫斯导弹系统、第五代战斗机的联合设计和开发以及俄罗斯授权在印度生产苏-30战斗机（SU-30 Aircraft）和T-90坦克，都是这种合作关系的案例。在印度总理莫迪"印度制造"的号召之下，印俄联合研发和生产的国防军事合作方式将有很大的发展空间。

　　此外，联合军演是促进印俄军事技术交流的重要方式。印俄之间名为"因德拉"（Indra）的联合军演始于2003年，最初主要为海军联合演习，每两年举行一次。2003年5月，首次印俄"因德拉"海军联合演习在印度东部港口城市维沙卡帕特南海域举行。这次海军联合演习令人瞩目，它不仅是印度海军也是俄罗斯海军对外进行的最大规模的军事演习。2005年10月，印俄"因德拉-2005"联合军演仍在印度东部港口城市维沙卡帕特南附近海域举行。在这次海军联合演习之前增加了在印度拉贾斯坦邦塔尔沙漠举行的空降反恐演习。2007年9月，在俄罗斯中部的一个军事基地举行了"因德拉-2007"反恐联合演习。此后，两年一度的印俄"因德拉"联合军演轮流在两国举行。从2014年开始，印俄"因德拉"联合军演每年举行一次，并且开始了空军的联合

――――――――――

① 罗豪：《新世纪俄印军事合作初探》，《国际研究参考》2017年第9期。

演习，但是按兵种单独进行。2017年10月举行的"因德拉-2017"联合军演，首次实行海、陆、空三军联合演习，这极大地促进了两国之间的防务合作。从海军联合演习到海、陆、空三军联合演习，印俄"因德拉"联合军演的升级表明印俄两国在军事技术领域的交流更加密切。

（3）印俄"战略伙伴关系"框架下的经贸合作

印俄经贸合作是两国"战略伙伴关系"框架的重要组成部分，但也是其短板。正因为如此，印俄两国政府相当重视经贸合作，早在1992年印俄两国就成立了"政府间贸易、经济、科技和文化合作委员会"（IRIGC-TEC），以促进两国在经贸、科技和文化领域的合作。在2000年印俄"战略伙伴关系"建立之后，印俄两国在推进两国经贸合作方面做了较大的努力。

第一，加强两国经贸交流合作的制度化。2006年，印度商务部和俄罗斯经济发展部建立了印俄贸易和投资年度论坛。2008年，印度-俄罗斯商会和印俄首席执行官理事会（Council of Chief Executive Officers）成立。印俄首席执行官理事会的主要目的是制定促进两国在商业领域加强合作与伙伴关系的路线图。此外，印俄两国的主要商业机构如印度工业联合会（CII）与俄罗斯工业联合会（RUIE）、印度工商联合会（FICCI）与俄罗斯商会和工业协会（RCCC），都签署了合作协议。这些机制的建立和运行极大地促进了双方的经贸交流合作。如2010年12月20日，印俄贸易和投资年度论坛第四次会议召开，论坛的议程重点是开展油气、工程、汽车制造、冶金基础设施、发电、化工、电信、信息技术、创新和新技术等领域的合作，此后印俄在这些领域的合作加速发展。

第二，印俄双边贸易取得了一定的进展，但总量仍然较小。2000~2001年，印俄双边贸易只有14亿美元。5年之后的2005~2006年，印俄双边贸易达到27.6亿美元，几乎翻了一番。从2006年到2016年，印度和俄罗斯之间的商品贸易年均复合增长率（CAGR）达到6.9%。但是，直到2014~2015年印俄双边贸易额仍然较小，只有63.46亿美元，没有实现 2015 年双边贸易达到 100 亿美元的目标。其中，印度对俄出口额为 20.97 亿美元，占印度出口额的 0.68%；印度从俄进口额为 42.49 亿美元，占印度进口额的 0.95%，印俄商品贸易在印度对外贸易中的比重极低，只占 0.84%。①

在对俄罗斯的贸易中，印度有着高额贸易逆差。2015～2016 年，印度对俄罗斯的商品出口额为 15.88 亿美元，但从俄罗斯的商品进口额达到 45.85 亿美元，是其对俄出口的约 3 倍。2000～2017 年，印度与俄罗斯的进出口贸易情况详见表 4-12。

表 4-12　2000～2017 年印度与俄罗斯的进出口贸易情况

单位：百万美元，%

年份	出口到俄罗斯	从俄罗斯进口	总额	占印度对外贸易的比例
2000～2001	889.01	517.66	1406.67	1.48
2001～2002	798.18	535.51	1333.69	1.4
2002～2003	704.0	592.61	1296.61	1.14
2003～2004	713.75	959.63	1673.38	1.18
2004～2005	631.26	1322.74	1954.01	1.02
2005～2006	733.15	2022.19	2755.33	1.18
2006～2007	903.69	2409.05	3312.73	1.06
2007～2008	940.61	2478.16	3418.77	0.82
2008～2009	1096.34	4328.28	5424.62	1.11
2009～2010	980.69	3566.79	4547.49	0.97
2010～2011	1689.43	3600.02	5289.45	0.85
2011～2012	1778.27	4764.31	6542.58	0.82
2012～2013	2295.68	4231.56	6527.25	0.83
2013～2014	2121.26	3894.40	6015.66	0.79
2014～2015	2097.01	4249.22	6346.23	0.84
2015～2016	1587.81	4584.98	6172.79	0.96
2016～2017	1937.06	5552.30	7489.36	1.13

注：印度统计年度为当年 4 月 1 日到次年 3 月 31 日。

资料来源：印度商务部网站，http：//commerce.gov.in。

_____

① 数据来源于印度商务部网站，http：//commerce.gov.in。

　　印度对俄罗斯的传统出口商品主要有药品、农产品、食品等。药品在 2016~2017 年印度对俄罗斯的出口商品中占了最大出口份额，达到 18.3%。印度茶叶、咖啡、烟草、香料在俄罗斯也有较大的市场需求量。但是引人注目的是一些非传统对俄出口商品，如核反应堆、锅炉、飞机、宇宙飞船等在过去几年中的出口量显著增加。从 2006 年到 2016 年，印度的核反应堆和锅炉的出口增长了 5 倍以上，这是出人意料的。印度从俄罗斯的进口商品主要是钢铁、化肥、核机械等。但是，近年来印度从俄罗斯进口宝石、珠宝首饰的量大幅增加。2016~2017 年，印度从俄罗斯进口的宝石和珠宝首饰占了最大进口份额，达到印度从俄进口的 45.4% 左右。[①]

　　第三，为了促进双边经贸合作，印俄两国为签署全面经济合作协议（CECA）而努力。2006 年 2 月，印俄两国专门建立一个联合研究小组（JSG），来研究和评估印俄签署全面经济合作协议的可能性以及可行性。2007 年 7 月，印俄联合研究小组提交了一份研究报告，认为印俄经济具有较大的互补性，两国可以选择签署 CECA。俄罗斯不是 WTO 成员是两国进一步扩展经贸关系、签署 CECA 的主要障碍。2012 年 8 月，俄罗斯加入 WTO，这为印俄签署 CECA、建立自由贸易区提供了可能。2014 年 5 月，俄罗斯、白俄罗斯、哈萨克斯坦三国签订《欧亚经济联盟条约》，宣布欧亚经济联盟（Eurasian Economic Union，EAEU）于 2015 年 1 月 1 日正式启动，亚美尼亚和吉尔吉斯斯坦先后加入。由俄罗斯主导的、有 5 个成员国的欧亚经济联盟对印度有着较大的吸引力，印度随即与欧亚经济联盟建立了联合研究小组，以专门研究印度-欧亚经济联盟自由贸易区（India-EAEU FTA）建立的可行性。2016 年 12 月，联合研究小组提供可行性报告，认为印度-欧亚经济联盟自由贸易区的建立是可行的，而且是互利的，它将使印度与欧亚经济联盟的双

---

① Ramneet Goswami, "India-Russia: Bilateral Economic Relations," June 2017, http://pahleindia.org/pdf/v4-i6（1）-aoo2.pdf.

边贸易额在 2025 年达到 370 亿~620 亿美元。此后，印度致力于推动印度-欧亚经济联盟自由贸易区谈判和建立，这将进一步促进印度与俄罗斯经贸关系的发展。

第四，在直接投资方面取得一定进展。2006 年印度提出"德里—孟买工业走廊"（DMIC）计划，项目投资总额可能会超过 1000 亿美元，需要大量的外国投资。2014 年俄罗斯总统普京在访问印度期间表示俄罗斯将参与"德里—孟买工业走廊"计划的投资，同时欢迎印度企业进入俄罗斯制药、化肥、能源等领域。但是，直到 2014 年 1 月，印俄的双边投资并不多，总额约为 80 亿美元。[①] 在莫迪政府的大力推动下，印俄之间的直接投资才有了快速增长。2016 年 10 月，在印俄首脑第 17 次年度会晤上，印度总理莫迪与俄罗斯总统普京签署了多项关于经贸、投资、能源、科技等领域的合作协议和谅解备忘录。莫迪总理表示在过去四个月，印度在俄罗斯能源领域的投资达到 55 亿美元。据 2015 年 6 月印度外交部发布的《印俄关系》报告中的数据，印俄双边投资达到 100 亿美元，其中印度在俄罗斯的投资约为 70 亿美元，俄罗斯在印度的投资约为 30 亿美元。2016 年 12 月印度外交部发布的《印俄关系》报告中的数据表明印俄双边投资有了大幅增长，达到 235 亿美元，其中印度在俄罗斯的投资约为 130 亿美元，俄罗斯在印度的投资约为 105 亿美元。[②]

尽管印俄经贸合作在双方努力下取得一定进展，但是与印俄的"战略伙伴关系"以及"特别的、优先的战略伙伴关系"相比，仍是极不相称的。经贸合作的短板也将制约印俄战略伙伴关系的进一步深化。

[①] "India – Russia Relations," https：//mea. gov. in/Portal/CountryQuickLink/597_Russia_January_2014. pdf.

[②] "India – Russia Relations," https：//www. mea. gov. in/Portal/ForeignRelation/India_Russia_Relation_DEC2016. pdf.

（三）东向行动政策[①]

莫迪上台后，强化东向政策，把"东向"升级为"东向行动"，并把"东向行动"的范围扩展到包括美国、中国、澳大利亚、斐济以及蒙古国、韩国在内的整个亚太地区，"东向行动政策"演变成名副其实的亚太政策。

1. 东向行动政策的出台

在莫迪执政之初，其东向政策最重要的表现是他对日本、美国的访问，这时他仍沿用"东向"的概念。2014 年 8 月底 9 月初，莫迪访问日本时，两国发表了《印日特殊的全球战略伙伴关系东京宣言》，把双边关系提升为"特殊的全球战略伙伴关系"，并且强调日本在印度东向政策中处于核心地位。[②] 在这场亚太地区的外交首秀中，莫迪既表明了本届政府对东向政策的坚持，也以宣言的形式明确了日本在东向政策中的核心地位。在印度把日本与东盟一起作为东向政策的核心后，印度东向行动的步伐大大加快了。

2014 年 9 月底，莫迪借出席联合国大会之机，对美国进行首次正式访问。在与奥巴马总统举行的联合新闻发布会上，莫迪说道："包括亚太地区的和平、稳定在内，我们两国在众多国际问题的合作上取得了重大进展。美国是我们'东向'和'西联'政策不可或缺的一部分。"[③] 把美国纳入东向政策中，这在印度东向政策史上是首次，它不仅仅是东向政策地域范围的扩大，更重要的是其外交地位的提升，这也

---

① 此部分内容可参见余芳琼《莫迪政府的亚太政策：从"东向"到"东向行动"》，《东南亚南亚研究》2017 年第 2 期。

② 参见 "Tokyo Declaration for India-Japan Special Strategic and Global Partnership," September 1, 2014, http://www.mea.gov.in/bilateral-documents.htm。

③ "Remarks by Prime Minister at the Joint Press Briefing with U.S. President Barack Obama," Washington D.C., September 30, 2014, http://www.mea.gov.in/Speeches-Statements.htm.

是东向政策成为亚太政策关键的一步。同时，莫迪也把印美合作与亚太地区的和平、稳定联系起来。9 月 26 日发行的美国《华尔街日报》刊发了莫迪的题为《邀请你实现"印度制造"》的署名文章，文中大力强调印美关系，称印度与美国的合作有广泛基础，印美合作对亚太地区的和平、稳定有着重要作用。

2014 年 11 月，莫迪访问缅甸并出席印度-东盟峰会以及东亚峰会。在第十二届印度-东盟峰会开幕式的演讲中，莫迪把"东向"政策升级为"东向行动"政策。他说："我的政府已经执政六个月，我们加大融入东方的强度是我们给予该地区优先性的反映……印度已经开始了经济发展、工业化和贸易的新时代。从外部看，印度的'东向政策'已成为'东向行动'政策。"① 这是莫迪首次在正式的外交场合谈到"东向行动"政策，表明印度的"东向"政策正式升级为"东向行动"政策，同时也表明了印度将加速全面融入、参与亚太地区的决心。

希拉里在 2011 年 7 月访问印度时的一次演讲中鼓励印度不仅仅要"东向"，更要"融入东方和向东行动"（engage East and act East）。在莫迪的领导下，印度的"东向政策"加速向"东向行动政策"演变。早在 2014 年 8 月，印度外长苏希玛·斯瓦拉吉在访问越南时就表示："印度此前奉行'东向政策'，现在不该只是'看'而是'行动'的时候了。在莫迪政府治理下，我们将采取'东向行动政策'。"②

莫迪政府之所以把"东向政策"升级为"东向行动政策"，主要有以下几方面的原因。

第一，把"东向政策"升级为"东向行动政策"源于印度大国战略的驱动。成为世界大国是印度独立以来的民族梦想，但独立之后的印

---

① "Opening Statement by Prime Minister at the 12th India-ASEAN Summit," Nay Pyi Taw, Myanmar, November 12, 2014, http：//www. mea. gov. in/Speeches - Statements. htm.

② 转引自 Manish Chanel，"Act East：India's ASEAN Journey," November 10, 2014, http：//mea. gov. in/in-focus-article htm？24216/cut+east+indias+asean+journey.

度长期困于南亚地区，直到冷战结束时仍然只是一个南亚地区大国，这与世界大国的梦想相差甚远。冷战结束后，在国内国际局势都发生巨变的情况下，印度政界精英重新思考大国梦想，认为印度要成为世界大国，首先必须摆脱南亚地区的地缘政治限制，以东南亚地区为突破口走向亚太地区，从亚太走向世界，从而实现大国梦想，这是印度大国梦想实现路径的重新选择，由此促使东向政策出台。一方面，莫迪政府升级东向政策肯定了从亚太走向世界的方向性选择；另一方面，其深感前几届政府在实施东向政策方面力度不够，印度必须加快"东进"步伐，成为名副其实的亚太大国，从而实现大国梦想。

第二，亚太地区局势的变化给印度"东进"提供了更多的机会，也为莫迪政府把"东向政策"升级为"东向行动政策"提供了有利的条件。冷战结束以来，亚太地缘政治格局最大的变化就是中国的发展，尤其是 2010 年中国的 GDP 超过日本，成为世界第二大经济体。美国认为中国崛起造成了亚太地区力量的失衡，因此要重返亚太，实施"亚太再平衡"战略。由于 2008 年国际金融危机之后美国实力衰退，仅仅依靠自己及其亚太盟友的力量无法有效实现亚太再平衡，寻找新朋友成为美国实施"亚太再平衡"战略的关键。而印度以其人口规模、经济及军事力量成为美国拉拢的重要对象。

日本对中国的发展更是心存忧虑。在日本看来，只有把南亚大国印度拉入亚太地区地缘政治格局，才能有效抗衡由中国发展引起的地缘政治力量的失衡。除了美国、日本积极支持印度"东进"外，东盟国家及澳大利亚等亚太地区力量对印度"东进"也是持积极支持的态度。

第三，"东向政策" 20 多年的实施为"东向行动政策"奠定了物质和制度基础。自 1991 年拉奥政府提出东向政策以来，东向政策的实施取得了巨大进展。1992 年印度成为东盟的"部分对话伙伴"，1995 年成为东盟的"全面对话伙伴"，1996 年加入东盟地区论坛。2002 年印度与东盟建立 10+1 合作机制，2003 年开始自由贸易谈判，2009 年谈判结束，签订了货物贸易协定，协定于 2010 年生效实施。印度与东盟的双边贸易也由 1991 年的 18.5 亿美元上升到 2014 年的 700 多亿美元。2012 年印度-东盟关系升级为"战略伙伴关系"。除此之外,印度与日本的关系也有较快发展,2000 年印度与日本建立"全球伙伴关系",2006 年升级为"全球战略伙伴关系"。2011 年 2 月,印日两国签署《印日全面经济伙伴关系协定》,协定于同年 8 月正式生效。直到 2014 年,印度参加了东盟地区论坛、东亚峰会、东盟防长扩大会议以及东盟海事论坛扩大会议(EAMF)等亚太地区合作机制,与东盟、日本、韩国建立了自由贸易区,这些制度性的联系以及经贸关系的发展是印度进一步"东向行动"的基础。

2. 东向行动政策的目标及实施进展

东向行动政策与东向政策相比,在目标定位上更为明确。2015 年 12 月 23 日,印度外交国务部长 V. K. 辛格(V. K. Singh)在印度人民院就有关"东向行动政策"的问题进行答疑。他认为:"东向行动政策的目标是促进印度与亚太地区国家之间的经济合作、文化联系以及发展战略关系,焦点是亚太地区的延伸邻国(the extended neighbourhood)。"① 目标锁定亚太地区。而在 1991 年东向政策出台时印度对地区定位相对模糊。拉奥政府在其"外交政策决议"中指出,"一直以来,印度主要面向西方,加强与西方国家在政治、经济、商业和文化上的联系;现在也是转向注重东方的时候了,发展同东南亚、远东国家间的投资贸易关系、政治对话和文化联系"②。"东方"既是相对于欧洲等西方国家而言的,也是指印度以东的亚洲国家,在地域上应该涵盖整个亚太地区。从这点看,东向行动政策作为东向政策的升级,在本质上与其是一致的,差别就在于东向行动政策有更明确的态度、更大胆的行动。正因如此,东向行动政策自实施以来取得了较为显著的成果。

首先,东向行动政策的实施范围大大扩展,把东向政策时期忽略的

---

① "Question No. 4062, Act East Policy," December 23, 2015, http://mea. gov. in/lok-sabha. htm? dtl/26237/question+no4062+act+east+policy.

② 参见杜朝平《论印度"东进"政策》,《国际论坛》2001 年第 6 期。

一些国家包括在内。最突出的表现就是莫迪总理对澳大利亚、斐济、蒙古国和韩国进行访问，印度与这些国家进一步加强关系。2014 年 11 月 14~18 日，莫迪总理利用出席在澳大利亚布里斯班举行的金砖国家峰会和二十国集团峰会之机，访问澳大利亚，这是印度总理时隔 28 年首次访问澳大利亚，也是对 2014 年 9 月澳大利亚总理托尼·阿博特访问印度的回访。在托尼·阿博特访问印度期间，双方签署了具有里程碑意义的《民用核能合作协议》。在其后发表的联合声明中，双方表示将把建立经济合作伙伴关系放在优先地位，加强在基础设施、资源、农业、制造业、医疗、教育等部门的合作，并且重申建立一个有合作机制支撑的和平、繁荣和稳定的亚太地区的渴望。在莫迪访问澳大利亚时，两国签署了关于在反恐、网络安全、海事安全和军事交流等方面进行安全合作的框架协议。两国还约定于 2015 年举行首次双边海上联合军演。2015 年 9 月，印澳两国海军在印度东海岸孟加拉湾举行了首次双边海上联合军演。印度与澳大利亚军事安全合作的快速推进是印度东向行动政策的亮点之一。

2014 年 11 月 19 日，莫迪访问斐济，成为 33 年来首次访问斐济的印度总理。斐济有较多的印度裔人口，莫迪利用机会与所有出席太平洋岛国论坛的领导人举行会谈，加强联系，并释放出与太平洋地区岛国建立安全合作关系的强烈信号。此外，印度对该地区所有 14 个岛国实施落地签证政策。最重要的是印度-太平洋岛国合作论坛（FIPIC）首届峰会在苏瓦举行，印度与南太平洋岛国领导人会晤机制的建立表明南太平洋地区在印度外交战略中的地位提升。2015 年 8 月，第二届印度-太平洋岛国合作论坛峰会在印度斋浦尔（Jaipur）举行，印度与 14 个岛国的代表参加了此次论坛，就印度与太平洋岛国在经贸、科技、防灾减灾、联合国气候变化谈判、共同实现联合国发展目标等方面的合作进行了讨论。

2015 年 5 月 16 日，莫迪访问蒙古国，成为印蒙两国建交 60 周年以来首位访蒙的印度总理。莫迪认为蒙古国是印度东向行动政策必不可少的一环,两国的命运与亚太地区的未来紧密相连。印度向蒙古国提供 10 亿美元贷款,以扩大蒙古国的经济规模和基础设施建设,而且两国决定将双边关系从综合性的关系提升为"战略伙伴关系"。2015年 5 月 18 日,莫迪开始对韩国进行正式访问,在双方发表的《印韩特殊的战略伙伴关系联合声明》中,印度把韩国看作其"东向行动政策"中不可或缺的合作伙伴,并且两国认识到双边合作关系对亚太地区和平、稳定、安全的价值与贡献。两位领导人同意,双方应共同努力,找到东北亚和平与合作倡议(NAPCI)与东向行动政策之间的互补性,以实现共同的目标。①

其次,东盟仍然是东向行动政策的核心。自东向行动政策在 2014年第十二届印度-东盟峰会上提出以来,印度一直强调东盟是东向行动政策的关键支柱和基础。印度外交国务部长 V. K. 辛格在 2015 年 12 月23 日印度人民院的讲话中表示:东向行动政策的重点是印度与东盟在基础设施、制造业、贸易、技能、城区改造、智能城市等领域的合作。而印度与东盟的互联互通项目以及空间、科技合作和人文交流将成为区域一体化和繁荣的出发点。2016 年 9 月 8 日,在老挝万象举行的第十四届印度-东盟峰会开幕式上,莫迪总理再次强调:东盟是印度"东向行动政策"的核心,印度与东盟的关系是地区平衡与和谐的源泉。

正因如此,在东向行动政策框架下印度与东盟的关系向纵深发展,有了质的飞跃。2014 年 11 月,印度与东盟服务贸易及投资协议签署,2015 年 7 月 1 日该协议生效实施。2015 年 8 月《2016—2020 年行动方案》出台,这是印度与东盟继《2004—2010 年行动方案》《2010—2015年行动方案》之后的第三个行动方案,该行动方案 130 个项目中已经有54 个实施。② 该方案提出印度与东盟的关系的三个支柱是政治安全、经

---

① "India-Republic of Korea Joint Statement for Special Strategic Partnership," May 18, 2015, http://www.mea.gov.in/bilateral-documents.htm? dtl/25261/India_Republic_of_Korea_Joint_Statement_for_Special_Strategic_Partnership_May_18_2015.

② "ASEAN-India Relations," http://mea.gov.in/aseanindia/20-years.htm.

济和社会文化合作。2015 年 11 月，在马来西亚召开的第十三届印度-东盟峰会上，印度提供 10 亿美元的信用贷款来推动实施印度与东盟物理与数字的互联互通（physical and digital connectivity）项目，并建立本金为 50 亿印度卢比的项目发展基金，用于在 CLMV 国家（指柬埔寨、老挝、缅甸和越南四国）建立制造业中心。2016 年 8 月，东盟研究中心在印度梅加拉亚邦首府西隆（Shillong）的东北希尔大学（NEHU）建立，该中心的主要目的是推动印度-东盟的科研项目、研讨会以及与此相关的活动。东向行动政策框架下印度与东盟的进出口贸易情况见表4-13。

表 4-13　2014~2018 年 2 月印度与东盟的进出口贸易情况

单位：亿美元

年份	出口到东盟	从东盟进口	总额
2014~2015	318. 1	447. 1	765. 2
2015~2016	251. 5	399. 1	650. 6
2016~2017	309. 6	406. 2	715. 8
2017（4 月）~2018（2 月）	305. 6	423. 6	729. 2

注：印度的统计年度是当年的 4 月 1 日到次年的 3 月 31 日。

资料来源：印度商务部网站，http://commerce.gov.in，经作者整理。

印度与东盟的政治安全合作主要在已有的框架下进行。2015 年 9 月，印度参加了在印尼美娜多举行的第四届东盟海事论坛扩大会议；2015 年 11 月 4 日，印度国防部长参加了在吉隆坡举行的第三届东盟防长扩大会议。另外，2015 年 4 月，印度还向雅加达派驻了独立的驻东盟和东亚峰会的使团，由专门的使节来加强与东盟以及以东盟为中心的各项合作。

印度与东盟国家关系升级，印度已提升了与印尼、越南、马来西亚及新加坡的战略伙伴关系。其中最令人瞩目的是印度与越南关系的发展。在东向行动政策中，越南被定位为"具有重要意义的支柱"，是该政策中的前沿国家之一。印越之间的高层互访不仅强化了传统友谊，也促进了印越战略伙伴关系的发展。2014 年 9 月，印度总统慕克吉访问越南，紧接着越南总理阮晋勇（Nguyen Tan Dung）于 10 月访问印度。2015 年 3 月，越南祖国阵线主席阮善仁访问印度。5 月，越南国防部长冯光青访问印度，与印度国防部长帕里卡尔（Manohar Parrikar）在新德里签署了《2015—2020 年印越国防合作共同愿景声明》，两国同意加强包括海上安全合作和军事训练活动在内的国防合作。10 月，印度政府为越南提供 1 亿美元的信贷以帮助越南国防采购以及军队的现代化。2016 年 6 月，印度国防部长帕里卡尔访问越南，以讨论双边军事合作领域的新举措。2016 年 9 月，莫迪总理在访问越南时，把印越"战略伙伴关系"提升为"全面战略伙伴关系"，加强包括政治、军事、经济、文化与社会服务在内的各领域的全方位的合作。

再次，日本是印度东向行动政策的又一核心。在 2014 年 8 月底 9 月初的对日访问中，莫迪总理强调日本处于东向政策的核心地位，并把双边关系升级为"特殊的全球战略伙伴关系"。在这种定位之下，印日的战略合作，尤其是在印太地区的战略合作更加密切，并且印日之间的高层互访相当频繁，建立起事实上的首脑年度会晤机制。

2015 年 1 月和 3 月，印日两国分别举行了外交部长年度战略对话和国防部长年度对话。2015 年 4 月，印日在新德里签订了《印日促进投资、贸易以及印太地区经济一体化的行动议程》。2015 年 9 月，印日召集有关部门举行了第一次农业合作对话。2015 年 11 月，印度与日本举行了第二届海事对话。2015 年 12 月，日本首相安倍晋三访问印度，两国决定把"特殊的全球战略伙伴关系"转变为一种"深入的、具有广泛基础的、以行动为导向的伙伴关系"，并发表了名为《印日 2025 年愿景：为印太地区及世界的和平繁荣携手合作的特殊的全球战略伙伴关系》的联合声明，这实际上是两国关系的十年规划，包含两国期望实现的长期的政治、经济和战略目标。在这次印日峰会上，双方还签署了《印日和平使用核能合作协议备忘录》，在一些技术细节包括国内程序敲定后双方再正式签署最终协议。

　　2016 年 11 月，莫迪总理访问日本，与日本首相安倍晋三正式签署了《印日和平使用核能合作协议》，这是日本首次与未加入《不扩散核武器条约》（NPT）的国家签署核能协议。在其后发表的联合声明中，两国宣称将在"印太战略"和"东向行动政策"的框架下展开合作。2017 年 9 月，日本首相安倍晋三访问印度，与印度总理莫迪发表了《印日联合声明：打造一个自由、开放、繁荣的印太地区》（Japan-India Joint Statement：Toward a Free，Open and Prosperous Indo-Pacific），再次宣称要把日本的"自由开放的印太战略"与印度的"东向行动政策"有机结合，加强海上安全合作，改善印太地区的互联互通状况，并在广阔的印太地区与美国、澳大利亚和其他国家加强合作。在这次峰会上，双方签订了建立"印日东向行动论坛"（India-Japan Act East Forum）的合作谅解备忘录。2017 年 12 月 5 日，在印度外交秘书苏杰生（S. Jaishankar）和日本驻印度大使平松贤司（Kenji Hiramatsu）的共同主持下，第一次"印日东向行动论坛"的联合会议在新德里举行，该论坛的宗旨是为印日在"东向行动政策"和"自由开放的印太战略"的框架下提供新的合作平台，该论坛的建立和运行足以证明日本是印度东向行动政策的又一核心。

　　在东向行动政策框架下，印度与日本的贸易关系并未获得实质性的飞跃，但投资关系出现了跨越式的发展。2016 年至 2017 年日本对印度的直接投资达到 47 亿美元，比上一年同期增长 80.15%。2014 年至 2018 年印度与日本的贸易、投资情况见表 4-14。

　　最后，在东向行动政策框架下，进一步加强与美国、中国和俄罗斯等亚太地区大国的关系。其一，印度把东向行动政策与美国的亚太战略相结合，加强美印两国在"印太"地区的合作。对于美国大力宣扬的"印太"概念，印度在最初几年内都是"有限度"地接受和使用该概念，但在莫迪政府宣布实施东向行动政策之后，"印太"概念逐渐成为印度外交中的"热词"。2015 年 1 月，奥巴马总统在访问印度时宣称要与印度加强在"亚太和印度洋地区"的合作，随后美国大力推行印太

表 4-14　2014~2018 年印度与日本的贸易、投资情况

单位：百万美元

年份	出口到日本	从日本进口	贸易总额	日本对印直接投资
2014~2015	5385.57	10131.36	15516.93	2084
2015~2016	4662.67	9850.22	14512.89	2614
2016~2017	3845.73	9754.64	13600.37	4709
2017~2018	4730	10970	15700	1600

注：印度的统计年度是当年的 4 月 1 日到次年的 3 月 31 日。

资料来源：2014~2017 年贸易数据来自印度商务部网站，https：//commerce.gov.in；2017~2018 年贸易数据以及 2014~2018 年投资数据来自印度驻日大使馆官方网站，https：//www.indembassy-tokyo.gov.in，经作者整理。

经济走廊（Indo-Pacific Economic Corridor，IPEC）战略。2016 年 9 月，主管南亚中亚事务的美国助理国务卿尼沙·德赛·彼斯瓦尔（Nisha Desai Biswal）宣称，印太经济走廊正在为建立一个互联互通的印太地区而努力。

2017 年 6 月，莫迪总理在其任内第 5 次访问美国，与美国总统特朗普举行了第一次会谈。在 6 月 27 日发表的《美印联合声明：通过伙伴关系走向繁荣》（Joint Statement-United States and India：Prosperity Through Partnership）中，两国宣称是"印太地区的民主中坚力量"（Democratic Stalwarts in the Indo-Pacific Region），认为印美的紧密合作关系是印太地区和平稳定的关键。[①] 2017 年 10 月，美国国务卿蒂勒森访问印度，双方就"印太"地区的安全挑战、互联互通问题进行讨论。很明显，"印太"俨然成为印美两国的共同话题，加强在印太地区的合作是题中应有之义。

其二，在东向行动政策框架下，印俄在亚太地区的合作日益密切。最突出的表现是印俄"因德拉"联合军演频繁地在俄远东地区和日本

————————————

① "Joint Statement-United States and India：Prosperity Through Partnership," June 27, 2017, http：//mea.gov.in/outgoing-visit-detail.htm？28560/Joint+Statement++United+States+and+India+Prosperity+Through+Partnership.

海水域举行。2014 年的 "因德拉" 印俄联合军演首次在俄远东地区符拉迪沃斯托克（海参崴）附近的日本海水域举行，包括 "什瓦利克" 级护卫舰、"Ranvidzhay" 号驱逐舰和 "沙克蒂" 号补给舰在内的印度舰队与俄罗斯海军太平洋舰队参与了此次演习。2016 年 9 月底 10 月初，印俄 "因德拉 – 2016" 联合军演首次在俄远东滨海边疆区谢尔盖耶夫斯基训练场举行。2017 年 10 月，在谢尔盖耶夫斯基训练场和符拉迪沃斯托克（海参崴）附近的日本海水域举行了 "因德拉 – 2017" 联合军演，这是印俄海、陆、空三军首次联合军演，被印度国防部称为 "印俄防务合作的一次里程碑事件"。此外，在亚太地区事务中，印俄也进行密切合作，双方都参与了包括东亚峰会、上海合作组织、东盟地区论坛等在内的亚太地区合作机制，对于印度加入亚太经合组织的要求，俄罗斯也明确表示支持。

其三，在东向行动政策框架下，印度与中国的经贸合作日益密切。中国政府希望 "一带一路" 建设与 "东向行动政策" 相结合，进一步加强中印合作。但是，印度对 "一带一路" 建设颇有疑虑，2017 年 5 月，在北京举行了 "一带一路" 国际合作高峰论坛，印度没有参加。2017 年 6 月，中印之间因为边界问题发生了 "洞朗对峙事件"，此次对峙直到 2 个多月之后才结束。尽管如此，中印经贸合作仍然密切。据印度商务部的统计，中国从 2013~2014 年开始，连续四年为印度的第一大贸易伙伴。2015~2016 年，中印双边商品贸易额为 707.2 亿美元；2016~2017 年，中印双边商品贸易额达到 714.5 亿美元，占印度对外商品贸易总额的 10.8%。① 中印在金砖国家、亚投行等机制下的经贸合作将进一步加强。

总之，莫迪政府不仅在理论上把 "东向政策" 升级为 "东向行动政策"，而且用实际行动证明印度在积极开展 "东向行动"。与 "东向政策" 相比，印度政府在推行 "东向行动政策" 时目标更明确、范围

---

① 数据来源于印度商务部网站，http：//commerce.gov.in。

更广、层次更清楚、重点更分明、实施力度更大。在"东向行动政策"框架下,印度与亚太国家的经济联系进一步加强。据联合国亚太经社会的统计,2016 年印度商品出口的 32.8%流向亚太地区,美国是最大的出口合作伙伴,占其出口总额的 16.1%;43.7%的进口货物来自亚太地区,中国是最大的供应国,占进口总额的 17.0%。[①] 印度融入亚太经济圈的步伐在加快,印度在亚太地区的影响力在逐步提升。

* * *

纵观印度的亚太战略,经历了从无到有、从分散到整合、从亚洲到亚太的变化。这种变化是由印度的国家大战略和国际国内环境决定的,也与亚太地区格局的变化息息相关。二战结束后亚洲大陆在"反帝反殖"的旗帜下旧格局被彻底颠覆,印度独立,新中国成立,东南亚民族解放运动风起云涌,一个崭新的亚洲已然浮现。独立后的印度在尼赫鲁"泛亚主义"和不结盟的外交框架下,与中国结好,积极支持东南亚地区的民族解放运动,友善处理与日本的关系,并尽量与美苏两大集团保持距离,力求主导"新亚洲"以实现其大国战略。但是,中印关系的恶化以及中印边界冲突的爆发完全击碎了尼赫鲁的梦想,后尼赫鲁时代的印度走上了与苏联准结盟、称霸南亚的道路,亚太地区在其外交战略中被边缘化,这一直延续到冷战结束。

冷战结束后,内外交困的印度开始经济改革,并对外交政策进行调整。环顾四周,亚太地区最具吸引力。此时的亚太地区经济蒸蒸日上、地区经济合作方兴未艾,并有望成为世界经济政治的新中心。从亚太走向世界似乎是印度实现大国战略的最佳路径,"向东看"成为拉奥政府的必然选择,旨在走向亚太地区的"东向政策"由此出台。囿于实力和国际环境,2003 年以前的东向政策把东南亚地区作为亚太战略的突

---

① 数据来源于联合国亚太经社会网站,http://www.unescap.org。

破口，重点发展与东盟及东盟国家的关系，竭力与东盟建立制度性联系，为走向更广阔的亚太地区奠定基础。2005 年后，日本成为东向政策的另一个实施重点，美国、中国、俄罗斯等亚太地区大国也逐渐被纳入东向政策的框架。2014 年 12 月，莫迪把"东向政策"升级为"东向行动政策"，以更积极的姿态参与亚太地区事务，这对亚太地区格局以及亚太地区合作机制的建构产生重要影响。

第五章 印度亚太战略的实施对亚太地区秩序的影响

二战以后的亚太地区秩序主要经历了两个阶段，即冷战时期由美苏主导的两极格局以及冷战结束后亚太地区秩序的调整与转型期。印度推行的亚太战略究竟对亚太地区秩序造成了什么影响？以下分三个时期（冷战时期、东向政策时期、东向行动政策时期）做一些简要分析。

一 冷战期间印度推行的亚太战略对亚太地区秩序的影响

1947 年是印度独立之年，也是美苏冷战肇始之年，它表明了印度独立之后所处的国际大环境。当时美苏冷战的重点在欧洲，亚洲处于风起云涌的民族解放运动之中。印度是第一个独立的亚洲国家，印度首任总理尼赫鲁充满了民族自豪感，认为印度应该为建立独立自主的"新亚洲"而努力；同时由于自己国家的被殖民经历，他对以印度尼西亚为代表的东南亚国家的民族解放运动给予了积极支持，对新中国的成立表示善意。他主张亚洲团结、由亚洲人管理亚洲的事，并付诸实践，于1947 年召开了亚洲关系会议。他不愿意在美苏间做选择，实行不结盟的外交政策，希望在两极格局之外探索出"第三条道路"。印度积极参与对朝鲜战争和第一次印支战争的调停，对美苏实行等距离外交，友善地对待战败的日本。毫无疑问，尼赫鲁的亚洲战略为印度赢得了巨大的国际声望，在 1955 年亚非会议和 1961 年不结盟运动会议召开之时，印度的国际声望达到顶峰。

尽管如此，但印度并未对亚太地区的两极格局造成颠覆性的影响。第一，印度的不结盟政策在亚太地区影响有限，只有缅甸、印度尼西亚、柬埔寨等少数国家采取不结盟政策，其他亚太国家则走上了与"苏"或者与"美"结盟的道路。1950 年 2 月，中国与苏联签订《中苏友好同盟互助条约》，与苏联结盟。美国先后与泰国、菲律宾、澳大利亚、新西兰、日本和韩国签订共同防卫条约，结成双边军事同盟。美苏对峙的大幕在亚太地区徐徐拉开，而印度却无力阻挡。

第二，尼赫鲁总理设想的"亚洲团结"并未真正出现，亚洲因为朝鲜战争的爆发、东南亚条约组织的建立以及第一次印支战争的发生而更加分裂。中印两国在刚成立不久且在国际体系中都无真正话语权的状况下因边界冲突产生敌对行为和心理，这个不幸的事实又因两极格局而使中印陷入传统的地缘政治陷阱，发展成为一种深刻的猜疑和忧虑，在中印之间至今仍挥之不去。

第三，中印边界冲突之后，尤其是 1971 年苏印《和平友好合作条约》签订之后，印度被纳入两极格局，印度的"第三条道路"宣告失败。这既是美苏博弈的结果，也使亚太地区秩序出现了微调，出现了在两极格局下的美巴与苏印抗衡的局面。同时，由于与苏准结盟，印度错失了 20 世纪 60 年代后期开始兴起的、由美国盟友主导的亚太地区经济合作的参与机会。

总之，冷战期间，亚太地区秩序是美苏主导之下的两极格局。在两极格局之下，独立后的印度以尼赫鲁的"泛亚主义"理念做指导，以"不结盟"和"反帝反殖"为号召，希望走亚洲团结之路，希望在印度的领导下亚洲能"自成一极"，但未能成功。1971 年印度选择与苏准结盟，最终淹没于两极格局之中，失去了在亚太地区扩大影响力的机会。

二　冷战结束后印度推行的东向政策对亚太地区秩序的影响

冷战结束后，印度积极推行东向政策，力求拓展自己在亚太地区的战略空间，扩大影响力。经过 20 多年的"东进"，印度在亚太地区的影响力逐渐上升，并对亚太地区的权力构成和地区格局造成了一定的影响，印度也因此成了亚太地区秩序调整与转型的重要参与者和推动力量，使亚太地区不均衡的多极化格局基本形成。

（一）印度逐渐融入、参与亚太地区合作秩序的建构

印度通过加入以东盟为主导的亚太地区合作机制，参与亚太地区合作秩序的建构。在这个过程中，两个事件具有里程碑的意义：一是1996 年印度加入东盟地区论坛；二是 2005 年印度以创始成员国的身份加入东亚峰会。加入东盟地区论坛使印度开始有机会参与亚太地区的安全对话与合作机制的建构，此后印度逐渐加入亚太安全合作理事会、香格里拉对话、东盟防长扩大会议等亚太地区安全合作机制，并成为这些安全合作机制的重要参与者，这充分表明印度已将军事触角逐步延伸到亚太地区。2005 年开始的东亚峰会不仅开创了亚太区域合作的新平台，也创造了亚太区域合作的新模式。印度的加入既是对其"亚太"身份的确认，也表明印度在亚太地区秩序的建构中有了一席之地。因此，参加东亚峰会使印度完成了从"旁观者""参与者"到"建构者"的转变。

而这样的转变得益于印度与东盟关系的发展，得益于东向政策是以政治、经济、文化等和平方式来推行的。正如学者阮宗泽所言：与美国重返亚太强调军事元素不同，印度重视通过参与地区安全架构、加深经济和文化联系等来提高影响亚太事务的能力，被东盟视为"软平衡者"。① 东盟的接纳和欢迎是印度走向亚太的关键。印度学者斯瓦兰·辛格对此有比较明确的阐释，他认为："印度与东盟的伙伴关系使双方得以发展共同的经济安全、能源安全和人的安全等议题，从而使印度成为东盟安全共同体不可分割的一部分。印度已逐渐全面参与亚洲所有的多边机制，并成为东盟活动值得接受的一部分。这为印度提供了与这些国家双边接触的机会，也使印度能够与其中一些传统上很难支持印

---

① 阮宗泽等：《权力盛宴的黄昏：美国"亚太再平衡"战略与中国对策》，时事出版社，2015，第 202 页。

度政策立场的国家发展共同的愿景，这使印度不仅成为亚洲安全共同体范式演进中的一个重要伙伴，更是一个推动愿景转化为现实的利益攸关方。"①

（二）印度成为亚太地区多极化格局的推动力量之一

印度对美、中、俄等亚太地区大国实行积极的平衡外交，成为亚太地区多极化格局的推动力量之一。在《亚洲的多边主义》一书中，学者喻常森对亚太地区的权力结构做了如下分析："目前亚太地区权力分配状况呈现出明显的金字塔式结构的特征。美国作为当今世界唯一的超级大国，也是亚太地区的主导性大国和霸权主义国家，位于权力结构的顶端。排在权力结构第二层的国家有中国、俄罗斯、日本和印度，他们是亚太地区的主要大国。而澳大利亚、韩国和东盟国家，从规模上看都是中小国家，位于亚太地区权力结构的第三层次。"② 这个分析基本反映了亚太地区的权力格局，即一超多强的"不均衡多极化格局"。印度能够被视为"多强之一"，这既是其东向政策取得的重大成就，也是其与亚太地区大国积极发展关系的结果。

冷战结束后，印度积极"东进"，针对亚太地区大国采取平衡外交政策，与中、美、俄、日均建立起"伙伴关系"。其一，印度与中国从建立"建设性合作伙伴关系"到"发展伙伴关系"。1996 年印度与中国建立"面向 21 世纪的建设性合作伙伴关系"，2005 年双方把"建设性合作伙伴关系"升级为"面向和平与繁荣的战略合作伙伴关系"，2014 年中印两国宣布要构建"更加紧密的发展伙伴关系"。其二，印度与美国从建立"新型伙伴关系"到"全球战略伙伴关系"。2000 年印度与美国宣布建立"新型伙伴关系"，2003 年印美"新型伙伴关系"

---

① 〔印〕斯瓦兰·辛格：《安全共同体范式的演变：亚洲的视角》，载张贵洪、〔印〕斯瓦兰·辛格主编《亚洲的多边主义》，时事出版社，2012，第 32 页。

② 喻常森：《亚太国家对中国崛起的认知与反应》，载张贵洪、〔印〕斯瓦兰·辛格主编《亚洲的多边主义》，时事出版社，2012，第 264~265 页。

升级为"战略伙伴关系"，2005 年再次升级为"全球战略伙伴关系"。
其三，印度与日本从建立"全球伙伴关系"到"特殊的全球战略伙伴
关系"。2000 年印日"全球伙伴关系"建立，2006 年升级为"全球战
略伙伴关系"，2014 年再次提升为"特殊的全球战略伙伴关系"。其四，
印度与俄罗斯则完成了从"准盟友"（苏联时期）到"战略伙伴"的
转变。2000 年"印俄战略伙伴关系"建立，2010 年升级为"特别的、
优先的战略伙伴关系"。另外，印度与韩国、越南和澳大利亚也建立了
伙伴关系。

　　无论是"战略伙伴关系""发展伙伴关系"还是"新型伙伴关
系"，其实质都是"伙伴关系"，而且这些"伙伴关系"的建立与升级
时间相差无几。这种大国平衡外交有利于减少亚太地区大国对印度
"东进"的疑虑和阻力，是印度顺利"东进"的重要因素。可以说，正
是因为实行了亚太大国平衡外交，才有了亚太地区大国对印度"东进"
的接纳，正是因为亚太地区大国的接纳，印度在亚太地区的影响力才得
到扩大，印度才成为亚太地区多极化的推动力量之一。这样的外交成就
与经验可能会对印度亚太战略的未来选择产生一定影响。

（三）印度对亚太地区经济一体化产生积极影响

　　印度与东盟、韩国、日本的自由贸易区建设以及参与 RCEP 谈判对
亚太地区经济一体化产生了积极的影响。印度独立后长期实施"进口
替代战略"，对国内产业进行保护，对进出口贸易依存度很低，属于内
需型经济。1991 年印度开始进行经济自由化、市场化的改革，采取
"出口导向"的经济发展模式，积极拓展对外贸易，寻求国际贸易合
作。为此，印度不仅加入了 WTO，还签署了一些具有实质意义的区域
性或者双边贸易协定。但整个 90 年代，印度签署的贸易协定主要集中
在南亚地区和南亚邻国。随着东向政策的推行，进入 21 世纪后，印度
与亚太地区国家和组织启动自由贸易谈判。

　　2003 年印度与东盟签署《全面经济合作框架协议》，2011 年印度

与东盟自由贸易区建成。2006 年 3 月，印度与韩国开始《印度-韩国全面经济伙伴关系协定》谈判，2009 年 8 月 7 日签订了《印度-韩国全面经济伙伴关系协定》，涵盖商品贸易、服务贸易、投资、经济合作等领域。2010 年 1 月 1 日该协定正式生效，它规定印度对来自韩国的 85% 的商品取消或者降低关税，其中 72% 的商品关税降为零；韩国将从印度进口的 93% 的商品的关税取消或者降低。印度承诺通信、会计、医疗、广告、娱乐文化以及运输等服务领域将对韩国开放。在该协定下，印度首次实施"负面清单"管理模式的投资开放政策，除了印度的农业、渔业、矿业等初级产业，包括金属、机械、电子、食品、服装领域在内的制造业也将向韩国企业全面开放。

印度与日本的《印日全面经济伙伴关系协定》于 2007 年 1 月开始进行谈判，2011 年 2 月 16 日签订，同年 8 月正式生效。《印日全面经济伙伴关系协定》是印度与发达国家签订的第一个自由贸易协定，印度与日本的自由贸易协定有利于亚太经济整合。日本是传统的经济强国，印度是新兴经济体的主要代表，二者皆为构建亚太地区经济和政治体系的重要力量。从现实角度来看，印日两国间的经济合作是各取所需、实现双赢的强强联手，但不可否认，二者在经济合作上的战略性接近将对亚太地区乃至整个世界的政治经济格局调整产生举足轻重的影响。①

印度与东盟、韩国、日本签署的自由贸易协定具有示范效应。在印度签署并已实施的 10 个自由贸易协定中，除印度与南盟、斯里兰卡、不丹的自由贸易协定外，其余 7 个都位于亚太地区。印度与韩国、日本、东盟的自由贸易协定有利于亚太经济整合，为印度参加广泛范围内的亚太地区经济合作架构——《区域全面经济伙伴关系协定》（RCEP）的谈判奠定了基础。RCEP 是由东盟国家于 2011 年 11 月在印尼巴厘岛举行的第十九届东盟峰会上提出并以东盟为主导、以 10+6 合作机制为基础的亚太地区经济一体化安排。根据《RCEP 谈判指导原则和目标》

① 陈友骏：《评析日印经济合作关系的发展》，《日本学刊》2012 年第 3 期。

的设计，RCEP 建成后将覆盖 30 多亿人口，区内经济总量接近 20 万亿美元，其将成为目前世界上最大的自贸区。2013 年 5 月，印度作为创始成员国参加了 RCEP 在文莱首都斯里巴加湾市举行的首轮谈判，此后 RCEP 的每轮谈判，印度都参加，它也是 RCEP 第六轮谈判的东道主。

印度参与 RCEP 谈判主要出于以下五方面的考虑。第一，RCEP 作为一种以东盟为基础发展而来的机制，将使印度与东盟的联系更加紧密。第二，RCEP 将有助于印度更深地融入东亚、东南亚地区以及南太平洋地区，这也正是印度"东向政策"的主要目标。第三，印度本身拥有参加 RCEP 谈判的基础，它与东盟、韩国、日本签订了自由贸易协定，与澳大利亚、新西兰的自由贸易协定正在谈判之中。第四，参加 RCEP 的谈判不仅有利于整合印度与东盟、韩国、日本所签订的自由贸易协定，还有利于促进印度国内的经济改革。第五，RCEP 的谈判将为印度的服务业发展提供重要机会。由于服务贸易的自由化对于区域经济整合程度的提升具有重要意义，RCEP 把服务贸易自由化作为谈判重点之一，把交通运输、财务、通信等服务领域的自由化作为目标，以促进区域内制造及流通网络的发展。总之，RCEP 将为印度提供一个更广泛地参与亚太地区经济合作机制的平台，为印度更深地融入亚太经济圈创造条件；同时印度参与 RCEP 谈判也有助于亚太地区经济一体化的发展。

（四）印度的经济实力制约了印度参与亚太地区经济秩序建构的深度与广度

虽然通过推行东向政策，印度在亚太地区的政治影响力逐步上升，但其经济影响力仍较弱。印度仅是东盟的第六大贸易伙伴，是韩国的第十三大贸易伙伴，印度与日本的贸易还不到中日贸易的 5%。更主要的是，印度仍未加入亚太经合组织（APEC），印度在 RCEP 谈判中面临极大挑战，并最终退出了 RCEP 谈判。

1. 印度仍未加入亚太经合组织①

亚太经合组织成立于 1989 年，其宗旨是为亚太地区的经贸合作与发展提供便利平台，促进亚太地区服务、投资的自由化和便利化。它的成立意味着亚太地区地位的凸显，并预示着太平洋世纪的来临。早在 1991 年，印度就向 APEC 递交了加入申请书，但直到现在，印度仍未成为 APEC 的一员。印度之所以被 APEC 拒绝，其原因主要有两种说法：其一是认为印度不是"环太平洋国家"（Pacific Rim Countries），不属于 APEC 的所属地理范围；其二是认为印度加入 APEC，会让该组织在整体上向太平洋西岸的亚洲偏斜，从而对太平洋东岸的美洲国家不利。这两种说法都没有抓住问题的本质，APEC 拒绝印度的根本原因在于印度的经济体制、贸易制度及其与亚太地区的经贸关系等方面的问题。APEC 组织指南对加入该组织的条件做了明确说明：属于亚太地区；与现有的 APEC 成员之间有实质性的、广泛的经济联系，尤其是与 APEC 成员的贸易在其国家贸易中的占比较高；实行以市场为导向的外向型经济政策；接受各种 APEC 宣言所规定的基本目标和原则。

根据这些"加入条件"，1991 年印度才刚刚开始实行以市场化为导向的经济改革，由于冷战以及印度长期推行的内向型经济政策，印度对外贸易非常有限，1947 年印度对外贸易占全球贸易总额的 2%，1990 年下滑到 0.5%，印度与亚太地区的经贸联系非常少。而到 1997 年，印度虽然实行经济改革，推行东向政策，它与东南亚地区的经济、政治及安全联系都在加强，但是总的来看，印度经济还是比较封闭的，与亚太地区的贸易量还是比较小。据印度商务部的统计，1996~1997 年印度进出口贸易额只有 700 多亿美元，其中印度与东盟地区的进出口贸易额只有 58.4 亿美元，与东北亚地区的贸易额有 100.6 亿美元。由此可见，即

---

① 本部分内容可见于余芳琼《印度与 APEC 关系及其对亚太地区经济一体化的影响》，《学术探索》2017 年第 9 期。

使到 1997 年，印度加入 APEC 的时机仍然是不成熟的。印度要加入 APEC，还必须加快国内以市场化为导向的经济改革，加大自由贸易和对外资开放的力度，加强与亚太国家的经贸联系。

1997 年之后，印度的经济改革和对外贸易都取得了巨大成就，印度与亚太地区的经贸联系也在逐渐加强，并且在 APEC 建立的最初几年里反对印度加入 APEC 的澳大利亚、日本和美国与印度的关系也发生了质的变化。2000 年 7 月，澳大利亚时任总理霍华德访问印度，结束了印澳外交史上的冰冻期，两国关系走上正轨。2006 年印度与日本建立"全球战略伙伴关系"，2011 年 8 月《印日全面经济伙伴关系协定》正式生效，两国建立自由贸易区，实现了经贸关系的飞跃。自 2000 年克林顿访问印度后，印美关系发展较快，在美国的"亚太再平衡"战略中，印度占有重要位置，奥巴马曾宣称印美关系是"21 世纪战略性的伙伴关系"。

但是，自 2010 年 APEC 决定终止扩员禁令之后，几年过去了，印度仍未加入 APEC，根本原因仍然是印度的经济体制与贸易制度问题。在世贸组织的多哈及巴厘回合谈判中，印度的态度都比较强硬，这让 APEC 成员担心印度的加入会让 APEC 达成协议更加艰难。即使是已明确表示支持印度加入 APEC 的美国对此也深有疑虑，美国与印度在世贸组织内有贸易争端，美国贸易代表办公室把印度列入"特别 301 条款"优先观察名单，美国与印度在知识产权保护尤其是医药、绿色科技、农业化学、太阳能等领域存在较大争议。这些使美国在印度加入 APEC 问题上表现消极。在 2015 年 11 月 APEC 马尼拉峰会召开前夕，美国副助理国务卿马修斯（Matthews）明确表示，"印度加入 APEC 的问题没有列入马尼拉峰会的议程"，"我们欢迎印度对加入 APEC 产生兴趣。我们欢迎印度研究 APEC，但是我们还没有进行讨论，我相信印度不会在目前正式要求成为 APEC 成员"。① 美国的这种拖延及冷漠态度反映了

---

① Matthew J. Matthews, "Preview of APEC 2015," November 2, 2015, https://fpc. state. gov/249088. htm.

它对印度加入 APEC 的疑虑。实质上，印度在国际贸易谈判中的态度从根本来说是由印度国内经济体制与贸易制度决定的。

因此，印度要加入 APEC，其经济改革、对外贸易自由化和便利化以及商业环境的改善还有很长的路要走。尽管自 1991 年实行经济改革以来印度的贸易总额显著增加，其贸易额约占全球贸易总额的 2%，但与和它同等经济规模的国家相比，印度仍未充分发挥其作为一个贸易国家的潜力。印度与 APEC 成员的贸易额占印度商品贸易总额的 35%，远没有达到 APEC 所要求的成员间贸易占比为 60% 的水平。尽管印度逐步取消了对外国投资者的一些限制，但具体行业的外资参股上限仍不高，尤其是服务业。更重要的是，印度在贸易便利化措施，尤其是在物流效率和海关手续方面仍落后于大多数 APEC 成员。同时，印度的经商环境还需要改善。

2. 印度在 RCEP 谈判中面临挑战，并于 2019 年 11 月宣布退出 RCEP 谈判

印度在 RCEP 谈判中面临的挑战主要有以下几个方面。第一，关税削减问题。根据 ERIP 的研究报告，RCEP 可能采取参与国家一致适用的共同减税措施，把免除成员国之间 95% 的商品关税作为其减税目标。2013 年 5 月在文莱举行的第一轮谈判中，各成员国同意 RCEP 最终商品自由化程度要达到 90%~95%，且于 2018 年先将商品关税降至较低程度。目前东盟与六个自贸伙伴国中，印度的货物贸易保护程度较高，在印度-东盟自由贸易协定中，印度仅承诺免除 79.6% 的商品关税，是东盟六个自贸伙伴国中关税免除率最低的国家。《印度-韩国全国经济伙伴关系协定》规定在 8~10 年（即在 2020 年前）削减印度 85% 的商品关税税目，削减韩国 93% 的商品关税税目；《印日全面经济伙伴关系协定》规定未来 10 年（即在 2021 年前）印日两国将削减 94% 的商品关税税目。由此可见，印度与东盟、韩国和日本的关税削减水平以及完成目标的时间与 RCEP 的要求都有一定的差距。每一项关税的削减都涉及国内的相关产业，再加上印度制造业总体实力较弱，因此印度在 RCEP

的货物贸易谈判中会面临来自国内外的巨大压力。

第二，印度在服务贸易的谈判中也面临挑战。RCEP以东亚新兴经济体为主体，反映新兴经济体以制造业和出口导向为主的竞争优势及诉求。虽然RCEP谈判把服务贸易自由化作为谈判目标之一，但是由于东盟以及东盟10+1自由贸易协定的设计以制造业为核心，在东盟现行的自由贸易协定中，涉及服务贸易自由化的内容非常有限，对服务业的开放水平总体较低，仅略高于WTO成员入世承诺，而且服务业自由化对每个国家来说都是非常敏感的问题，因此在以东盟为主导的RCEP谈判中印度要利用自己服务业的优势来实现利益最大化并不是容易的事。

第三，与中国的谈判也是印度面临的挑战。在RCEP的创始成员国中，印度与其他成员国要么签订了自由贸易协定，要么正在进行自由贸易谈判，唯独与中国还没有开始自由贸易谈判。其实早在2005年，中国时任总理温家宝访问印度期间，两国就宣布启动关于"中印区域贸易协定"（RTA）的可行性及方案的联合研究，并为此组建了联合研究小组，该小组于2007年10月如期完成了联合研究报告，但中印两国至今仍未开始此项谈判。李克强总理在2013年5月访问印度时表示愿意与印度进行区域贸易协定谈判。但鉴于比较强大的中国制造业，印度的顾虑是显而易见的。印度的一些企业家尤其是制造业领域的企业家非常担心与中国建立自由贸易区会损害其利益。印度与中国的贸易逆差在扩大。根据印度商务部的数据，2013~2014年印度与中国的进出口贸易总额为658.6亿美元，印度的贸易逆差为362亿美元；2014~2015年印度与中国的进出口贸易总额为723.5亿美元，印度的贸易逆差达到484.7亿美元；2016~2017年印度与中国的进出口贸易总额为714.5亿美元，印度的贸易逆差则达到511.1亿美元。①

面对印度参加RCEP谈判的利弊，印度现任总理莫迪认为："RCEP将是地区经济一体化和繁荣的起点……我们应该旨在达成平衡的协定，

---

① 印度商务部网站，http://commerce.gov.in。

它在商品和服务贸易领域有同等的雄心勃勃的议程和类似的时间表，这样的协定将对所有人都有利，而且，在本质上是真正全面的。"① 在以RCEP 为代表的亚太地区经济合作机制建构中，印度想要发出自己的声音，实现自己的诉求，但是这些诉求深受印度实力的制约，因此 2019年 11 月印度宣布退出 RCEP 谈判。尽管 RCEP 最终签署，但印度的退出仍在一定程度上影响了亚太地区经济合作的推进。

总之，印度的经济实力、经济自由化及其贸易便利化的程度制约了其融入亚太经济圈、参与亚太地区经济合作机制建构的深度与广度。但总的来看，通过推行"东向政策"，印度已成为亚太地区秩序的重要参与者、建构者和亚太地区多边主义中不可忽视的一极。

三 东向行动政策对亚太地区秩序的影响

东向行动政策对亚太地区秩序的影响有待评估，但非常明确的是：莫迪政府强势推行东向行动政策，进一步提升了印度在亚太地区的影响力；印度对"印太"概念的认同感以及印、美、日、澳在印太地区的利益聚合度与日俱增。

（一）东向行动政策进一步提升了印度在亚太地区的影响力

在莫迪政府的强势推行下，东向行动政策已取得令人瞩目的外交成就。印度已经从中国吸引了大量投资，同时深化了与美国的合作关系，并把印日关系、印俄关系、印度与东盟关系、印澳关系推向了一个新的高度。印度加入 APEC 的愿望已得到美国、中国、俄罗斯、日本、澳大利亚等亚太国家的明确支持，印度也曾积极参与 RCEP 的谈判。毫无疑问，东向行动政策在印度经济实力不足的情况下取得了较大成功，进一步提升了印度在亚太地区的影响力。

---

① 转引自 Satu Limaye，"India-East Asia Relations：Acting East under Prime Minister Modi？" *Comparative Connections*，Vol. 16，No. 3，2015。

东向行动政策的成功推行给了莫迪总理以更大的信心，他要求外交官们"摒弃旧观念"，并将印度定位为"一个领导角色，而不仅仅是全球的平衡力量"。在明确成为领导力量的外交政策的同时，印度更希望看到一个多极化亚洲和一个多极化世界，并表达了"承担更大的全球责任"的愿望。① 要实现这样的愿望，印度必须在外交政策的推行中更加积极、主动和强势。其中，最鲜明的事例就是印度在东向行动政策框架下强势推动印度与越南关系快速发展。

越南在亚太地缘政治中居于重要地位，越南的胡志明港、海防港、金兰湾、岘港都是地缘战略要塞，在这些港口部署军事力量，可以有效地威慑南海地区，控制太平洋到印度洋的航线并辐射整个亚太地区。这样的地缘战略位置对决心要在亚太地区发挥影响力的印度来讲，非常具有吸引力。因此越南是印度东向行动政策实施的重点国家之一。

2016 年印越"全面战略伙伴关系"的建立是印度"东向行动政策"的重大成果之一。在东向政策时期，印度在与越南发展关系时常会因顾及中国的感受而有所克制。在东向行动政策框架下，印度强势推进与越南的关系，这对中印关系、南海争端、亚太力量平衡以及亚太地区秩序将产生什么样的影响有待评估。

（二）在"印太"语境下，美、印、日、澳的利益聚合及其对亚太地区秩序的影响

在东向行动政策的推行过程中，莫迪政府对"印太"概念的认同度越来越高，这反映在印度高层对外交往时的演讲以及印度与美、日等国发表的共同声明之中。2015 年 1 月美国总统奥巴马访问印度时，双方发表的联合声明还只是用"亚太和印度洋地区"。而 2015 年 12 月日本首相安倍晋三访问印度时，双方发表的联合声明为《印日 2025 年愿

---

① Ajaya Kumar Das, "India in the Asia-Pacific: Roles as a 'Balancer' and Net Security Provider," April 28, 2016, http://cimsec.org/india-asia-pacific-roles-balancer-net-security-provider/24798.

景：为印太地区及世界的和平繁荣携手合作的特殊的全球战略伙伴关系》，直接明确地使用"印太"概念。此后，在印美、印日的高层互访中，"印太"成为热词，"印太"地区的安全与合作成为主要话题。

澳大利亚作为"印太"概念的积极倡导者，对于印度这个"犹豫者"的转变甚是欢迎，印澳两国在印太地区的合作引人注目。2017 年 4 月，澳大利亚总理马尔科姆·特恩布尔（Malcolm Turnbull）对印度进行国事访问，在两国发表的联合声明中，两国总理重申在相互尊重和合作的基础上，致力于建立一个和平、繁荣的印太地区。2017 年 7 月，澳大利亚外长朱莉·毕晓普（Julie Bishop）访问印度，在《印度教徒报》（The Hindu）上发表题为《澳大利亚与印度：地区安全与繁荣的伙伴》的署名文章，表示："确保印太地区——世界上最具活力的地区——保持和平和繁荣是我们的共同承诺。"① 2017 年 12 月 12 日，首届印度-澳大利亚"2+2"外交秘书和国防秘书对话（Foreign Secretaries and Defence Secretaries' Dialogue）在新德里举行，重点讨论两国的战略和国防关系，双方表示两国的战略观点日益融合，一致认为一个自由、开放、繁荣、包容的印太地区符合本地区乃至世界各国的长远利益。

在"印太"语境下，美、日、印、澳四国之间的战略互动得到加强，最突出的表现就是 2017 年 11 月 12 日在马尼拉重启"四边安全对话"（Quadrilateral Security Dialogue）。"美日印澳"战略合作是日本首相安倍晋三在 2006 年提出的，2007 年 5 月，四国在马尼拉举行首次战略对话，9 月在孟加拉国举行了联合军演。但随后，由于该对话机制围堵中国的鲜明意图遭到中国强烈反对，部分成员国担心该战略对话进一步发展会过度刺激中国，因而更加谨慎，2008 年以来"美日印澳"对话机制陷于停滞。2017 年重启四边安全对话说明美日印澳四国在"印太"语境下找到了新的共同利益点。

---

① Julie Bishop, "Australia and India: Partners in Regional Security and Prosperity," July 20, 2017, http://www.thehindu.com/opinion/op-ed/partners-in-regional-security-and-prosperity/article19303212.ece? homepage=true.

　　这次四边安全对话的主题是"自由、开放的印太地区",与会方围绕该主题讨论了七个核心议题:基于规则的亚洲秩序、航行自由和公海上空飞行自由、尊重国际法、加强互联互通、海上安全、朝核问题与核不扩散以及恐怖主义。对话结束后,美国国务院、印度外交部、澳大利亚外交和贸易部以及日本外务省都发表声明,阐述了讨论的内容。这四项声明都强调,四边安全对话的基础是"愿景和共同利益的聚合"①。

　　印度一扫以前的犹豫,以积极态度参与美日印澳四边安全对话,体现了莫迪强势的外交风格,也表明印度对中国的疑虑在加深。印度正试图通过联合美国、日本、澳大利亚、越南等亚太地区的主要国家,来平衡中国在该地区的影响力。在"印太"语境下,印度未来怎样处理与中、美、日、澳等亚太地区大国的关系?美日印澳四边安全对话的未来走向以及它对亚太地区秩序将会产生什么影响?印度将以何种方式来实现其在亚太地区发挥更大作用的期望?这些问题的答案主要取决于印度亚太战略的未来选择。

* * *

　　尽管印度在冷战结束后才逐渐形成统一的亚太战略,但印度对亚太地区的关注从其获得独立时就开始了。印度首任总理尼赫鲁在"泛亚主义"的理念下,主张亚洲团结、亚洲的事由亚洲人管理,并积极展开外交行动。但是,由于实力有限,印度在亚太地区的外交努力终究没能撼动主导亚太地区秩序的美苏两极格局。随着中印关系的恶化、印巴战争的爆发,印度走上与苏联准结盟的道路,亚太地区在印度外交战略中被边缘化,印度也失去了在亚太地区扩大影响力的机会。

　　冷战结束后,内外交困的印度重新关注亚太地区,提出了"东向

---

①　参见 Ankit Panda, "US, Japan, India, and Australia Hold Working-Level Quadrilateral Meeting on Regional Cooperation, The 'Quad' Is Back," *The Diplomat*, November 13, 2017, https://thediplomat.com。

政策”并积极推行。在东向政策框架下，印度不仅加入了以东盟为主导的亚太地区合作机制，还参与亚太地区合作秩序的建构；不仅完成了从亚太地区合作秩序的“旁观者”"参与者"到"建构者"的转变，还成为亚太地区多极化的推动力量之一。但是，印度的经济实力制约了印度参与亚太地区经济秩序建构的深度与广度。2014 年 5 月，以"发展经济、提高施政水平"的主张得到选民支持的纳伦德拉·莫迪组建新政府，11 月莫迪把"东向政策"升级为"东向行动政策"，进一步加大"东进"亚太地区的力度。莫迪政府以何种方式推行东向行动政策及其对转型中的亚太地区秩序将造成何种影响，有待观察和评估。

第六章　印度亚太战略的未来选择与亚太地区秩序的架构

目前，印度究竟将以何种方式推行其亚太战略——"东向行动政策"引人注目。在亚太地区秩序重构的背景之下，作为"摇摆国家"的印度，其亚太战略的未来选择将对亚太地区的力量平衡产生重大影响，并进一步影响亚太地区秩序的架构。

一　影响印度亚太战略未来选择的因素

印度亚太战略的未来选择将受到多种因素的影响。其中，亚太地区格局、印度在亚太地区的外交战略目标以及印度综合国力是最主要的影响因素。

（一）亚太地区格局对印度亚太战略未来选择的影响

冷战结束后，亚太地区形成了以以美国为中心的双边同盟体系、有中国参与的多边安全制度、由东盟开创的规范共同体为主的基本格局。但是，由于中国、印度等地区权力中心的逐渐发展，美国"亚太再平衡"战略的实施、延续及"印太"战略的推出，中美俄日印等大国关系的变化以及全球化与区域化的深化等，目前的亚太地区格局处于变革之中。印度对于亚太地区格局及其影响因素的认知将影响印度亚太战略的未来选择。在此，主要从两个方面来探讨它们之间的影响。

1. 美国的"亚太再平衡"战略与印度的"东向行动政策"

在印度"东向行动政策"的未来选择中，美国的"亚太再平衡"战略以及特朗普总统对该战略的延续及其影响是印度必须考虑的重要因素。

为了突破小布什政府在内政外交上的困局，2009 年奥巴马政府上台后就开始重新思考对亚太地区的定位，并调整其亚太战略，其国务卿希拉里·克林顿一上任，便打破传统，首次出访即选择亚洲四国（日本、印尼、韩国和中国），显示了奥巴马政府希望扩大并强化与亚洲国家伙伴关系的愿望。希拉里·克林顿在《美国的太平洋世纪》一文中指出，"未来的政治不由阿富汗和伊拉克决定，而是由亚洲决定，美国处在这一行动的中心"，"未来 10 年美国外交战略最重要的使命之一，将是把在外交、经济、战略和其他方面大幅增加的投入锁定于亚太地区"。① 2012 年 1 月 5 日，美国国防部发布《维持美国的全球领导地位：21 世纪国防的优先任务》报告，主张缩小陆军规模，减少在欧洲的军事力量，将美国军事重心转向亚太地区。② 在 2012 年 6 月举行的第十一届香格里拉对话上，美国时任国防部长帕内塔在其《美国对亚太的再平衡》的演讲中，重点谈论美国在亚太地区的作用以及美国推进的"亚太再平衡"的新军事战略，宣称 2020 年前美国将把 60%的战舰部署到亚太地区。至此，美国的"亚太再平衡"战略基本成型。

由于其强烈的军事含义，美国的"亚太再平衡"战略在亚太国家中引起巨大争议。为了消除亚太国家对该战略的疑虑和担忧，美国总统国家安全事务助理托马斯·多尼伦（Thomas Donilon）于 2012 年 11 月 15 日阐述了美国"重返"亚太的五大要素，包括："（1）加强与亚太地区安全盟友的关系；（2）强化与新兴力量如印度之间的现有关系；（3）建立全球与地区机制；（4）寻求与中国建立稳定与建设性的关系；

---

① Hillary Clinton, "America's Pacific Century," *Foreign Policy*, November 2011.

② "Sustaining U. S. Global Leadership：Priorities for 21st Century Defense," January 5, 2012, http：//www. defense. gov/news/Defense_Strategic_Guidance. pdf.

（5）建设地区经济架构。"① 他强调"亚太再平衡"战略并不只是关系到美国的军事存在，还包括寻求利用美国的各种力量——军事、政治、贸易与投资、价值观来实现"亚太再平衡"。美国东亚和太平洋事务助理国务卿丹尼尔·拉塞尔（Daniel Russell）于 2013 年 7 月 22 日在华盛顿外国记者中心表示，美国的"亚太再平衡"战略有三大重点："一是将美国在该地区的同盟关系现代化并升级，二是积极参与并投资该地区机制的建构，三是要同该地区的新兴国家建立更好、更紧密的关系。"② 这些表述表明美国的"亚太再平衡"战略是一项综合的外交战略，其基本内涵包括政治、经济及军事等领域。那么该战略对印度是如何定位的呢？

美国"亚太再平衡"战略一开始就凸显了印度在其中的重要作用。2010 年 11 月奥巴马访问印度，他在印度议会的演讲中表示，美印关系相当独特，不可或缺，强调美印之间的合作不是在一两个领域的，而是全方位的。在此次访问中，奥巴马一再强调：世界上两个最大的民主国家之间的关系将是 21 世纪"具有决定意义的伙伴合作关系"之一。希拉里·克林顿在《美国的太平洋世纪》中写道："在主要的新兴大国中，我们将与之密切合作的是印度和印度尼西亚。这两个国家是亚洲最具活力和最重要的民主力量，奥巴马政府想与这两个国家建立更广泛、更深入、更有目标的关系……印度和印度尼西亚人口已经占世界人口的近 1/4。它们是全球经济的关键驱动力，是美国的重要合作伙伴，并日益成为该地区和平与安全的核心贡献者。而且它们的重要性在未来的几年里很可能会上升。"③ 奥巴马政府不仅对印度的"东向政策"积极支持，还鼓励印度实行更为积极的"东向政策"，并与印度、日本建立了

---

① 转引自阮宗泽《美国"亚太再平衡战略"前景论析》，《世界经济与政治》2014 年第 4 期。

② Daniel R. Russel, "Overview of U. S. Policy in the East Asia and Pacific Region," July 22, 2013, http://fpc.state.gov/212107.htm.

③ Hillary Clinton, "America's Pacific Century," *Foreign Policy*, November 2011.

新的三边对话机制。

在希拉里·克林顿鼓吹的"印太"概念中,她竭力突出印度洋和印度在美国新的亚洲战略中的战略意义。在《维持美国的全球领导地位:21世纪国防的优先任务》的报告中,印度被认为是美国在亚太地区国家中有价值的战略伙伴,其中写道:"美国也正在投资(invest)与印度的长期战略伙伴关系,以支持其作为区域经济之锚和更广阔的印度洋地区安全提供者的能力。"① 美国时任国防部长帕内塔在2012年6月访问印度时也表示,美印国防合作是美国"亚太再平衡"战略的关键之一,并且要求印度在亚太地区安全中发挥更大的作用。对美国而言,与印度合作是一个很重要的战略选择,这有以下几个原因:印度是唯一一个在地理和人口统计学上可以与中国相提并论的亚洲国家,在21世纪它展示了强劲的经济增长,并持有民主和自由的价值观。②

美国"亚太再平衡"战略赋予了印度极其重要的地位,那么印度又是怎样看待该战略呢?总的来看,印度对美国"亚太再平衡"战略保持"谨慎的欢迎"态度。

首先,美国"亚太再平衡"战略为印度拓展战略空间、提升其在亚太地区的国际地位打开了方便之门,为印度直接参与亚太地区事务提供了机会。在印度的认知里,美国仍然是亚太地区格局的主要影响因素,仍然是亚太地区唯一的领导性国家。美国亚太战略的调整对于印度亚太战略目标的实现是一个机遇,印度自然要积极地加以利用。在此背景下,印度重新调整了与美国的战略关系,其重要表现是过去几年来印美国防关系的快速发展。

其次,印度对美国的"亚太再平衡"战略是比较谨慎的。"亚太再平衡"战略源于美国做出的亚太地区力量失衡的判断,而失衡的主要

---

① "Sustaining U. S. Global Leadership: Priorities for 21st Century Defense," January 5, 2012, http://www.defense.gov/news/Defense_Strategic_Guidance.pdf.

② Harsh V. Pant and Yogesh Joshi, "Indian Foreign Policy Responds to the U. S. Pivot," *Asia Policy*, No. 19, 2015, p. 94.

原因是中国、印度等新兴经济体的发展以及日本对"正常国家"的追求。日本是美国的盟友，是美国"亚太再平衡"战略的支柱之一。印度在美国"亚太再平衡"战略中被认为是可以依靠和利用的力量，但同时也是需要平衡的对象。2013年1月，白宫前高官贝德在公开场合表示：美国"转向亚洲"的战略是对众多亚洲国家的焦虑做出的回应，所针对的不仅仅是中国，还有印度。① 况且，即使美国把中国作为其"亚太再平衡"战略的主要对象，印度也力求避免陷入中、美两大国的竞争陷阱之中。在此背景之下，印度对美国"亚太再平衡"战略的支持也将是有限的。

2017年1月20日，美国总统唐纳德·特朗普（Donald John Trump）宣誓就职，他以"让美国再次伟大"的竞选口号赢得大选，在就职演讲中宣称实行"美国第一"的外交政策。上任第三天，他签署的第一份行政命令就是宣布退出《跨太平洋伙伴关系协定》（TPP）。TPP被认为是奥巴马政府"亚太再平衡"战略的经济支柱，特朗普此举被一些观察家认为是美国政府将实行亚太战略收缩的信号，"亚太再平衡"战略将迎来巨变。但是，从特朗普就职以来对亚太事务的处理来看，美国不但没有在亚太地区实行战略收缩，相反其战略重点已从亚太地区扩展到印太地区，宣称要实行"自由和开放的印太"战略，但其核心仍是亚太地区。2017年11月3~14日，美国总统特朗普对亚太地区进行了为期12天的访问，并且在访问前，特朗普总统曾与日本、韩国、中国、印度、越南、澳大利亚、马来西亚、新加坡、印度尼西亚、泰国等十个国家的领导人举行过双边会谈。因此，本质上，特朗普总统仍然在延续"亚太再平衡"战略，而印度仍然是其极力拉拢的重要的战略伙伴。

总之，印度怎样利用美国"亚太再平衡"战略以及"印太"概念

---

① 参见阮宗泽等《权力盛宴的黄昏：美国"亚太再平衡"战略与中国对策》，时事出版社，2015，第200页。

所提供的机遇，同时又不必在中、美两大国之间做选择，保护自己的"战略自主权"，这对印度"东向行动政策"的未来选择将产生重要影响。

2. 中美俄日印等大国的关系与印度"东向行动政策"

亚太地区格局建立在中美俄日印等大国关系的动态平衡之上，随着中印的发展以及美国亚太战略的调整，中美俄日印等大国的关系也处于调整之中。中美因为资源、影响力等而展开竞争，但同时在经济领域有巨大的共同利益。中日之间有历史问题和钓鱼岛争端需要解决，但中日的经贸联系非常密切。在中日政治关系比较紧张的背景下，2014 年中日贸易额仍然达到 1.92 万亿元人民币。[①] 中国与东盟国家中的越南、菲律宾、马来西亚存在南海主权争端，但中国与东盟早在 2010 年就建立了自由贸易区。中印之间的边界问题仍然没有得到解决，但 2014 年中国仍然是印度最大的贸易伙伴。鉴于此，美国学者约翰·伊肯伯里对亚太地区格局有这样一个基本判断，即"东亚正在出现可以说是两种相异的等级体系。一个是由美国主导的安全层级体系，另一个则是由中国主导的经济等级体系"[②]。印度对亚太地区所出现的这两种相异的等级体系的认知和判断将极大地影响其"东向行动政策"的选择。印度与中国和美国的关系既受到亚太地区格局的制约，又影响到亚太地区格局的重构。

此外，印度与日本的关系、印度与俄罗斯的关系在亚太地区格局重构的背景下也凸显出其重要性。近十年来，印度与日本迅速靠近，关系日益密切。2005 年双方建立首脑年度会晤机制，2006 年两国把双方的"全球伙伴关系"升级为"全球战略伙伴关系"，在政治、经济、安全等领域展开了密切的合作。2011 年 8 月《印日全面经济伙伴关系协定》

---

① 权顺基：《中日企业家合作共赢前景光明》，中国经济网，2015 年 4 月 15 日，http：//intl. ce. cn/specials/2xxx/201504/15/t20150415_5113718. shtml。

② 〔美〕约翰·伊肯伯里、凌岳：《地区秩序变革的四大核心议题》，《国际政治研究》2011 年第 1 期，第 8 页。

正式生效，印日之间建立起自由贸易区、实现了经贸关系"质"的飞跃。2013 年 5 月，印度时任总理曼莫汉·辛格第四次正式访问日本，在其演讲中，辛格声称"我们与日本的关系已成为东向政策的中心"，"印度与日本的关系对我们的经济发展重要，在我们寻求包括太平洋和印度洋在内的广大亚洲地区的稳定与和平时，日本是一个天然的、不可或缺的合作伙伴"。①

随后，频繁的高层互访展示了双方对相互关系的重视。2013 年 11 月底 12 月初，日本天皇夫妇对印度进行访问，这是天皇即位后的首次访问，也是时隔 53 年对印度的重访。2014 年 1 月，日本首相安倍晋三访问印度，参加印度的共和国日庆祝活动。2014 年 5 月莫迪上台后，把日本作为其在南亚地区之外的首访国，于 2014 年 8 月底 9 月初对日本进行正式访问，双方共同发表了《印日特殊的全球战略伙伴关系东京宣言》，把双边关系从"全球战略伙伴关系"提升为"特殊的全球战略伙伴关系"，并且强调日本在印度东向政策中处于核心地位。印日关系的快速发展对亚太地区秩序的建构将产生重要影响。

进入 21 世纪后，印度与俄罗斯的关系有了快速发展，2000 年俄罗斯总统普京访问印度，双方建立起"战略伙伴关系"，并创立首脑年度会晤机制。该机制自建立以来从未中断，即使在俄罗斯遭到西方国家全力制裁之时，印度总理莫迪顶着巨大压力，仍然邀请普京访问印度。2014 年 12 月，普京总统与莫迪总理在新德里共同主持第 15 届印俄首脑会晤，发表《未来十年加强印俄友谊的愿景》并签署 20 项双边合作协议，莫迪保证印度从俄罗斯输入 70% 国防装备的现状基本不变。

莫迪上台之后竭力维持与俄罗斯的传统友谊，2014 年 7 月，在巴西举行的金砖五国峰会上，莫迪曾向普京表示，俄罗斯是印度最好的朋友。而俄罗斯与印度保持密切关系在其"东进"政策中更具有战略意

---

① "Prime Minister's Address to Japan-India Association, Japan-India Parliamentary Friendship League and International Friendship Exchange Council," May 28, 2013, http://mea.gov.in/Speeches-Statements.htm.

义。2010 年，俄罗斯开始推行旨在加强亚太地区外交与影响的"东进"政策。2012 年 12 月，俄罗斯总统普京在致联邦会议的国情咨文中指出："21 世纪俄罗斯发展的方向是向东发展。西伯利亚和远东是我们巨大的潜力……因此现在我们应当把这一切变为现实。这是（俄罗斯）在亚太地区，世界发展最具活力、动感的这一地区占据应有地位的机会。"① 印度的"东进"与俄罗斯的"东进"以及印俄在亚太地区的博弈与合作将对亚太地区格局产生重要影响，同时也影响到印度"东向行动政策"具体路径的选择。

（二）印度在亚太地区的外交战略目标及其综合国力对亚太战略未来选择的影响

印度在亚太地区的主要目标是融入亚太，并成为亚太地区秩序的建构者和主导者之一。印度能否实现其亚太战略目标从根本来讲是由其综合国力决定的。

首先，经济实力的增强有助于印度外交目标的实现，同时经济增长的速度又将影响到其对外交的期望。20 世纪 90 年代初，印度开始实施以市场化为导向的经济改革，经过 20 多年的发展，印度的综合国力大大增强。在 2005~2008 财年的三个财政年度以及 2010~2011 财年，印度 GDP 的增长率都超过了 9%。② 虽然从 2012 年开始，印度经济增速有所减缓，但 2012~2013 财年、2013~2014 财年印度 GDP 增长率仍达到 5%，③ 与印度独立之后经济的平均增速相比，仍然是较高的。

根据国际货币基金组织的统计，2010 年印度开始跻身于世界前十大经济体，GDP 为 1.6 万亿美元。2014 年印度是世界第九大经济体，其 GDP 达到 2.05 万亿美元。据世界银行 2014 年 7 月发布的数据，按

---

① 转引自柳丰华《俄罗斯的"东进"政策：成就、问题与走势》，《俄罗斯学刊》2013 年第 1 期。
② "Economic Survey 2012-13," http://indiabudget.nic.in.
③ 数据来源于印度统计和计划执行部网站，https://www.mospi.gov.in。

平均购买力计算，印度 2013 年的 GDP 位居世界第三。此外，印度是世界第二人口大国，且人口结构较为年轻。2014 年印度人口为 12.68 亿，约占世界的 17.5%。根据联合国的统计，2014 年全球有 18 亿 10~24 岁的青年人，印度一国就有 3.56 亿，占比接近 20%，位居全球之首。[①]未来几年，大量的年轻人将继续推动印度经济增长。

更为重要的是，印度总理莫迪以"发展经济、提高施政水平"的主张得到选民的支持，因此莫迪上台后，把推动经济发展作为政府的核心任务。莫迪在红堡举行的独立日纪念活动上的首次演讲中表示，其首要任务是发展经济，他将通过吸引更多的外国投资，把印度变成制造业中心。2014 年 9 月，在新德里举行的"印度制造"全球倡议会议上，莫迪发表了激情洋溢的演讲，希望让怀有疑虑的国际企业以及忧心忡忡的国内企业家相信，印度能够成为一个具有竞争力的全球制造业中心。[②]他承诺印度政府将进行"有效"治理，促进工业投资，创造就业机会。"当政府变成一个推动者时，我们就能实现我们想做的事。我们并不缺乏潜力。""今天'印度制造'不仅仅是一个口号或者一张请柬，它是我们的责任。""为此，我们必须强调两个 FDI——优先发展印度（First Develop India）以及外国直接投资（Foreign Direct Investment）。"[③]为此，莫迪政府推出国家制造业计划（NMP），该计划的目标是，在2022 年前，将印度国内生产总值（GDP）中制造业的占比从目前的15% 提升至 25%，并每年为 1200 多万年轻人创造就业机会，把就业率提高到 2014 年的两倍。

既然印度政府把发展作为主要目标，那么它的外交目标一是创造和

<hr>

① 韩立群：《印度有 8 亿青年，所以未来能称雄亚太？》，澎湃新闻，2015 年 5 月19 日，https://www.the paper.cn/newsDetail-forward-1332865。

② 《莫迪的"印度制造"计划》，《经济导刊》2014 年第 11 期。

③ "English Rendering of Prime Minister Shri Narendra Modi's Address at the Launch of 'Make in India' Global Initiative," September 26, 2014, http://www.mea.gov.in/Speeches-Statements.htm.

平的、有利于发展的国际环境，二是吸引经济发展所需要的资金和技术。亚太地区有世界第一、第二、第三大经济体，对于急需外国直接投资的印度有着巨大吸引力。同时，由于印度基础设施不完善、行政效率较低，再加上劳动法的严格限制，即使有充足的劳动力，印度在全球制造业供应链中也未能占有应有的比重和地位。在 2013 年的全球出口中，印度仅占 1.7%，高于 1990 年的 0.5%，[①] 但与其他亚洲国家相比，仍然远远落后。怎样融入以东亚为核心的亚太地区制造业的供应链？这是印度政府需要面对和解决的问题，这也将影响印度"东向行动政策"的未来选择。

其次，综合国力中的软实力（soft power）对外交目标的确定与实现有着重要影响。一个国家的软实力，主要体现在思想、文化以及综合运用自身国力的技巧上，印度在软实力的运用上可圈可点。实际上，单从经济和军事的角度看，印度只是一个中等规模国家。根据国际货币基金组织发布的数据，2014 年印度的 GDP 约为 2.05 万亿美元，人均 GDP 只有 1600 多美元，居世界第 145 位。2016 年印度的 GDP 约为 2.26 万亿美元，人均 GDP 为 1723 美元，居第 146 位，是世界第七大经济体。[②] 印度的军事实力在南亚地区首屈一指，但印度还没有建立起一个独立、完整的军事工业体系，大量军事装备依赖从俄罗斯和其他西方国家进口。因此，印度也很难称得上军事强国。

但就是这样一个军事力量和经济实力的中等国家，在国际舞台上发挥着远大于其硬实力的影响力。这个"世界上最大的民主国家"文化底蕴深厚，凭借以民主、多元化、包容性为特征的政治价值观受到西方国家的青睐，以不结盟的外交政策赢得了"左右逢源"的国际环境。莫迪上台后，更是以其卓越的外交能力成功地"让印度重新出现在世界雷达上"（印度前财政部长阿伦·贾伊特利之语）。莫迪在上台的第

---

① 信莲：《莫迪力推"印度制造"计划》，中国日报网，2014 年 9 月 26 日，ht-tp：//caijing. chinadaily. com. cn/2014-09-26/comtent_18668429. htm。

② 数据来源于国际货币基金组织网站，https：//www. imf. org/。

一年，就访问了包括日本、美国、澳大利亚、法国、德国、加拿大、中国在内的 18 个国家，同时俄罗斯总统普京、中国国家主席习近平、美国总统奥巴马都在这一年到访印度，并纷纷携带高级经贸代表团，与印度签署上百亿美元的经贸大单。俄科学院远东研究所①专家尤尔洛夫认为，莫迪最主要的成果是加强了与美国、中国、日本和俄罗斯的关系。

此后两年，莫迪政府对"东向行动政策"的强势推进令人印象深刻，印度积极发展与中国、美国、日本、俄罗斯等亚太大国的关系。印度想成为亚太地区秩序的建构者和主导者，并最终成为世界大国。这样的目标决定了印度不能受制于任何大国（尤其是在其国家安全不受威胁的国际环境中），它更需要战略自主、外交自主。印度怎样充分利用有限的经济、军事力量实现其在亚太地区的外交战略目标？印度怎样充分利用各国对其讲求来扩大其国际影响力？毫无疑问，这些问题将对印度亚太战略的未来选择产生重要影响。

二 印度亚太战略未来选择的三种可能及其对亚太地区秩序的影响

综合亚太地区格局、印度的综合国力及其外交战略目标等因素，印度"东进"战略未来的选择至少有以下三种可能，而每一种选择对亚太地区秩序的建构将产生不同的影响。

第一种选择：再次采用不结盟政策，在亚太地区充当平衡力量。2012 年 2 月，以苏尼尔·希尔纳尼（Sunil Khilnani）和雷吉夫·库马尔（Rejiv Kumar）为首的印度 8 位战略分析家和外交学家发布了《不结盟 2.0：印度 21 世纪外交战略政策》的研究报告，分析了未来十多年印度外交战略政策应该遵循的基本原则。该报告认为"自印度建国以来，取得战略上的自主地位一直是印度外交政策上的决定性价值和目标"。"不结盟"的最初含义及其价值使之即使在全球化的今天也应该是印度

① 2022 年 7 月，远东研究所更名为"中国与现代亚洲研究所"。

外交战略的核心。①

"不结盟"作为尼赫鲁时期最重要的外交政策，其最初含义就是"要与所有国家发展友好关系，要独立自主地对国际事务做出判断"。不结盟政策使印度在大国之间周旋，在美苏冷战的格局下掌握了战略自主权，赢得了有利于发展的国际环境，并为印度获得了较高的国际声望。因而，尼赫鲁"不结盟"的外交理念在印度有着巨大影响，但是，目前的印度拥有"不结盟"的国际环境吗？

20世纪90年代，随着苏联解体、冷战结束，印度也调整了外交战略，实行全方位的多边自主外交。进入21世纪之后，中国发展势头迅猛，在南亚地区以及印度洋的活动不断增多；同时，中印之间的实力差距随着时间推移还在进一步扩大，这些都让印度深感忧虑。随着美国"亚太再平衡"战略的推出及实施，美国在亚太地区不断加大对中国的战略挤压。印度重提"不结盟"，正是源于对大国力量以及亚太地区格局的一个基本判断：未来十年，除美国外，中国、巴西将和印度一样逐步发展壮大，但俄罗斯与日本则是呈下降态势；美国则继续加大对中国的战略挤压。

在新的国际背景下，为了争取一个和平稳定的外部环境，为国内的经济发展和社会进步赢得战略空间，以苏尼尔·希尔纳尼为首的学者认为印度应该改革传统的"不结盟"政策，使其与当今时代因素相结合，开始"不结盟2.0"的新时代。"不结盟2.0"的核心是平衡，即在大国竞争中充当平衡力量。在亚太地区格局中，无论是美国还是印度都认为中国崛起是该地区力量失衡的主要因素。因此，《不结盟2.0：印度21世纪外交战略政策》报告的主轴就是"平衡中国"。报告第一章中的"中国"篇写道："在可预见的未来，中国对印度的外交政策与安全仍

---

① Sunil Khilnani et al. , "Non Alignment 2.0: A Foreign and Strategic Policy for India in the Twenty First Century," Centre for Policy Research, 2012, http://www.cprindia.org/sites/default/files/NonAlignment%202.0_1.pdf.

然是重大挑战。它是一个能直接侵入印度地缘政治空间的主要大国。中印之间的实力差距将会随着中国经济与军事能力的发展而扩大。"①

在此背景下，印度对中国的战略重在"平衡"。"印度的对华战略必须保持一种谨慎的平衡，即合作与竞争的平衡、经济利益与政治利益的平衡、双边关系与区域背景的平衡。鉴于目前和将来印度与中国之间在实力、影响力上的不对称性，印度必须正确地把握这一平衡。这可能是未来几年里对印度战略最为重要的挑战。"② 因此，印度解决"中国挑战"应该双管齐下：一方面，印度要与主要大国发展多元化的网络关系，这有助于让中国在处理对印事务时采取克制态度；另一方面，印度与其他大国的关系不能过于密切，否则将使中国感到威胁，可能引发中国对印度的公开敌对行为。由此出发，印度与美国只能做朋友，而不能结盟。

另外，"不结盟 2.0"把追求经济发展作为其核心动力。印度战略界的精英意识到尼赫鲁时期的国际地位主要依靠外交手段取得，是缺乏实力支撑的。在经济全球化时代，各国经济实力的竞争成为外交关系的主要影响因素。同时，该报告把亚洲看作印度经济机会的主要地区。

《不结盟 2.0：印度 21 世纪外交战略政策》对印度在国际体系中的作用有明确阐述。报告的第二章为"印度和国际秩序"，认为经济全球化对印度"利大于弊"，印度融入全球经济对其未来的发展和繁荣至关重要，印度主要的战略利益是确保形成开放的经济秩序。因此，参与以及融入国际机制对印度的外交政策至关重要。由于印度利益的复杂性，印度必须确保或者加入或者成为影响其利益的所有机制中的一员。随

---

① Sunil Khilnani et al., "Non Alignment 2.0: A Foreign and Strategic Policy for India in the Twenty First Century," Centre for Policy Research, 2012, http://www.cprindia.org/sites/default/files/NonAlignment%202.0_1.pdf.

② Sunil Khilnani et al., "Non Alignment 2.0: A Foreign and Strategic Policy for India in the Twenty First Century," Centre for Policy Research, 2012, http://www.cprindia.org/sites/default/files/NonAlignment%202.0_1.pdf.

后，需要推动这些机制建立起开放的、包容的治理结构和决策机制。①
该报告宣称，印度的目标是在国际体系中扮演积极的角色。由此可见，
不结盟并不意味着印度在国际合作机制中碌碌无为，相反，它是要利用
不结盟的手段和方式来扩大自己的国际影响力。

把"不结盟"运用到亚太地区层面，实际就是地区平衡战略。从
印度的角度来看，实行地区平衡战略确实存在一些内在的优势。其一，
地区平衡战略使印度能够避免"战略自主权"受损的问题，而"战略
自主"被印度视为外交政策的基本指导原则。美国"轮辐结构"的同
盟体系严重影响了与之结盟国家的外交政策自主权，这正是印度极力避
免的。其二，通过拉拢本地区的国家来解决亚洲的冲突，印度可以摆脱
正在衰落的超级大国与亚洲新兴大国之间的竞争。正如"权力均衡"
理论所指出的那样，多边平衡为平衡国家提供了更大的灵活性，而不是
双边权力平衡的情况。②

那么，印度在新的国际国内环境下选择升级版的"不结盟"外交
政策，将对亚太地区秩序产生什么影响？

第一，"不结盟"的印度在亚太地区秩序建构中将是一种独立的力
量，它会根据自己的国家利益以及国内国际环境决定其对亚太地区秩序
建构的态度及政策，保持充分的战略自主性。在全球化与区域化并行发
展的时代，印度会顺应历史潮流，积极参与包括亚太地区在内的国际合
作机制的建构，并力求在亚太地区秩序的建构中发出自己的声音。

第二，"不结盟"的印度将与中国、美国同时保持有限的合作，将
在中国、美国之间维持一种动态的平衡。历史上印度曾经对以美国为首
的一些西方国家伙同一些亚洲国家包围、遏制中国深感不安，现在随着

---

① 参见 Sunil Khilnani et al., "Non Alignment 2.0: A Foreign and Strategic Policy for
India in the Twenty First Century," Centre for Policy Research, 2012, http://
www.cprindia.org/sites/default/files/NonAlignment%202.0_1.pdf。

② 参见 Harsh V. Pant and Yogesh Joshi, "Indian Foreign Policy Responds to the
U.S. Pivot," *Asia Policy*, No.19, 2015, p.110。

中国与美国的关系进入一个复杂的、不确定的阶段，印度发现自己陷入了一个两难的窘境。一方面，印度有了一个参与亚太地区合作机制建构、塑造亚洲力量平衡的绝佳机会；另一方面，印度面临卷入世界上最强大的国家——美国与中国之间的战略竞争的风险。① 为此，对于美国的"亚太再平衡"战略，印度会谨慎地参与。而 2013 年以来，印度"谨慎平衡"中国实力上升和影响力扩大的倾向也日益明显，在应对边界对峙、深化双边政治经济关系以及推行"东向行动政策"的过程中，印度更加注重维持实力与秩序、合作与竞争的动态平衡。

第三，由于印度实力有限，对亚太地区秩序的影响有限，为了实现自己的外交目标，"不结盟"的印度也会通过与亚太国家或亲或疏的关系来扩大自己的影响力，加强自己在亚太地区秩序建构中的作用。印度可能与韩国、日本、越南、澳大利亚等国加强联系，构建属于印度自己的亚太地区的平衡。但是，由于中国与日本、日本与韩国等亚太国家之间存在一些历史和现实问题，印度怎样绕过这些不利因素，在中国与日本、日本与韩国关系中寻求平衡，这将决定未来几十年印度在亚太地区秩序的建构中将发挥什么样的作用。莫迪政府的外交更加果断大胆，不会因为中国的反对而放慢与日本发展关系的步伐。

第四，在亚太地区大国中，"不结盟"的印度是一种中间力量。在亚太地区秩序的建构中，印度既不希望中国占主导，也不希望美国占主导。但由于自身实力有限，印度也非常明白自己不可能主导亚太地区秩序的建构。因此印度会选择继续支持"以东盟为中心"的亚太地区秩序和地区合作机制的建构方式。但是，问题在于"东盟方式"能否在大国博弈日渐激烈的亚太地区强有力地推动亚太地区合作机制，尤其是地区安全合作机制的建构。对此，印度学者 C. 拉贾·莫汉认为："印度，作为最弱的大国和最强大的中间力量，在亚洲安全体系的建构中一

---

① 参见 C. Raja Mohan，"Inida and the Changing Asia Balance," in Ron Huisken, ed.，*CSCAP Regional Security Outlook 2014*，Singapore：Booksmith Productions，2013，http：//www.cscap.org。

直乐于支持'东盟中心'。它是一个好的外交政策，但对未来亚洲安全秩序的建构，未必是一个坚实的基础。"① 即便如此，印度仍然会继续支持以东盟为主导的亚太地区合作机制的建构。

第二种选择：印度接受美国的拉拢，与日本、澳大利亚一起组成完整的"亚洲版北约"，对中国形成包围之势。以美国著名的亚洲观察人士阿什利·泰利斯（Ashley Tellis）为代表的一批学者鼓吹中国高速发展的经济、中国和巴基斯坦之间的全天候战略合作伙伴关系、中国在南亚及印度洋的活动威胁到了印度的战略安全，印度应该打破"不结盟"的桎梏，与美国联手对抗中国。2015 年 1 月 22 日，阿什雷·泰利斯在《印度斯坦时报》上发表名为《印美之间：不是给予也不是索取》的文章，指出："在今天和可预见的未来，从实力地位的角度出发，最有可能损害美国和印度利益的国家就是中国。因此，不管公开承认与否，美印关系应该立足于创建亚洲秩序的宏愿，这是两国根本利益之需要。华盛顿应自觉地支持印度崛起，同时向中国的其他邻国推行相同的政策，从而构建一个坚实的大陆制衡机制，以防止北京滥用其日益增长的实力。"②

2015 年 3 月，阿什利·泰利斯与曾任美国驻印度大使的罗伯特·布莱克威尔（Robert Blackwill）联合发表了题为《修正美国对华大战略》的研究报告，概述了一项调集美国一切实力要素保持其东亚"主导地位"的计划以及关于美国对中国大战略的建议。报告宣称："华盛顿方面需要针对中国出台新的宏大战略，核心是制衡中国影响力的上升，而不是继续助其发展。"在关于美国对中国大战略的建议中，有一

---

① C. Raja Mohan, "Inida and the Changing Asia Balance," in Ron Huisken, ed., *CSCAP Regional Security Outlook 2014*, Singapore: Booksmith Productions, 2013, http://www.cscap.org.

② Ashley Tellis, "India-U.S. Bonding: It's Not about Give and Take," January 22, 2015, http://www.hindustantimes.com/analysis/indo-us-ties-it-s-not-about-give-and-take/article1-1309431.aspx.

点为"加强印太伙伴关系"（Reinforce Indo-Pacific Partnerships），其中写道：没有盟友的支持，美国在亚洲不可能保护自己的利益，因此美国应该在中国的周边增强其朋友和盟友的军事实力和国内民主政治的能力。①

特朗普总统上台之后，对印度的重视有增无减。2017 年 10 月 18 日，美国国务卿蒂勒森在美国战略与国际研究中心发表题为《确定下一个世纪我们与印度的关系》（Defining Our Relationship with India for the Next Century）的演讲，宣称特朗普政府决心大幅深化美印之间的合作关系。美印要联手推动实现印太地区的安全和稳定，并且美国要构建"印太再平衡"的同盟架构，将"志同道合"的国家都纳入这一体系。2017 年 10 月 25 日，蒂勒森对印度进行首次访问。在与印度外长斯瓦拉吉的联合声明中，蒂勒森表示，支持印度作为"主导力量"崛起，并承诺为其军事现代化提供"最好的技术"。很明显，在美国特朗普政府大力推行的"自由开放的印太战略"中，印度的战略重要性不言而喻。其中最引人注目的就是美日印三边对话的兴起与发展以及美日印澳四边安全对话的重启。

美日印三边对话（U. S. -Japan-India Trilateral Dialogue）开始于 2011 年。在学界和政界的共同推动下，2011 年 12 月 19 日，美国、日本、印度在华盛顿举行了官方的首次三边对话，就美、日、印三方共同关心的地区性与全球性问题交换了意见，该次对话由美国助理国务卿布莱克和坎贝尔共同主持。2012 年 4 月 23 日，美国、日本、印度三国在东京举行了第二次三边对话，同年 10 月 29 日，三国在新德里举行了第三次三边对话，这些对话均为副部长级。2015 年 9 月，美日印三边对话升级为部长级，第一次部长级三边对话在纽约举行，日本外相岸田文雄（Fumio Kishida）、美国国务卿克里（John Kerry）、印度外长斯瓦拉吉出席会议，三国外长强调，在印太地区，美日印三国利益呈日益融合之

---

① Robert D. Blackwill and Ashley J. Tellis, "Revising U. S. Grand Strategy Toward China," Council Special Report No. 72, Council on Foreign Relations, March 2015.

势，因此三国要加强海上安全合作，美国和印度欢迎日本参加 2015 年"马拉巴尔"演习。

2017 年 9 月，第二次美日印部长级对话仍在纽约举行。印度外交部在其公报中强调美日印三国重视以下外交原则：确保在印太地区的自由航行和飞行、尊重国际法、和平解决争端。印度政府也强调了这些外交原则，其他国家也一致同意，在互联互通问题上，应该基于国际法，尊重各国主权和领土完整。由此可见，美日印三边对话形成与升级的重要基础就是对中国发展的疑虑。虽然目前美、日、印还只是处于"对话"阶段，短期内似乎无结成"联盟"的可能，但美日印三边对话为三国结成联盟奠定了一定的基础。这实际上也为印度的亚太战略提供了一种可能的选择。

美日印澳四边安全对话开始于 2007 年。日本首相安倍晋三在第一次首相任期内大力倡导"美日印澳"战略合作，在其斡旋之下，2007年 5 月，"美日印澳"举行首次战略对话，但囿于国际形势，战略对话在首次举行后便陷于停滞。10 年之后的 2017 年 11 月，该四边安全对话在马尼拉重启。美日印澳四边安全对话之所以能够重启，不仅仅是因为美日印澳四国共同利益的增加，也是美日印澳四国之间双边关系快速发展的结果。

作为"美日印澳"四边合作框架重要的结构与支撑，美日、印日、印美、印澳、日澳、美澳这六对双边关系既各成一体，又互相交织，不断推动着"美日印澳"四边合作的进程。在这六对双边关系中，印澳关系是"短板"。虽然印度与澳大利亚在历史上都曾经是英联邦的成员，但印度独立后与澳大利亚的关系长期处于疏离状态。进入 21 世纪后，随着亚太地区地缘政治安全环境的变化、印美关系的发展以及印澳对外战略需求的变化，印度与澳大利亚逐渐靠近，2005 年两国建立外长年度对话机制。2006 年 3 月，澳大利亚总理霍华德访问印度，双方签署了《印澳经济贸易框架协议》《印澳防务合作谅解备忘录》，为两国加深经贸合作以及军事领域的合作奠定了基础。2007 年 7 月，印澳两国签署了《情报共享安排协议》，以落实《印澳防务合作谅解备忘录》的安排。澳大利亚总理陆克文于 2009 年 11 月访问印度，两国建立"战略伙伴关系"，并发表《安全合作联合声明》，宣布在情报交流、反恐、打击跨国犯罪、灾害管理、防务对话与合作、警察与执法合作、海上及航空安全等领域开展合作。随后，两国在军舰互访、军事人员交流、防务政策磋商等安全领域的合作陆续展开。

2011 年 5 月，印澳就启动自贸区谈判达成一致，宣布启动《全面经济合作协议》谈判，推进深化双边贸易，而且在敏感的"铀出口"问题上实现了突破。2013 年 6 月 5 日，印度国防部长首次访问澳大利亚，双方强调通过军事人员交流、防务对话、联合军演等方式加强两国防务与战略合作，确定印度军舰参加 10 月在悉尼举行的国际舰队检阅，并在 2015 年开展首次海上联合军演。2014 年 9 月，澳大利亚总理托尼·阿博特访问印度。两国在会晤后发表的联合声明表明印度与澳大利亚战略利益的融合将是亚太地区权力架构的关键影响因素。同年 11 月，印度总理莫迪利用出席在澳大利亚布里斯班举行的金砖国家峰会和二十国集团峰会之机，访问澳大利亚，双边关系进一步发展。2015 年 9 月，印澳两国海军组织首次联合军演。2017 年 12 月，印澳建立起"2+2"外交秘书和国防秘书对话机制，印澳在印太地区的合作日益密切。

印澳关系的快速发展补上了"美日印澳"战略合作中六对双边关系的缺口，美日印澳四边安全对话的未来发展尤其值得关注。虽然中国国内很多学者认为，为了追求战略自主，再加上不结盟的传统，印度绝不会与美日澳等国结成联盟，但根据汉斯·摩根索的分析，一国是否采取联盟政策并不是一个原则问题，而是一个权谋问题。假如一国相信自己的力量强大到不需要外援就足以自保，它会避免结盟；当在联盟内承担义务但其带来的负担超过预期的收益时，它也不会采取联盟政策。[①]

---

① 〔美〕汉斯·摩根索著，肯尼斯·汤普森修订《国家间政治：权力斗争与和平》（简明版），徐昕等译，北京大学出版社，2012，第 264~265 页。

根据这一分析，我们就不难理解为什么不结盟的印度会在 20 世纪 70 年代与苏联结成准军事同盟。因此，任何一个国家的外交政策都是其国家利益和国内国际局势的产物，我们对印度外交也要进行与时俱进的具体分析。

假设印度在评判自己的地缘政治环境时，认为自己不够安全，而接受美国、日本的拉拢，组成"美日印澳联盟"，这种选择将对亚太地区秩序产生无法预测的影响。首先，如果美日印澳四国结成联盟，那么在亚太范围内其针对的对象无疑是中国，中国将会感到巨大的安全压力，并极有可能采取相应的反遏制行为。作为世界第二大经济体的中国，在亚太地区合作以及地区秩序中起着无可替代的重要作用。如果没有中国的合作，目前很多亚太地区已经存在的合作机制如亚太经合组织、东亚峰会、东盟地区论坛等都将运行艰难，更别奢望进一步深化亚太地区合作了。

其次，无论是在美日印三边合作中还是在美日印澳四国联盟中，主导方肯定是美国，其必然以美国的利益为主。印度加入其中，将不得不在很多问题上与美国的态度保持一致，成为美国制衡中国的砝码，这必然会影响中印关系，导致中印之间的对抗。对抗的中印关系只会使印度的外部安全环境恶化，进而使印度无暇顾及更广阔范围内的亚太地区事务。历史的教训应该吸取。1962 年中印边界冲突发生后，印度在外交上进行了战略收缩，由全球外交转入南亚地区外交，直到冷战结束时，印度的主要影响力还是囿于南亚地区。因此，加入美日印澳联盟不仅将损害印度外交的独立性，还将削弱其在亚太地区合作中的地位和影响。

最后，如果印度加入遏制中国的美日印澳联盟，那么亚太地区的安全环境将会恶化，身处其中的东南亚国家及其地区组织东盟会面临巨大的安全压力，以东盟为主导的亚太地区合作机制也将陷入困境。冷战时期，东南亚地区曾为美苏遏制中国的前沿地带，大国在东南亚地区的争夺造成了东南亚地区的分裂，东南亚各国为了寻求安全保护，或者投向美国，或者靠近苏联，或者宣称"中立"。20 世纪 80 年代，美苏围绕柬埔寨问题展开对抗，由此在东南亚地区形成了对峙状态。冷战结束后，东盟采取大国平衡战略，在亚太地区合作中发挥主导作用。历史已经证明，大国对抗只会恶化东南亚地区的安全环境，让东盟难以发挥其地区整合的作用。如果印度接受美日的拉拢，成为遏制中国的一员，那么印度与东南亚各国以及东盟的关系必将受损，印度的东向行动政策也会受阻，更别说参与亚太地区秩序的建构了。

第三种选择：印度与中国、俄罗斯一起，组成"中俄印战略三角"，制约美国力量在亚太地区的扩展。中俄印三国总人口超过了全球人口的40%，而总面积则达到了地球上陆地面积的44%，中俄印三国"结盟"，其实力足以改变亚太地区格局乃至世界格局。中国与苏联、印度与苏联都曾存在过长短不等、阶段不同的同盟或准同盟关系，但中俄印三国联盟从未出现。冷战结束后，1998年，时任俄罗斯总理的普里马科夫在访问印度时提议建立"中俄印战略三角"，以此与"美国的单边主宰"相抗衡。但是，囿于三国关系的不成熟以及当时的国际国内局势，这一建议未能实施。

2002年，普京总统重提中俄印三边合作，并积极推动建立中俄印三国外长会晤机制。2002年9月，中俄印三国外长在联合国大会期间举行非正式会晤，就三国共同关心的国际局势和地区问题、国际关系民主化、联合国改革以及经济合作等重大问题交换意见。2003年、2004年的中俄印外长非正式会晤继续在多边场合举行。但此后，中俄印三国对外长"非正式会晤"做出专门安排，2005年6月第四次中俄印外长会晤在俄远东城市符拉迪沃斯托克（海参崴）举行，三国外长在会晤后发表了"联合公报"，标志三国外长的"非正式会晤"升级为"正式会晤"，这在国际战略界引起了广泛关注。2009年三国外长会晤在印度班加罗尔举行，2010年在武汉举行，2012年在莫斯科举行，三国外长在会晤后都发表了联合公报。2013年第十二次中俄印外长会晤在印度新德里举行，中国外长王毅、俄罗斯外长拉夫罗夫以及印度外长库尔希德出席，三国主张从战略和全局角度看待和推进中俄印合作，增进三国之间的战略互信。

2015 年 2 月，第十三次中俄印外长会晤在北京举行，中国外长王毅主持会晤。中俄印三国外长就共同关心的国际和地区问题深入交换意见，并发表了《中华人民共和国、俄罗斯联邦和印度共和国外长第十三次会晤联合公报》。该公报的第七、第八条是关于亚太地区合作的："外长们重申加强协调与合作，共同致力于维护亚太地区持久和平与稳定……呼吁在公认的国际法准则基础上建立开放、包容、不可分割和透明的地区安全与合作新架构。外长们欢迎继续在东亚峰会框架下讨论亚太地区安全架构。""外长们进一步强调有必要加强在各种地区论坛和地区组织中的协调与合作，包括东盟地区论坛、东盟防长扩大会、亚欧会议、亚洲合作对话等，共同为维护地区和平稳定、促进地区发展繁荣作出贡献。为此，外长们决定建立中俄印亚太事务磋商机制，并尽快举行首轮磋商。"① 这表明中俄印三国将进一步加强在亚太地区的合作，尤其是中俄印亚太事务磋商机制的建立把三国在亚太地区的合作提升到制度层面，这将对亚太地区格局以及亚太地区合作机制的建构产生重要影响。

2016 年 4 月，第十四次中俄印外长会晤在莫斯科举行，在会晤后三国外长发表的联合公报中，"外长们重申加强协调与合作，共同致力于维护亚太地区持久和平与稳定。……外长们承诺继续推动在东亚峰会框架下利用区域安全架构研讨会等合适渠道讨论亚太地区安全架构，同意年内在中国举行首轮中俄印亚太事务磋商。……中国、俄罗斯认识到印度在推动全球经济增长方面发挥的重要作用，支持亚太经合组织保持

---

① 《中华人民共和国、俄罗斯联邦和印度共和国外长第十三次会晤联合公报》，中华人民共和国外交部网站，2015 年 2 月 2 日，http：//www.fmprc.gov.cn/mfa_chn/zyxw_602251/t1233601.shtml。

开放性，重申欢迎印度参与亚太经合组织活动"①。2016 年 12 月 1 日，中俄印首轮亚太事务磋商在北京举行，三国就各自的亚洲政策、地区形势、亚太安全架构、亚太地区多边机制中的合作以及其他地区热点问题交换了意见。2017 年 12 月，第十五次中俄印外长会晤在新德里举行，三国外长再次强调"在亚太地区维持一个开放、包容、基于多边主义和国际公认的国际法原则的地区安全和经济架构对地区持久和平与稳定不可或缺"②。

除了中俄印三国外长会晤机制外，三国在金砖国家、上海合作组织、联合国、二十国集团、亚信会议、亚欧会议等重要多边机制内的合作也在加强。尤其是 2015 年以来随着金砖国家新开发银行、亚洲基础设施投资银行的建立以及印度加入上海合作组织，三国之间的战略合作更加令人瞩目。但是，三国的合作内容、合作层次与建立"战略三角"的要求还相差甚远。即使三国外长会晤机制已经运作多年，但并没有在多边领域填充更多的、实质性的合作内容，更多是双边合作的合理延伸。这表明中俄印关系的深入发展仍面临许多制约因素。

中国、俄罗斯和印度所处的地缘环境差异巨大，而且有着不同的政治制度、意识形态以及经济金融体系，这些不同决定了三国在地缘政治、经济、安全以及战略等领域有不同的关注点。因此，无论在双边层面还是在地区层面，三国的战略利益都并不完全契合，甚至还有一些历史遗留的矛盾需要化解，其外交和安全政策也各有侧重，这些导致了三国在立场协调上的不易。在中俄、中印、俄印这三对双边关系中，中印关系是"短板"。除了领土争端、贸易逆差等问题需要解决外，中印之

---

① 《中华人民共和国、俄罗斯联邦和印度共和国外长第十四次会晤联合公报》，中华人民共和国外交部网站，2016 年 4 月 19 日，http：//www.fmprc.gov.cn/web/ziliao_674904/1179_674909/t1356650.shtml。

② 《中华人民共和国、俄罗斯联邦和印度共和国外长第十五次会晤联合公报》，中华人民共和国外交部网站，2017 年 12 月 12 日，http：//www.fmprc.gov.cn/web/ziliao_674904/1179_674909/t1518872.shtml。

间的战略互信还需要加强。从历史角度看，印度对 1962 年的边界冲突耿耿于怀；从地缘政治的角度看，印度不希望北部邻国——中国过于强大。

另外，美国因素对中俄印关系的影响不容低估。在俄总理普里马科夫提出"中俄印战略三角"构想之初，美国就十分担心：如果"中俄印战略三角"形成，必将对美欧日形成挑战。为此，美国积极改善与印度的关系，极力拉拢印度。2005 年 6 月，美国与印度签署了《印美防务关系新框架》，对未来 10 年的两国军事合作进行了规划，内容涉及联合军演、合作研发和生产武器装备、人员培训与交流等方面，这实际上是美国给予了印度准盟友的待遇。2006 年 3 月，小布什访印，推动两国签订了《民用核能合作协议》，美国实际上承认了印度梦寐以求的有核国身份，双边关系取得了质的突破。① 在美国重返亚太的背景下，中俄两国都感受到了来自西方阵营的战略挤压，中俄战略关系快速发展。而在美国的"亚太再平衡"战略中，印度被赋予了极其重要的地位，奥巴马总统已两次访问印度，并多次表示支持印度在亚太地区扮演更重要的角色。美印关系的发展在相当大的程度上减少了印度进一步深化与中俄关系的外部动力，从而使中俄印三边关系的发展更具不确定性。

即便如此，中俄印战略合作趋势近几年确实在逐渐加强。2015 年 7 月上海合作组织乌法峰会决定接纳印度成为正式成员，这不仅使中印之间的疑虑得到缓解，还使"中俄印战略三角"有望形成。2017 年 6 月，在上海合作组织阿斯塔纳峰会上印度成为该组织正式成员。如果"中俄印战略三角"形成，它将对亚太地区合作机制的建构产生重大影响。

首先，"中俄印战略三角"将使亚太地区的地缘战略格局和力量对比发生巨变，美国在亚太地区的影响力将受到制约。美国"亚太再平

---

① 余芳琼：《美日印三边对话：缘起、发展与前景》，《东南亚南亚研究》2013 年第 2 期。

衡"战略出台的主要背景就是中国的发展，如果中俄印合作，美国会认为亚太地区力量更加失衡，美国将加大力度抗衡，与亚太已有的双边同盟体系也会加强，从而导致亚太地区的竞争与博弈将更加激烈，最终将不利于亚太地区的合作。

其次，中俄印三国如何协调国家利益和地区利益，将对亚太地区合作产生重大影响。如前所述，由于中俄印三国地缘环境、政治制度、意识形态以及经济金融体系的巨大差异，其在地缘政治、经济、安全以及战略等领域的关注点不同，因此在地区合作中，它们有着不同的利益诉求。当国家利益与地区利益相冲突的时候，各国怎样协调和处理将影响亚太地区合作的前景。如对国内弱势产业的保护与区域贸易和投资自由化、便利化之间的协调问题的处理就会影响到亚太区域经济一体化的前景。

最后，"中俄印战略三角"将充分利用现有的亚太地区合作机制，如上海合作组织、东亚峰会等。在上海合作组织内进行亚太事务磋商，建立亚太事务磋商机制，将有助于亚太地区合作的推进。问题是东亚峰会、东盟地区论坛、东盟防长扩大会议以及东盟10+1合作机制等都是在以东盟为主导的状况下运行的，"中俄印战略三角"怎样处理与东盟的关系以及东盟怎样看待"中俄印战略三角"将在很大程度上决定这些机制能否进一步深化。如果东盟认为"中俄印战略三角"是一种和平的、开放的、有助于亚太地区合作的力量，那么东盟就会采取合作的态度，从而更有效地推进亚太地区合作进程。如果东盟认为"中俄印战略三角"对其是威胁，它就可能采取不合作的态度，也有可能选择与美国靠拢，那么亚太地区合作必然增加更多的不确定性。

综上所述，印度亚太战略未来选择的核心问题是它怎样从国家利益出发来合理地处理与中国、美国、俄罗斯、日本、澳大利亚以及东盟等的关系问题。印度与美国、中国、日本、俄罗斯和东盟之间的交互作用，将对亚太地缘政治的未来产生重大影响。印度外交与战略界的精英非常清楚：印度要想成为亚太地区合作机制的真正建构者，首先还得继续增强国家实力，其次要保持外交战略自主，避免过早在大国之间做选择。正如印度学者所言："等到有一天，印度获得充分的经济和军事实力，并且能真正影响亚太权力均势时，谁也不能肯定地说谁是谁的敌人、谁是谁的朋友。"① 因此，印度在亚太战略的未来选择上最有可能的还是再次采取不结盟政策，充当亚太地区的平衡力量，以谋取国家利益的最大化，为印度的崛起积蓄力量。

* * *

在亚太地区秩序调整与转型的背景下，印度的"东向行动政策"也处于"十字路口"，面临选择。但印度的选择受到印度综合国力、亚太地区格局、中美日俄大国关系等多种因素的影响。如前所述，印度的"东向行动政策"主要有三个选项：一是再次采用不结盟政策，在亚太地区充当平衡力量；二是印度接受美国的拉拢，与日本、澳大利亚一起组成完整的"亚洲版北约"；三是印度与中国、俄罗斯一起，组成"中俄印战略三角"，制约美国力量在亚太地区的扩展。

目前印度虽然缺乏独立塑造亚太地区秩序的能力，但印度是影响亚太地区力量平衡的重要力量，也是各方争取的主要对象国。2015 年 8 月至 10 月，印度总理莫迪以旋风般的速度访问日本、美国，在印度接待来访的中国国家主席，三个月之内完成与亚太地区三大国的首脑会晤，并获得经贸大单。

尽管亚太各大国竞相拉拢，印度在"东向行动政策"的选择上最有可能的还是再次采取不结盟政策，充当亚太地区的平衡力量。目前印度缺乏独立塑造亚太地区秩序的能力，它需要通过加强与亚太地区大国的联系来显示自己的存在。但是，无论是构建"中俄印战略三角"还

---

① 转引自李益波《印度与亚太安全：历史、现实和中国因素》，《世界经济与政治论坛》2008 年第 1 期。

是加入"美日印澳四国联盟"都不符合印度的外交目标和国家利益。因为结盟不仅使印度过早失去左右逢源以谋求更大利益的机会，还会彻底打破亚太地区现存的力量均衡格局，而印度正是这一均衡格局的受益者。印度既不可能像日本、澳大利亚那样甘心做美国的"副手"，也不愿意看到亚太事务被中国单独主导。印度的真正目的是通过推动"亚太多极化"，与中美日俄等大国平等地参与亚太地区合作机制的建构，成为亚太地区大国，从亚太走向世界，实现自己的大国梦想。

第七章　印度亚太战略与中印关系

自拉奥政府于 1991 年推出"东向政策"以来，通过多年的推行，印度已从一个南亚国家成为无可置疑的亚太地区大国；"东向政策"也已升级为"东向行动政策"，并成为印度的整体的亚太战略。面对印度不断"东进"，中国学界、政界对此如何认知，并做何反应？中印在亚太地区的竞争与合作对亚太地区合作以及亚太地区秩序的重构造成什么样的影响？对这些问题，在此做一些初步探讨。

一　中国对印度亚太战略的认知

当 20 世纪 90 年代初印度提出"东向政策"并将之作为其进军"亚太"的突破口时，中国学界对此并未给予太多关注，相反很多学者认为，印度实力有限，离"亚太"还很远。在整个 90 年代出版的关于印度政治、历史、外交关系的中文著作中，对印度的"东向政策"几乎没有提及，而涉及该内容的学术论文也极其稀少。

但是，进入 21 世纪后，情况发生了变化。首先，研究印度与东南亚关系，尤其是研究印度"东向政策"的论文大量出现，如孙建波的《印度"东向政策"分析》（2001）、杜朝平的《论印度"东进"政策》（2001）、尹锡南的《论冷战后印度的"东向政策"》（2003）、骆莉的《印度"东进"及其困境》（2003）、张力的《印度迈出南亚——印度"东向政策"新阶段及与中国的利益关联》（2003）、李巍的《印度"东向政策"的目标及其进展》（2003）、傅小强的《印度"东向"的地缘、历史及认知变化分析》（2004）、张淑兰的《印度"东向政策"再认识——关于印度"东向"问题的几点商榷意见》（2005）、赵干城的《印度"东向"政策的发展及意义》（2007）、黄正多与李燕的《多边主义视角下的印度"东向政策"》（2010）、张贵洪与邱昌情的《印度"东向"政策的新思考》（2012）等。另外还有大量关于印度与东盟关系的论文。

其次，在研究印度外交、南亚地区外交以及研究东盟的著作中，对印度与东南亚的关系以及印度的"东向政策"开始有所提及，有些甚至用专章进行阐述。如上海译文出版社 2004 年出版的吴永年等的《21世纪印度外交新论》一书，其第八章名为"走出印度洋：印度的亚太政策"，分析了印度向亚太靠拢的动因、印度与东南亚的关系、印度与日本的关系。这些分析最重要的背景就是冷战后印度"东向政策"的出台。马孆的《当代印度外交》（上海人民出版社 2007 年版）中的第十一章名为"印度与东南亚国家联盟"，介绍了冷战期间以及冷战后印度与东盟的关系、印度与东盟关系发展的原因、印度与东盟关系展望等内容。陈继东主编的《当代印度对外关系研究》（巴蜀书社 2005 年版）中有一节专门讲述印度与东南亚地区组织——东盟的关系。曹云华主编的《东南亚国家联盟：结构、运作与对外关系》（中国经济出版社 2011年版）一书中的第八章名为"东盟与印度关系"，主要包括四个方面的内容，即东盟的大国平衡战略、印度的东向政策、东盟-印度经济贸易关系、东盟-印度政治安全合作。

中国官方对印度"东进"的关注也是在进入 21 世纪之后。自 1962年中印边界冲突发生后，两国关系在 20 多年里相当冷淡，直到拉吉夫·甘地总理于 1988 年 12 月访问中国，双边关系才开始逐渐改善。三年后，中国总理李鹏访问印度，双方就共同关心的双边关系、国际和地区问题等交换了意见，并发表了《中印联合公报》。中印两国还签署了领事条约、恢复设领协议，以及恢复边贸备忘录、和平利用外空科技合作备忘录，推动了双边关系全面改善。1993 年 9 月，印度拉奥总理访华，双方签署了《关于在中印边境实际控制线地区保持和平与安宁的协定》、《广播电视合作协定》、《环境合作协定》以及《增开边贸点议定书》，双边关系进一步发展。1996 年 11 月，江泽民主席实现了中印建交以来中国国家元首的首次访印，双方签署了《关于在中印边境实际控制线地区军事领域建立信任措施的协定》，并宣布建立"面向 21 世纪的建设性合作伙伴关系"。但是，1998 年印度将"中国威胁"作为核试验的借口，这使刚刚改善的中印关系再次蒙上阴影。随后，印度政府通过各种渠道与中方接触，寻求修复两国关系。2000 年是中印两国建交 50 周年，3 月中印首轮安全对话在北京举行，5 月印度总统纳拉亚南访华，两国关系逐步恢复。总之，在整个 90 年代，中印之间的交往和联系更多的是寻求解决历史遗留问题，是试探性的、恢复性的交往与合作，中国对印度的"东向政策"并未给予足够的关注。

2002 年 1 月，中国总理朱镕基对印度进行正式访问。中印两国签署了包括旅游、水利、科技、空间等领域在内的 6 个合作文件，促进了双边关系的进一步发展。2003 年 6 月，印度总理瓦杰帕伊对中国进行正式访问，这是印度总理自 1993 年以后首次访华。双方签署了《中华人民共和国和印度共和国关系原则和全面合作的宣言》，其中写道，"作为两个发展中大国，中印双方在维护亚洲和世界的和平、稳定和繁荣方面有着广泛共同利益，双方都希望在地区和国际事务中增进相互理解，实现更加广泛、密切的合作"，"双方支持亚洲地区的多边合作，认为上述合作增进了亚洲国家的互利交往、经济发展和凝聚力。双方积极看待对方参与亚洲的区域和次区域多边合作进程"。① 这是在中印两国公开的文件中，较早提到两国在亚洲的合作以及怎样看待对方参与亚洲的区域和次区域多边合作的文件。

2005 年 4 月，中国总理温家宝对印度进行正式访问。中印两国签署了《解决中印边界问题政治指导原则的协定》《中印全面经贸合作五年规划》《海关行政互助与合作协定》《扩大中印两国间航空运输安排

---

① 《中华人民共和国和印度共和国关系原则和全面合作的宣言》，中华人民共和国驻印度共和国大使馆网站，2003 年 6 月 23 日，http：//in. china-embassy. org/chn/zygx/zywx/t752836. htm。

的谅解备忘录》等 12 个合作文件，并发表了《中华人民共和国与印度共和国联合声明》。该声明中强调："双方在维护亚洲乃至世界的和平、稳定与繁荣中有共同利益，都有在地区和国际事务中建立更加密切和广泛的理解与合作的愿望。"① 值得注意的是，无论是 2003 年的《中华人民共和国和印度共和国关系原则和全面合作的宣言》还是 2005 年的《中华人民共和国与印度共和国联合声明》，都使用"亚洲"一词，没有使用"亚太"概念。

2006 年 11 月，中国国家主席胡锦涛访问印度，中印两国签署了包括外交、贸易、投资、农业、林业、教育等领域在内的 13 项合作协议，并发表了《中华人民共和国与印度共和国联合宣言》。其中写道："双方将就亚太和国际安全环境经常性交换意见，并就双方共同关切的紧迫问题进行积极磋商，协调立场，为和平解决此类问题做出积极贡献。""双方认识到区域一体化是正在形成的国际经济新秩序的重要特征，同意加强两国在地区组织中的协调，探讨实现更为紧密的亚洲区域合作的新架构。双方积极看待对方参与亚洲跨区域、区域和次区域合作进程，包括参与东亚共同体的进程。鉴此，双方同意在东亚峰会开展紧密的合作。"② 这份文件使用了"亚太"一词，并强调中印两国在"东亚峰会"的框架下加强合作，明确表明了中国对印度"走向亚太"的态度。此后，中印双方发表的联合声明对此问题基本秉持这一态度。

如上所述，不管是中国学界还是官方，对印度"东进"亚太地区都经历了从"不关注"到"关注"的过程。那么，在亚太地区秩序重构的背景下，中国究竟怎样看待和评估印度的"东进"战略呢？

第一，无论是中国的学界还是官方，总体上认为印度已通过"东

---

① 《中华人民共和国与印度共和国联合声明》，中国政府网，国务院公报 2005 年第 16 号，http://www.gov.cn/gongbao/content/2005/content-64191.htm。

② 《中华人民共和国与印度共和国联合宣言》，中华人民共和国驻印度共和国大使馆网站，2006 年 11 月 21 日，http://in.chineseembassy.org/chn/zygx/zywx/t738015.htm。

向政策"把自己的影响力扩大到包括东南亚地区在内的整个亚太地区。中国官员、专家和媒体报道基本上认为，印度早期的"东向政策"更多是以经济为中心的，并以东盟为主要对象。进入 21 世纪后，印度"东向政策"包括政治、经济、军事、安全等方面，相当全面且务实；其"东进"范围已扩展至以东盟、日本为重点的整个亚太地区。而莫迪政府的"东向行动政策"则更为全面，因此也使中国各界更为关注。目前，印度已经成为亚太地区秩序和区域合作机制不可或缺的建构力量。

第二，众多中国学者认为印度能够顺利地"东进"与美国因素紧密相关。尽管中国学界普遍认为，早在美国"亚太再平衡"战略之前，印度就已成功地推行"东向政策"，并与东盟和东南亚国家发展起密切的关系。但是，印度之所以能够成功地"东进"，这与美国的鼓励密切相关。美国希望印度实行积极的向东政策，进入东南亚地区，以此来平衡中国在该地区的影响力。中国学界普遍认为：平衡中国是印美在亚太地区合作的主要动因，印度在"东进"过程中与美国加强合作，从而影响中国的周边环境。这种认识又因为美国和印度的一些专家学者的言论而被证实、被强化。例如，著名的美国国际关系理论家约翰·米尔斯海默（John J. Mearsheimer）就曾指出："在未来的几十年，如果中国能够保持其令人印象深刻的经济增长，那么美国和中国有可能形成激烈的安全竞争，由此引发战争的可能性相当大。包括印度、日本、新加坡、韩国、俄罗斯和越南在内的大多数中国邻国，将与美国一起遏制中国的势力。"[1] 美国学者 Walter C. Ladwig Ⅲ 认为："印度通过亚太政策试图强化自己的区域地位，同时寻求对冲与北部邻国的关系——在受益于经济合作的同时，与对中国有疑虑的国家发展关系来对抗中国在印度洋的

---

[1] John J. Mearsheimer, "The Rise of China Will Not Be Peaceful at All," *The Australian*, November 18, 2005.

活动。"① 印度学者 C. 拉贾·莫汉认为："平衡中国是由印度地缘政治的特殊性决定的，自 20 世纪 50 年代以来始终如此。"②

第三，无论是中国学界还是官方，对印度"东进"过程中的日本因素以及印日之间的战略关系都非常关注。在进入 21 世纪后的 10 多年里，印日关系逐渐升温，完成了从"全球伙伴关系"到"全球战略伙伴关系"再到"特殊的全球战略伙伴关系"的三级跳。2013 年 5 月，印度总理曼莫汉·辛格在其第四次正式访问日本时的演讲中声称，"我们与日本的关系已成为东向政策的中心"，"印度与日本的关系对我们的经济发展重要，在我们寻求包括太平洋和印度洋在内的广大亚洲地区的稳定与和平时，日本是一个天然的、不可或缺的合作伙伴"。③ 莫迪总理在 2014 年 8 月底 9 月初访问日本时，再次声称"日本是印度东向政策的核心"。正因为印日之间快速发展的关系，当涉及东亚地区安全以及更广泛的亚太地区政治、军事问题时，印度与日本、澳大利亚及美国之间的非正式的安全同盟或密切联系让中国感到困扰，因此，中国对印度与日本的关系以及对印度在东亚的政策将保持密切关注。

第四，对于印度参与亚太地区合作，中国持积极欢迎的态度。通过多年的"东进"，印度已经成功地把自己的影响力扩大到亚太地区，并且在亚太地区的活动更加活跃积极。把印度纳入以东盟为主导的地区合作机制既迎合了印度参与亚太地区合作的愿望，也有利于增强中印之间的互信。习近平主席于 2014 年 9 月 18 日在印度世界事务委员会发表题

---

① Walter C. Ladwig Ⅲ, "Delhi's Pacific Ambition: Naval Power, 'Look East,' and India's Emerging Influence in the Asia-Pacific," *Asian Security*, Vol. 5, Issue 2, 2009, pp. 87–113.

② C. Raja Mohan, "The Evolution of Sino-Indian Relations: Implications for the United States," in Alyssa Ayres and C. Raja Mohan, eds., *Power Realignments in Asia: China, India and the United States*, New Delhi: Sage Publications, 2009, p. 288.

③ "Prime Minister's Address to Japan-India Association, Japan-India Parliamentary Friendship League and International Friendship Exchange Council," May 28, 2013, http://mea.gov.in/Speeches-Statements.htm.

为《携手追寻民族复兴之梦》的演讲，其中说道："双方要努力凝聚地区合作共识，与相关国家一道推进区域经济一体化和互联互通进程，加快孟中印缅经济走廊建设，早日完成区域全面经济伙伴关系谈判；要做地区和平的稳定双锚，共同致力于在亚太地区建立开放、透明、平等、包容的安全与合作架构，实现共同、综合、合作、可持续安全。"①

总之，中国理解印度"东进"亚太地区的合理利益诉求，认可并欢迎印度在亚太地区秩序的重构以及地区合作中发挥重要作用，为建立一个开放、透明、平等、包容的亚太地区安全与合作架构而共同努力。但是中国对印度在"东进"过程中与美国、日本的关系，以及对印度与"美、日、澳"可能结成遏制中国的联盟保持高度警惕。因此，对印度在亚太地区的外交战略及其影响，中国尤其需要进行正确认识和理性考量，并且合理评估印度在亚太地区秩序建构中的地位和作用。中印双方只有在利益和需求方面互相体谅对方，中印之间的互信才会逐渐建立起来，中印两国才能在亚太地区秩序的建构中发挥自己应有的作用。

二　中印在亚太地区秩序建构中的合作与竞争

在亚太地区秩序的建构中，中国和印度作为发展中国家和新兴市场国家的重要代表，有着共同的利益和需求，需要加强彼此的协调和合作。

第一，中国和印度都有重塑亚太地区秩序和地区合作机制的愿望，都希望自己在亚太地区秩序的转型和地区合作机制的重构中发挥更大的作用。这种愿望体现在近几年中印两国发表的共同声明或者联合宣言中，其中多次提到加强在亚洲和亚太地区的合作以及积极看待对方参与亚洲跨区域、区域和次区域多边合作机制建构的进程。

2013年5月，李克强总理访问印度，双方发表的联合声明表示：

① 《携手追寻民族复兴之梦——习近平在印度世界事务委员会的演讲》，中华人民共和国外交部网站，2014年9月18日，http://www.fmprc.gov.cn/mfa_chn/ziliao_611306/zyjh_611308/t1192744.shtml。

"亚太地区在全球事务中的作用日益上升。双方认为，维护地区和平与稳定，促进地区共同发展，在遵循国际法基本原则的基础上，在亚太地区建立开放、透明、平等、包容的安全和合作架构，是当前本地区的首要任务。"① 在中国国家主席习近平 2014 年 9 月访印期间，两国发表了《中华人民共和国和印度共和国关于构建更加紧密的发展伙伴关系的联合声明》，其中写道："亚太地区在国际事务中发挥日益重要的作用。……双方支持亚洲地区多边合作机制，同意扩大在相关地区合作组织下的合作。"② 2015 年 5 月，莫迪总理访问中国，两国发表的《中华人民共和国和印度共和国联合声明》表示："作为国际新秩序中的两个主要国家，中印之间的互动超越双边范畴，对地区、多边和国际事务具有重要影响。双方同意，不仅要就影响国际和平、安全和发展的动向加强协商，还将协调立场，并共同塑造地区和全球事务议程和结果。双方同意继续加强在中俄印、金砖国家、二十国集团等多边机制中的协调配合，促进发展中国家的利益，推动建设美好世界。"③

　　中印联合声明的这些内容表达了双方共同塑造地区秩序的愿望。同为发展中国家，怎样在亚太地区秩序的转型以及亚太地区合作机制的建构中为发展中国家谋求利益是中印两国必须面对和协调的问题。而亚太地区经济合作机制中的"意大利面条碗现象"问题、《跨太平洋经济伙伴关系协定》(TPP) 和《区域全面经济伙伴关系协定》(RCEP) 的竞争问题以及亚太地区安全合作机制建构难问题等都需要中印两国共同面对、携手解决。

　　第二，同为亚洲国家，中国和印度的"亚洲认同"是两国在亚太

---

① 《中华人民共和国和印度共和国联合声明》，中华人民共和国外交部网站，2013 年 5 月 20 日，http://in.china-embassy.org/chn/zygx/zywx/t1041929.htm。

② 《中华人民共和国和印度共和国关于构建更加紧密的发展伙伴关系的联合声明》，中国政府网，2014 年 9 月 19 日，http://www.gov.cn/govweb/xinwen/2014-09-19/content-2753299.htm。

③ 《中华人民共和国和印度共和国联合声明》，中华人民共和国外交部网站，2015 年 5 月 15 日，http://in.china-embassy.org/chn/zygx/zywx/t1264214.htm。

地区加强合作的思想基础。随着印度"东向政策"的出台及实施，印度与东盟以及东南亚国家的关系迅速发展，为了进一步加强亚洲的经济合作，印度总理瓦杰帕伊最早提出"亚洲经济共同体"构想，这可以看作尼赫鲁"泛亚主义"在新时代的新发展。由印度发展中国家信息中心率先发起的、主要由亚洲国家的学者与研究机构参加、专门探讨亚洲经济一体化发展前景的"亚洲经济共同体"高峰学术会议于2003年3月在印度新德里举行。印度总理曼莫汉·辛格将"亚洲经济共同体"的构想进一步细化，并于2004年10月在第三届印度-东盟商业峰会上正式提出。"亚洲经济共同体"构想也被称为JACIK战略，JACIK即日本（Japan）、东盟（ASEAN）、中国（China）、印度（India）和韩国（Korea）英文首字母的组合。JACIK战略的出台既是印度"亚洲认同"的体现，也表达了印度参与、促进亚洲经济合作的愿望。JACIK战略涉及的人口约占世界人口的一半，贸易规模超过北美自由贸易区，一旦建成将对亚太地区经济合作产生重大影响。

中国地处亚洲东部，亚太地区成为中国改革开放之后对外贸易和经济关系发展的重点地区。冷战结束后，中国加快融入亚太地区合作的步伐，1991年中国加入亚太经合组织，1994年7月中国作为东盟磋商伙伴国参加了在曼谷举行的首届东盟地区论坛外长会议。1996年12月中国正式加入亚太安全合作理事会，充分发挥第二轨道外交的特殊作用，积极推动亚太地区合作。从1997年起，中国不仅融入而且开始参与亚太地区合作机制的创建。1997年中国与东盟创建了10+1合作机制，中国、日本与韩国与东盟一起创建了10+3合作机制。2001年中国加入《曼谷协定》。2001年6月中国与俄罗斯、哈萨克斯坦、吉尔吉斯斯坦、塔吉克斯坦以及乌兹别克斯坦六国正式创建了上海合作组织。

在与邻国关系普遍改善且积极参与区域合作的背景下，2002年11月召开的中共十六大提出了"与邻为善、以邻为伴，加强区域合作"的周边外交方针。2003年10月，在印尼巴厘岛举行的东盟与中日韩峰会期间，温家宝总理把该外交方针具体化为"睦邻、安邻、富邻"的周边外交政策。同时，中国推行"面向大周边"的区域合作战略，为营造一个平等互信、合作共赢、和平稳定的亚太地区环境而努力。2005年12月，中国参加了在吉隆坡举行的首届东亚峰会。2007年中国首次派高级军事代表团参加创立于2002年的亚洲安全会议（香格里拉对话）。2010年，中国-东盟自由贸易区正式建立。2013年5月，中国参加了《区域全面经济伙伴关系协定》的首轮谈判。同年10月，中国国家主席习近平在印尼国会演讲时正式提出了建设"中国-东盟命运共同体"。2014年11月9日，习近平主席在APEC工商领导人峰会上做了题为《谋求持久发展　共筑亚太梦想》的主旨演讲，首次提出了"亚太梦想"，提出"既要把区域经济一体化提升到新高度，启动亚太自由贸易区进程，也要坚持开放的区域主义理念，推动建设开放型经济新体制和区域合作构架，让亚太的大门始终向全世界敞开"①。

无论是印度的"亚洲经济共同体"构想，还是中国的大周边外交、命运共同体以及亚太梦想，其立足点和出发点都是亚洲和亚太，正是这种"亚洲认同"使印度与中国能够在亚太地区加强合作。正如邓小平在会见印度总理拉吉夫·甘地时所指出的："中印两国不发展起来就不是亚洲世纪。真正的亚太世纪或亚洲世纪，是要等到中国、印度和其他一些邻国发展起来，才算到来。"②

第三，在亚太地区合作机制的建构中，中国和印度都认可东盟的主导作用。在冷战结束后的亚太地区合作实践中，形成了以东盟为主导，以协商一致、照顾各方舒适度为原则的符合亚太地区和国家实际状况的合作方式。无论是在亚太经合组织、东盟地区论坛、东亚峰会还是在《区域全面经济伙伴关系协定》的谈判中，中国对东盟的主导地位都始终如一地积极给予支持。

2013年10月，在接受东盟国家媒体联合采访时，李克强总理表

---

① 习近平：《谋求持久发展　共筑亚太梦想》，《人民日报》2014年11月10日，第2版。

② 《邓小平文选》第三卷，人民出版社，1993，第282页。

示："中国坚定支持东盟的发展壮大，支持东盟在东亚合作中发挥主导作用。"① 2014 年 8 月 8 日，外交部长王毅在缅甸首都内比都出席东亚合作外长系列会期间会见缅甸外长温纳貌伦时重申："中国坚定支持东盟在区域合作中的主导地位，坚定支持东盟为维护地区和平稳定发挥积极作用。"② 2016 年 9 月 7 日，李克强总理在第 19 次中国-东盟（10+1）领导人会议暨中国-东盟建立对话伙伴关系 25 周年纪念峰会上发表演讲，指出："作为域外国家，中国第一个加入《东南亚友好合作条约》，第一个明确支持东盟在区域合作中的中心地位，第一个同东盟建立战略伙伴关系，第一个公开表示愿同东盟签署《东南亚无核武器区条约》议定书，第一个同东盟启动自贸区谈判进程。""将继续把东盟作为周边外交优先方向，继续坚定支持东盟共同体建设，支持东盟在区域合作中的中心地位，支持东盟在国际地区事务中发挥更大作用。"③ 这些讲话表明了中国对东盟在亚太地区合作中的主导地位的支持。

印度也多次表示继续支持东盟在亚太地区合作中的主导地位。在第十九届东盟地区论坛外长会议上，印度外交部长说道："就东亚峰会、东盟地区论坛和东盟防长扩大会议而言，以东盟为中心的地区安全架构获得了稳定发展。我们完全赞成东盟应该继续是这些论坛驱动力的观点。"④ 2014 年 8 月，在缅甸内比都召开的第二十一届东盟地区论坛外

---

① 《中国国务院总理李克强接受东盟国家媒体联合采访》，中国政府网，2013 年 10 月 8 日，https：//www. gov. cn/guowuyuan/2013-10/08/content_2590955. htm。

② 《王毅会见缅甸外长：坚定支持东盟发展壮大》，新浪网，2014 年 8 月 9 日，http：//news. sina. com. cn/c/2014-08-09/162530658621. shtml。

③ 《李克强在第 19 次中国-东盟（10+1）领导人会议暨中国-东盟建立对话关系 25 周年纪念峰会上的讲话》，中华人民共和国外交部网站，2016 年 9 月 8 日，http：//www. fmprc. gov. cn/web/ziliao_674904/zyjh_674906/t1395722. shtml。

④ "External Affairs Minister's Intervention on 'Exchange of Views on Regional and International Issues' at the 19th ARF Ministerial Meeting," July 12, 2012, http：//www. mea. gov. in/Speeches-Statements. htm? dtl/20116/External+Affairs+Ministers+Intervention+on+quotExchange+of+views+on+Regional+and+International+Issuesquot+at+the+19th+ARF+Ministerial+Meeting.

长会议上，印度外长斯瓦拉吉说道："亚太地区安全架构，尤其是东盟地区论坛应该是开放、透明、包容和渐进的。在这个阶段它必须是以对话为中心的，同时东盟必须是其核心。对我们而言，东盟中心既是一个可行的建构，又是对东盟在亚洲地区合作和一体化中的历史作用的承认。我们也希望在东盟地区论坛与东亚峰会和东盟防长扩大会议等其他安全论坛之间有更大的协同效应和互补性。"[1]

印度与中国对亚太地区合作中东盟主导地位的支持有利于双方在亚太地区秩序建构中的合作，而东盟为了防止大国凭借实力主导地区合作机制的运作，为了维护自己的主导地位，竭力在各国及各种力量之间进行协调，尽力在地区合作机制建构过程中保持灵活性、可选择性。但是，亚太地区合作的进程深受大国竞争和各国经济发展差异等客观因素的限制，东盟的主导往往显得力不从心，从而使亚太地区合作机制建设踯躅不前。中印两个大国对东盟的积极支持将有助于打破困局，把亚太地区合作机制的建构推上新的台阶。

尽管在亚太地区秩序和地区合作机制的建构中，中国和印度由于共同的利益需要加强协调与合作。但是，在亚太地区秩序和地区合作机制的建构中，中印之间存在竞争和分歧。

首先是规则制定的竞争。在地区秩序的建构以及地区合作中，参与各方根据自己的国家利益、战略目标，力求争取自己的权益、发出自己的声音，力求使自己的利益和影响力最大化。中印两国由于经济发展水平的差异、地缘环境的不同，在亚太地区秩序和地区合作中有着不同的利益诉求，这最终会反映到对"地区规则"要求上的差异，怎样在亚太地区秩序的建构和地区合作规则的制定中求同存异是摆在中印两国面前的问题，也是整个亚太地区秩序建构必须面对的问题。

---

[1] "Intervention by External Affairs Minister at 21st ASEAN Regional Forum (ARF) Meeting," Nay Pyi Taw, Myanmar, August 10, 2014, http://www.mea.gov.in/Speeches-Statements.htm? dtl/23882/Intervention_by_External_Affairs_Minister_at_21st_ASEAN_Regional_Forum_ARF_Meeting_Nay_Pyi_Taw_Myanmar.

其次是影响力的竞争。由于自身实力有限，印度清楚自己不可能是亚太地区秩序和地区合作机制的主导构建者，但是，印度对中国在亚太地区影响力的扩大深感疑虑。印度专家认为中国在亚太地区的主要目标是成为亚洲的单一中心（monocentricity），这不符合印度的期望。印度期望亚太地区实现"真正的多极化"（genuine multipolarity），自己能够成为其中与中国并驾齐驱的"一极"。[①] 因此，印度不愿看到中国主导亚太地区，处处以中国为"参照"，与中国在亚太地区展开影响力的竞争。如中国与东盟建立 10+1 合作机制，印度很快就如法炮制，建立起印度与东盟的 10+1 合作机制。中国与日本、韩国同东盟建立 10+3 合作机制，印度则提出了 10+4 合作机制的 JACIK 战略。中国与东盟建立自由贸易区后，印度与东盟也建立了自由贸易区。

同时，中国对印度在参与亚太地区事务中与美国、日本、澳大利亚等国关系发展的深度与广度也十分关注。中印两国在亚太地区事务中的影响力的竞争将持续较长时间。在中国政府推行"一带一路"建设的背景下，印度担心中国可能借"一带一路"建设扩大自己在南亚的影响力，特别是中国将由此进入印度洋，凭借自身经济实力逐步将印度边缘化。[②] 中国则担心印度在"东向行动政策"框架下与美国、日本、澳大利亚展开深度合作，组成包围中国的"亚洲版北约"。中印之间的这种相互疑虑只会阻碍合作、加剧竞争。因此，未来中印关系的"常态性课题"就是如何理性看待对方的发展壮大以及如何面对两国在国际问题上的竞争与合作。

---

① 参见 Andrei Volodin，"India and APEC：Center of Mutual Gravitation，" September 4，2012，http：//indrus. in/articles/2012/09/04/india_and_apec_center_of_mutual_gravitation_17389. html。

② 葛成、杨晓萍：《"逆全球化"时代的中印经济合作展望》，《南亚研究季刊》2016 年第 4 期。

三　中国的亚太战略选择与中印关系

冷战结束后，亚太地区秩序进入调整与转型期。一方面，以美国为中心的同盟体系作为亚太地区主导性的安全架构仍然在延续，亚太地区合作机制在全球化和区域一体化的推动下取得了较大进展；另一方面，由于中国、印度等新兴经济体逐渐发展，大国在亚太地区的博弈不断加剧，亚太地区合作出现新的变数，面临新的挑战。面对错综复杂的亚太地区局势，中国究竟该选择怎样的亚太战略？中国在亚太地区秩序的调整与转型中将发挥什么样的作用？中国需要什么样的亚太地区合作机制？这些都是中国政府必须面对和考虑的问题。

（一）中国的亚太战略目标与政策选择

亚太地区作为中国重要的周边地区，是中国发展的战略依托地。中国外交在经历了几十年的发展后，对亚太地区的认识更加全面深刻，亚太外交的整体战略日渐清晰。中国亚太战略的根本理念在于通过推动东亚和亚太的合作及一体化构筑东亚和亚太的持久和平与繁荣。[1] 通过倡导多边主义、推动多边合作，构筑和平、繁荣的亚太命运共同体是中国亚太战略的目标。

冷战结束后，中国对亚太地区合作机制经历了从参与、融入到积极建构的转变。中国先后加入了亚太经合组织、东盟地区论坛、亚太安全合作理事会、《曼谷协定》、东亚峰会、香格里拉对话、东盟防长扩大会议以及《区域全面经济伙伴关系协定》等亚太地区经济与安全合作机制。中国参与创建了东盟10+1、10+3合作机制，上海合作组织，中国-东盟自由贸易区，中国-韩国自由贸易区等地区合作机制。

在参与亚太地区合作机制建构的过程中，中国提出了要建立开放、

---

① 陈松川：《亚太地区政治经济新格局及中国的对策》，《亚太经济》2010 年第1 期。

包容、透明的亚太地区秩序，提倡互信、互利、平等、协作的新安全观以及共同、综合、合作、可持续的亚洲安全观，提出了共同繁荣、引领大势、互联互通、人民幸福的亚太梦想。中国主要领导人在一些重要场合宣传中国的亚太地区合作理念、政策以及新倡议和新设想。2013 年 10 月，李克强总理在文莱斯里巴加湾市举行的第八届东亚峰会上讲道："中方主张，区域经济一体化应坚持开放、包容、透明的原则。……亚太地区经济合作架构众多，建立一个符合地区实际、满足各方需要的区域安全架构势在必行。"① 2014 年 6 月 28 日，在纪念和平共处五项原则发表 60 周年大会上的讲话中，习近平主席说道："我们要倡导共同、综合、合作、可持续安全的理念，尊重和保障每一个国家的安全。……我们要推动建设开放、透明、平等的亚太安全合作新架构，推动各国共同维护地区和世界和平安全。"②

2014 年 11 月 9 日，习近平主席在 APEC 工商领导人峰会上首次提出了"亚太梦想"，他说："大时代需要大格局，大格局需要大智慧。亚太发展前景取决于今天的决断和行动。我们有责任为本地区人民创造和实现亚太梦想。这个梦想，就是坚持亚太大家庭精神和命运共同体意识，顺应和平、发展、合作、共赢的时代潮流，共同致力于亚太繁荣进步；就是继续引领世界发展大势，为人类福祉作出更大贡献；就是让经济更有活力，贸易更加自由，投资更加便利，道路更加通畅，人与人交往更加密切；就是让人民过上更加安宁富足的生活，让孩子们成长得更好、工作得更好、生活得更好。"③ 亚太梦想是中国对亚太地区未来发

---

① 《李克强总理在第八届东亚峰会上的讲话》，中华人民共和国外交部网站，2013 年 10 月 10 日，http：//www. fmprc. gov. cn/mfa_chn/ziliao_611306/zyjh_611308/ t1087132. shtml。

② 《习近平在和平共处五项原则发表 60 周年纪念大会上的讲话》，中华人民共和国外交部网站，2014 年 6 月 28 日，http：//www. fmprc. gov. cn/mfa_chn/ziliao_ 611306/zt_611380/ywzt_611452/2014nzt/hpgc_668028/t1169582. shtml。

③ 习近平：《谋求持久发展 共筑亚太梦想》，《人民日报》2014 年 11 月 10 日，第 2 版。

展的宏伟蓝图，是深化亚太地区合作的指针和最终目标。

为了实现亚太梦想，中国在亚太区域经济一体化和安全合作的深化上提出了相应的主张。在亚太区域经济一体化上，针对目前区域合作中"多框架并存、竞争性合作"的特点，中国主张亚太自贸区应建立在已有和在谈判中的区域贸易安排基础之上。为此，没有美国参与的《区域全面经济伙伴关系协定》谈判以及没有中国、印度参与的《跨太平洋战略经济伙伴关系协定》（后称《跨太平洋伙伴关系协定》）谈判应该相互促进，共同推进亚太自贸区的实现。在第八届东亚峰会上，李克强总理说："RCEP 与跨太平洋战略经济伙伴协定（TPP）可以交流互动，相互促进。"① 在 2014 年 11 月 APEC 北京峰会上通过的《亚太经合组织推动实现亚太自贸区北京路线图》中写道："亚太经合组织领导人同意亚太自贸区应是一个全面的自贸协定，并在 10+3、10+6、跨太平洋伙伴关系协定等现有区域贸易安排基础上发展建立。""各经济体应投入更大努力结束亚太自贸区的可能路径谈判，包括跨太平洋伙伴关系协定和区域全面经济伙伴关系。"② 2015 年 2 月，外交部副部长刘振民在慕尼黑安全会议"亚太地缘政治"小组讨论上的发言中讲道："亚太国家应秉持开放的区域主义，推动太平洋东西两岸实现发展对接，TPP 和 RCEP 可协调推进，共同为亚太自贸区建设提供助力。"③

亚太自贸区将有助于解决亚太区域经济合作碎片化问题，是构建开

---

① 《李克强总理在第八届东亚峰会上的讲话》，中华人民共和国外交部网站，2013 年 10 月 10 日，http://www.fmprc.gov.cn/mfa_chn/ziliao_611306/zyjh_611308/ t1087132.shtml。

② 《亚太经合组织推动实现亚太自贸区北京路线图》，《人民日报》2014 年 11 月 12 日，第 10 版。

③ 《构建以合作共赢为核心的东亚伙伴关系——外交部副部长刘振民在慕尼黑安全会议"亚太地缘政治"小组讨论上的发言》，中华人民共和国外交部网站，2015 年 2 月 6 日，http://www.fmprc.gov.cn/mfa_chn/ziliao_611306/zyjh_6113 08/t1235326.shtml。

放型亚太经济格局的关键。为了推动亚太自贸区的实现，打造亚太地区互联互通的新格局，2013 年 9 月 7 日，中国国家主席习近平在哈萨克斯坦纳扎尔巴耶夫大学的演讲中首次提出了共同建设"丝绸之路经济带"的倡议。随后的 10 月 2 日，习近平主席在与印尼总统会谈时提出建立亚洲基础设施投资银行（AIIB，简称"亚投行"），为本地区的基础设施建设提供资金支持，以进一步促进本地区的互联互通和经济一体化。第二天（即 10 月 3 日），习近平主席在印尼国会的演讲中提出共建"21 世纪海上丝绸之路"的倡议。"一带一路"倡议的提出以及"亚投行"的筹建为更大范围、更深层次的亚太经济一体化以及亚太自贸区提供了基础。

中国政府积极推进"一带一路"建设。2014 年 11 月，习近平主席在 APEC 北京峰会上宣布中国将出资 400 亿美元建立丝路基金，为"一带一路"建设的推行提供资金支持。2015 年 3 月，由中国国家发展改革委、外交部、商务部联合发布的《推动共建丝绸之路经济带和 21 世纪海上丝绸之路的愿景与行动》提出："共建'一带一路'旨在促进经济要素有序自由流动、资源高效配置和市场深度融合，推动沿线各国实现经济政策协调，开展更大范围、更高水平、更深层次的区域合作，共同打造开放、包容、均衡、普惠的区域经济合作架构。"[①] 2015 年 6 月签署的《亚洲基础设施投资银行协定》规定，该行旨在"通过在基础设施及其他生产性领域的投资，促进亚洲经济可持续发展、创造财富并改善基础设施互联互通；与其他多边和双边开发机构紧密合作，推进区域合作和伙伴关系，应对发展挑战"[②]。不管是"一带一路"建设，还

---

① 《推动共建丝绸之路经济带和 21 世纪海上丝绸之路的愿景与行动》，新华网，2015 年 3 月 28 日，http://www.xinhuanet.com/world/2015-03/28/c-11147939 86.htm。

② 《亚洲基础设施投资银行协定》，亚洲基础设施投资银行官网，http://www.aiib.org/en/about-aiib/basic-documents/_down/oad/articles-of-agreement/basic-document-chinese-bank-artical-ofagrecment.pdf。

是建立亚洲基础设施投资银行的倡议，都具有很强的包容性和开放性，与既有机制并行不悖、相互促进，并得到许多相关国家的支持。

2017 年 5 月 14~15 日，首届"一带一路"国际合作高峰论坛在北京举行，29 个国家的元首和政府首脑以及 130 多个国家的代表出席论坛。5 月 14 日，习近平在论坛开幕式上做了《携手推进"一带一路"建设》的主旨演讲，他讲道："4 年来，全球 100 多个国家和国际组织积极支持和参与"一带一路"建设……中国同 40 多个国家和国际组织签署了合作协议，同 30 多个国家开展机制化产能合作。……2014 年至 2016 年，中国同'一带一路'沿线国家贸易总额超过 3 万亿美元。中国对'一带一路'沿线国家投资累计超过 500 亿美元。中国企业已经在 20 多个国家建设 56 个经贸合作区，为有关国家创造近 11 亿美元税收和 18 万个就业岗位。……亚洲基础设施投资银行已经为'一带一路'建设参与国的 9 个项目提供 17 亿美元贷款……"① 这些数据表明"一带一路"建设得到共建各国的支持，并取得了实质性的进展。

5 月 15 日，习近平在"一带一路"国际合作高峰论坛圆桌峰会上致《开辟合作新起点　谋求发展新动力》的开幕辞，他表示："'一带一路'建设是我在 2013 年提出的倡议。它的核心内容是促进基础设施建设和互联互通，对接各国政策和发展战略，深化务实合作，促进协调联动发展，实现共同繁荣。……'一带一路'源自中国，但属于世界。'一带一路'建设跨越不同地域、不同发展阶段、不同文明，是一个开放包容的合作平台，是各方共同打造的全球公共产品。……在'一带一路'建设国际合作框架内，各方秉持共商、共建、共享原则，携手应对世界经济面临的挑战，开创发展新机遇，谋求发展新动力，拓展发展新空间，实现优势互补、互利共赢，不断朝着人类命运共同体方向迈

---

① 《携手推进"一带一路"建设——习近平在"一带一路"国际合作高峰论坛开幕式上的演讲》，中华人民共和国外交部网站，2017 年 5 月 14 日，http：//www.fmprc.gov.cn/web/ziliao_674904/zyjh_674906/t1461394.shtml。

进。这是我提出这一倡议的初衷，也是希望通过这一倡议实现的最高目标。"① 很明显，亚太地区是"一带一路"建设的起点，中国在亚太地区的战略目标也是为实现"一带一路"建设的最高目标服务的。

在亚太地区安全合作上，中国提出在新安全观以及亚洲安全观的基础上逐渐建构新的亚太地区安全合作机制。2013 年 12 月 3 日，中国外交部副部长刘振民在亚太安全合作理事会第九次大会午餐会上的题为《亚洲的安全与中国的责任》的演讲中表示："新的区域安全架构是维护亚洲安全的必要环节。……这一架构应建立在新安全观基础上，应有利于促进地区经济合作和安全合作两轮驱动。当然，新架构的建立必然是渐进的过程，应遵循协商一致、不干涉内政，照顾各方舒适度等原则，从具体功能性合作入手，使各方逐步积累相互信任和舒适度。"② 2014 年 5 月，习近平主席在上海举行的第四届亚信峰会的主旨演讲中，提出了共同、综合、合作、可持续的亚洲安全观，呼吁亚洲国家共同努力逐步完善现有地区多边机制，培育新的亚洲安全架构。他指出："共同，就是要尊重和保障每一个国家安全。""综合，就是要统筹维护传统领域和非传统领域安全。""合作，就是要通过对话合作，促进各国和本地区安全。""可持续，就是要发展和安全并重以实现持久安全。"③ 亚洲安全观是对地区安全合作理念的传承和创新，为亚洲安全合作开辟了新的广阔空间。

同时，中国主张在亚太地区合作中坚持多边主义，反对单边主义和

---

① 《开辟合作新起点　谋求发展新动力——在"一带一路"国际合作高峰论坛圆桌峰会上的开幕辞》，中国政府网，2017 年 5 月 15 日，https：//www.gov.cn/xinwen/2017-05/content_5194130.htm。674904/zyjh_674906/t1461700.shtml。

② 《亚洲的安全与中国的责任——外交部副部长刘振民在亚太安全合作理事会第九次大会午餐会上的演讲》，中华人民共和国外交部网站，2013 年 12 月 3 日，http：//www.fmprc.gov.cn/mfa_chn/ziliao_611306/zyjh_611308/t1105032.shtml。

③ 《习近平：积极树立亚洲安全观　共创安全合作新局面》，中华人民共和国外交部网站，2014 年 5 月 21 日，http：//www.fmprc.gov.cn/mfa_chn/ziliao_611306/zyjh_611308/t1158070.shtml。

针对第三方的军事同盟。对于在亚太地区存在的美国双边军事同盟体系问题，中国认为它们应该与时俱进，同多边安全机制融合，共同推进能够满足各方需要的亚太地区安全合作机制。任何强化双边军事同盟，甚至试图以此为亚太地区合作基石的做法或观念，完全有悖于当前深入开展对话与合作的普遍共识，也不符合有关机制通过协商共同维护地区安全的本意。中国在亚太地区安全合作上的主张与实践在《中国的亚太安全合作政策》白皮书中有比较完整的体现。

2017 年 1 月 11 日，中华人民共和国国务院新闻办公室发表了 1.6 万字的《中国的亚太安全合作政策》白皮书。该白皮书由前言、正文和结束语三部分组成。正文包括六个部分，即中国对亚太安全合作的政策主张、中国的亚太安全理念、中国与地区其他主要国家的关系、中国在地区热点问题上的立场和主张、中国参与亚太地区主要多边机制、中国参与地区非传统安全合作。① 白皮书重申了中国倡导的共同、综合、合作、可持续的安全观，并主张在以下四项原则的基础上完善地区安全架构，即未来的地区安全架构应是多层次、复合型和多样化的，未来的地区安全架构建设应是地区国家的共同事业，未来的地区安全架构应建立在共识基础之上，未来的地区安全架构应与地区经济架构建设协调推进。白皮书中还提出了中国对亚太安全合作的六条政策主张，即促进共同发展、推进伙伴关系建设、完善现有地区多边机制、推动规则建设、密切军事交流合作以及妥善处理分歧矛盾，其目的就是推动亚太地区的持久和平与共同繁荣。②

但是，我们也要看到，由于亚太地区安全合作的复杂性，短期内无法形成涵盖整个亚太地区的安全架构，而原有的以东盟为主导的东盟地

---

① 参见《外交部副部长刘振民出席〈中国的亚太安全合作政策〉白皮书发布会并回答记者提问实录》，中华人民共和国外交部网站，2017 年 1 月 12 日，http：//www.fmprc.gov.cn/web/ziliao_674904/zyjh_674906/t1429884.shtml。

② 《〈中国的亚太安全合作政策〉白皮书（全文）》，新浪网，2017 年 1 月 11 日，http：//news.sina.com.cn/o/2017-01-11/doc-ifxzqhka2663237.shtml。

区论坛、亚太安全合作理事会、东盟防长扩大会议、香格里拉对话等安全对话机制，以及上海合作组织、六方会谈等为亚太各国交换意见和观点、开展多边安全对话与合作提供了重要平台，代表了地区安全合作的发展方向，应该继续发挥重要作用。在 2014 年 5 月第四届亚信会议峰会上，中国建议推动亚信会议成为覆盖全亚洲的安全对话与合作平台，并在此基础上探讨建立新的亚太地区安全合作机制。中国也积极推动香山论坛成为亚太地区安全对话与合作的新平台。另外，中国积极创建新的安全对话与合作平台。2015 年 11 月，澜沧江-湄公河合作机制建立，它是第一个由流域六国共同创建的新型次区域合作机制，也是亚太地区次区域安全对话与合作的新平台。2017 年 12 月，澜沧江-湄公河综合执法安全合作中心在昆明正式启动，该中心的成立有利于维护地区的安全与稳定。总之，只有切实倡行新安全观和亚洲安全观，亚太安全合作才会有出路，亚太和平稳定局面才能得到保障，亚太地区的多边安全对话与合作机制才能继续健康发展并发挥有效作用。

（二）中国的亚太战略选择对中印关系的影响

中国的亚太战略选择对中印关系有着重要影响，这种影响主要表现在两个方面：一是中国的亚太战略选择需要印度的支持与配合，为此中国对印度展开了积极外交，中印关系快速发展；一是印度对中国的亚太战略选择有疑虑，这种疑虑在一定程度上制约了中印关系的进一步发展。

1. 中国的亚太战略选择促使中国对印度展开积极的外交

中国在亚太地区的外交目标是通过倡导多边主义、推动多边合作和地区一体化来建构亚太命运共同体。印度通过推行东向政策已成为亚太地区的重要组成部分。因此，中国在亚太命运共同体的建构中不能忽视印度的存在，需要获得印度的支持与配合。

首先，在亚太地区经济合作中，中国倡导的亚太自贸区、"一带一路"建设都离不开印度的支持。"一带一路"建设是中国倡导的开放型的合作平台，如果印度不加入其中，那无疑是不完整的。况且，印度因其政治、军事以及经济实力而在南亚地区享有其他国家难以匹敌的影响力，尤其是莫迪上台之后推行"邻国优先"（Neighbour First）的南亚地区外交政策，这为印度影响这些国家的政策走向提供了更大的可能性。因此，争取到印度的支持就可能获得整个南亚地区的支持。

其次，中国主张在新安全观以及亚洲安全观的基础上建构开放、透明、平等的亚太安全合作新架构。中国的主张对当前亚太地区以美国为主的双边军事同盟体系构成冲击。由于中国的快速发展，"中国威胁论"在一些东亚、东南亚以及南亚国家中很有市场，有些国家甚至为了应对所谓的"中国威胁"而强化与美国的双边军事同盟关系，美国也趁机重返亚太，实施"亚太再平衡"战略，在强化与日本、韩国、菲律宾等盟国关系的同时，加强与包括印度在内的其他亚太国家的军事安全合作。特朗普上台之后，大力鼓吹"印太"战略，强化与印度、日本、澳大利亚的安全合作。由于边界问题和历史原因，中印在安全领域的战略互信度较低，中印在安全领域的合作因此遭遇瓶颈。对此，中国在提出亚洲安全观的同时，欢迎印度、俄罗斯、印尼等提出地区安全合作原则倡议，建议共同就相关安全合作理念和原则深入探讨，积累共识，为地区安全合作奠定基础。

总之，无论是在亚太地区经济一体化方面还是在安全合作机制的建构方面抑或是在亚太命运共同体建构方面，中国的战略和政策选择都要求改善、加强与印度的关系。为此，中国政府对印度展开了积极的外交。

第一，加强中印经济合作，提出建设孟中印缅经济走廊。2013 年 5 月，李克强总理对印度进行了正式访问，印度是他就任总理之后出访的第一个国家。在访印期间，李克强总理正式向印度提出了建设孟中印缅经济走廊的设想，两国积极探索两个新兴经济体之间互联互通的新方式，加强双方在基础设施建设、投资、贸易等领域的合作，加强铁路和产业园区等大项目合作，推动中印两大市场实现优势互补、互利共赢。

2013 年 12 月，孟中印缅经济走廊联合工作组第一次会议在昆明举行。2014 年 9 月，在习近平主席访印期间发表的中印联合声明提到了该经济走廊的建设，"双方注意到在推进孟中印缅经济走廊合作方面取得的进展。双方忆及孟中印缅经济走廊联合工作组第一次会议，同意继续努力，落实会议达成的共识"①。从《推动共建丝绸之路经济带和 21 世纪海上丝绸之路的愿景与行动》规划来看，该经济走廊正好位于"丝绸之路经济带"拟重点建设的西南路线上；同时，孟加拉国、印度、缅甸又处于海上丝绸之路上，因此，该经济走廊更大的意义在于连通"一带"与"一路"。2014 年 12 月，在孟加拉国的库科斯巴扎举行了孟中印缅经济走廊联合工作组第二次会议。2017 年 4 月，孟中印缅经济走廊联合工作组第三次会议在印度加尔各答举行。

第二，理性定位中印关系。2014 年 9 月，习近平主席访问印度，在印度世界事务委员会的演讲中他进一步把中印关系定性为"三个伙伴"，即"中印两国要做更加紧密的发展伙伴，共同实现民族复兴"；"中印两国要做引领增长的合作伙伴，携手推进亚洲繁荣振兴"；"中印两国要做战略协作的全球伙伴，推动国际秩序朝更加公正合理的方向发展"。② 这"三个伙伴"实际上也是中国对印政策要实现的三重目标，即建构发展伙伴、合作伙伴及全球伙伴关系。随后两国发表的《中华人民共和国和印度共和国关于构建更加紧密的发展伙伴关系的联合声明》把"发展伙伴关系"作为两国战略合作伙伴关系的核心内容，表达了双方在"发展"问题上的契合。在发展伙伴关系之下，印度的发展战略与中国的"一带一路"建设可以深入对接，从而推动中印关系

---

① 《中华人民共和国和印度共和国关于构建更加紧密的发展伙伴关系的联合声明》，中国政府网，2014 年 9 月 19 日，http：//www. gov. cn/govweb/xinwen/2014-09/19/content_2753299. htm。

② 《携手追寻民族复兴之梦——习近平在印度世界事务委员会的演讲》，中华人民共和国外交部网站，2014 年 9 月 18 日，http：//www. fmprc. gov. cn/mfa_chn/ziliao_611306/zyjh_611308/t1192744. shtml。

的进一步发展。

2015 年以来，中印伙伴关系进一步深化，两国高层互访以及利用国际合作平台进行频繁互动，这些使双方的政治互信进一步增强。2015 年 5 月，印度总理莫迪访华。2015 年 7 月和 2016 年 6 月、9 月、10 月，习近平主席在金砖国家领导人乌法会晤（第七次会晤）和上海合作组织塔什干峰会、二十国集团杭州峰会、金砖国家领导人果阿会晤（第八次会晤）期间与莫迪会见，就共同关心的国际和地区问题进行沟通。2015 年 11 月，李克强总理在马来西亚出席东亚合作领导人系列会议期间与莫迪总理会见。2016 年 5 月，印度总统慕克吉访华。2017 年 9 月 5 日，习近平在厦门会见了出席金砖国家领导人第九次会晤的印度总理莫迪，习近平在会晤中指出："和平相处、合作共赢是中印两国唯一正确的选择。"[①]

第三，中国高度重视印度作为发展中大国在国际事务中的地位，积极支持印度参加相关地区合作组织，邀请印度参加 APEC 会议，吸纳印度加入上海合作组织，欢迎印度成为亚洲基础设施投资银行的创始成员国。2014 年，习近平主席利用东道主之便主动邀请印度总理莫迪以观察员国身份参加北京 APEC 领导人非正式会议，体现了中国欢迎印度加入亚太地区重要国际组织的明确态度。在 2015 年 5 月印度总理莫迪访问中国期间，两国发表了《中华人民共和国和印度共和国联合声明》，其中写道："中国认识到印度在推动全球经济增长方面发挥的重要作用，支持 APEC 保持开放性，欢迎印度加强与 APEC 联系。"[②]

"一带一路"倡议提出之后，中国政府在多个场合邀请印度参与"一带一路"建设。2014 年 2 月，在新德里举行的中印边界问题特别代表第 17 次会晤上，中国国务委员杨洁篪邀请印度一起共建"21 世纪海

---

① 《习近平会见印度总理莫迪》，人民网，2017 年 9 月 5 日，http：//cpc. people. com. cn/nl/2017/0905/c64094-29517010. html。

② 《中华人民共和国和印度共和国联合声明》，中华人民共和国外交部网站，2015 年 5 月 15 日，http：//in. China-embassy. org/chn/zygx/zywx/tl264214. htm。

上丝绸之路"。2015 年 5 月，习近平主席在会见来华访问的莫迪总理时表示，中印之间可以就"一带一路"建设、亚洲基础设施投资银行等合作倡议与"东向行动政策"加强沟通，实现对接。2016 年 5 月 26 日，习近平主席在与来华访问的印度总统慕克吉的会谈中表示："中方愿同印方探讨将'向东行动'倡议同'一带一路'倡议对接。双方要推动孟中印缅经济走廊建设尽快取得实质性进展，共同将亚洲基础设施投资银行打造成一个专业、高效的基础设施融资平台，推动早日完成区域全面经济伙伴关系协定谈判。"①

在中国政府积极外交的推动下，中印关系获得了较快发展。除了如前所述的双方高层互访频繁，中印双边商品贸易的发展也引人注目。尽管 2012~2013 年阿联酋取代中国成为印度最大的商品贸易伙伴，但是从 2013 年到 2017 年，中国已连续四年是印度最大的商品贸易伙伴。2016~2017 年，中印之间的商品贸易总额为 714.5 亿美元，占印度对外贸易总额的 10.85%。2012~2017 年印度和中国的进出口贸易情况见表 7-1。

表 7-1　2012~2017 年印度和中国的进出口贸易情况

单位：百万美元

年份	出口到中国	从中国进口	贸易总额	贸易差额
2012~2013	13534.88	52248.33	65783.21	-38713.45
2013~2014	14824.36	51034.62	65858.98	-36210.26
2014~2015	11934.25	60413.17	72347.42	-48478.92
2015~2016	9010.35	61706.83	70717.18	-52696.48
2016~2017	10171.18	61281.57	71452.75	-51110.39

注：印度的统计年度是当年的 4 月 1 日到次年的 3 月 31 日。

资料来源：印度商务部网站，http://commerce.gov.in。

另外，除了在金砖国家、上海合作组织、二十国集团、东亚峰会、

①　《习近平同印度总统慕克吉举行会谈》，中华人民共和国驻印度大使馆网站，2016 年 5 月 30 日，http://in.china-embassy.org/chn/zywl/t1367647.htm。

中俄印三国外长会晤等机制中加强沟通、协调和对话，中印之间启动了多个新的对话机制。2015 年 11 月，中国国务院发展研究中心与印度国家转型委员会（DRC-NITI）对话机制在北京举行了首轮对话，与会代表围绕"全球经济调整下的中印经济：机遇与挑战"、"区域贸易机制：对中国和印度的启示"和"加强中印经济合作：构建更紧密的发展伙伴关系"三个议题进行专题研讨。[①] 该机制的第二轮对话于 2016 年 11 月在新德里举行，第三轮对话于 2017 年 12 月在北京举行。2016 年 2 月，中印在新德里举行了首轮海上合作对话，确立了两国之间的首个海洋对话机制。2016 年 9 月，中印首次反恐与安全对话在北京举行，双方就加强反恐合作、应对安全威胁达成共识。2016 年 9 月和 10 月，中印举行了两轮军控磋商，就"核供应国集团"（NSG）扩员等共同关心的军控问题交换了看法。这些新的对话机制为中印之间加强沟通、交流提供了重要平台，也反映了中印两国希望通过对话、磋商减少分歧，保持双边关系稳步发展。

尽管中国对印政策友好而积极，中印关系也在稳步发展，但是印度对中国仍然有较深的疑虑，并抱有极大的戒心，这在一定程度上制约了中印关系发展的深度与广度。

2. 印度对中国的疑虑及其对中印关系的制约

印度对中国的疑虑既有历史原因，也有现实因素。自 1962 年中印边界冲突之后，"受害者"情结似乎一直伴随着印度，它认定中国在南亚地区的一举一动都是针对印度的，其中包括中国与巴基斯坦的友好关系。这种"受害者"情结使印度政治精英和观察家在解读中国对印友好的外交政策时不免失之偏颇，对中国改善中印关系的诚心和动机表示怀疑。一位印度前外交官指出中国渴望把印度与美国和日本的战略轨道分开，并进一步将中国改善与印度关系的愿望归结为"要么是亚洲权

---

① 《国务院发展研究中心与印度国家转型委员会对话会暨中印发展圆桌研讨会 2015 在京召开》，国务院发展研究中心网站，2015 年 11 月 24 日，http://www.drc.gov.cn/gjjl/20151124/3-3-2889476.htm。

力转换的标志，要么是当中国在东海和南海与相关国家争夺岛礁时能保持（中印）边界沉静的一个方法"，甚至中国邀请印度参加亚太经济合作组织（APEC）领导人非正式会议也被他认为"其意义仅仅在于表示北京停止了阻碍印度加入包括联合国安理会在内的多边和地区机构的策略"①。

尽管中国政府一再申明要打造开放的、和平的、繁荣的亚太命运共同体，实现亚太梦想，但印度并未因此而减少疑虑。美国战略与国际研究中心的专家分析："印度越来越把中国视为其长期的最大的安全竞争者。从历史看，中印关系紧张在很大程度上局限于边界争端。然而，近几年，印度开始感受到来自中国的另外的安全压力。这涉及印度对中国海军进入印度洋的关注、网络攻击（cyber attacks）以及对中国与印度邻国关系快速发展的担忧。"② 因此，印度对中国在南亚地区以及印度洋地区影响力的增加倍感焦虑，对中国倡导的"一带一路"建设持谨慎观望的立场，并启动"季风计划"、"香料之路"计划以应对中国倡议的"21世纪海上丝绸之路"。

印度对中国提出的其他倡议也不够积极。如孟中印缅经济走廊联合工作组在2013年12月、2014年12月如期地举行了第一次、第二次会议之后，本来预定第三次会议在2015年底召开，但直到2017年4月，第三次会议才在印度加尔各答举行。2016年2月举行了中印首轮海上合作对话，双方没有达成任何实质性的协议。2017年5月举行了"一带一路"国际合作高峰论坛，印度也未参加。2017年6月至8月，中印之间爆发了一场历时两个多月的边界对峙事件。战略疑虑加上悬而未决的边界问题使中印关系面临前所未有的挑战，中印两国在亚太地区的

---

① Satu Limaye, "India-East Asia Relations: Acting East under Prime Minister Modi?" *Comparative Connections*, Vol. 16, No. 3, 2015.

② Michael Green, Karhleen Hicks and Mark Cancian, *Asia-Pacific Rebalance 2025, Capabilities, Presence, and Partnerships*, Washington, D. C.: The Center for Strategic and International Studies, 2016, p. 83.

合作难以有较多的成果。

3. 求同存异，面向未来

我们在看到印度疑虑的同时，也要看到中印在亚太地区有较多的共同利益，中国与印度可以在"一带一路"建设与"东向行动政策"中找到利益契合点，为中印之间的进一步合作奠定基础。

中印在亚太地区的共同利益，正如 2013 年时任印度总理曼莫汉·辛格在中共中央党校的演讲中所指出的："印中两国都需要一个稳定、安全和繁荣的亚太地区。全球机遇和挑战的重心正在向这一地区转移。……虽然这一区域体现了无与伦比的活力和希望，但也存在着许多悬而未决的问题和纠纷。建立合作、包容及基于规则之上的安全架构以增进集体安全，促进地区和全球稳定，将会符合各方利益。虽然印度和中国都是大国，都有足够的信心来自行应对面临的安全挑战，但两国合作应对将会使效率更高。亚太地区的稳定与繁荣，还可以通过加强区域内的互联互通来实现，这也应该是印中两国的共同目标。"①

正因为这些共同利益的存在，尽管印度有疑虑，但是在亚太地区局势变化之际，在新一轮的亚洲发展计划中，印度也不愿意失去参与、发展获益的机会。2014 年 10 月 24 日，首批意向创始成员国在北京正式签署筹建亚投行备忘录时，印度是在人民大会堂参与签字的第一个大型经济体，是亚投行的首批创始成员国，并且是仅次于中国的第二大股东。2015 年 1 月，印度承办了亚投行第二次首席谈判代表会议。2017 年 5 月，亚投行的首个印度项目获批，即为印度安得拉邦的不间断供电项目融资 1.6 亿美元贷款。2017 年 12 月，印度获得亚投行 3.35 亿美元的贷款，用于修建班加罗尔地铁 R6 线。中印两国只要在"一带一路"建设与"东向行动政策"上求同存异，就可以获得更多的合作机会，共同促进亚太地区的稳定与繁荣。

---

① 《辛格：新时代的印度与中国》，爱思想网站，2013 年 11 月 18 日，http://www.aisixiang.com/data/69674.html。

　　总之，尽管印度对中国的发展存在矛盾心理，但印度和中国改变以美国为主导的亚太地区旧秩序的愿望是相同的，希望亚太地区稳定、繁荣的愿望是一致的，这就为双方在建构亚太地区新秩序中的合作提供了基础。中印都在"重新发现"对方、"重新定位"对方，并着手构建"中印关系新模式"或"新兴大国相处之道"，这客观上推动了以合作共赢为核心的新型国际关系以及中印在亚太地区秩序建构中的合作。正如习近平主席所言，"中印用一个声音说话，全世界都会倾听"①。当中印关系的战略互信达到一定水平，其对亚太地区及世界格局的塑造力度必将更加突出。

---

① 《中印用一个声音说话，全世界都会倾听》，新浪网，2014 年 7 月 16 日，ht-
tp：//news. sina. com. cn/o/2014-07-16/074030527299. shtml。

结　语

独立以后的印度对亚太地区的认知以及外交定位随着该地区的局势以及印度的国家利益变化而变化，印度的亚太战略也从"无"到"有"。印度独立之时，"亚太"概念还未形成，但由于印度、中国以及多数东南亚国家通过反殖民主义、反封建主义的斗争赢得了民族独立，亚洲国家的主权重新回到亚洲人的手中，"亚洲"概念凸显。印度是第一个获得民族独立的亚洲国家，印度开国总理尼赫鲁认为，印度应该成为世界大国，而其基础在亚洲。因此，亚洲成为印度外交战略的重点地区，尼赫鲁希望通过倡导"泛亚主义"来实现印度领导之下的"亚洲团结"。

但是，1962年中印两国因为边界问题兵戎相见，尼赫鲁的"亚洲团结"梦碎。与此同时，美苏两大集团在亚洲的争夺加剧，宣称不结盟的印度在20世纪70年代初选择与苏联准结盟，并重点经营南亚地区，亚太地区在印度外交战略中逐渐被边缘化，直到冷战结束。印度退守南亚的这一时期正是亚太地区主义兴起并逐渐发展的时期。20世纪60年代，由于亚洲大陆与太平洋两岸经济联系的不断加强，"亚太"概念的雏形展现，20世纪70年代"亚太"概念正式形成，在1989年亚太经合组织成立之后，"亚太"概念逐渐流行，印度错失了融入亚太地区的早期机会。

促使印度走出南亚、重新关注广阔的亚太地区的转折点是苏联解体、冷战结束。面对剧烈变化的国际局势，内外交困的印度进行经济改革和外交政策的调整。环顾四周，无论是从地缘政治还是地缘经济的角度看，"走向亚太、融入亚太"都成为印度最理性、最现实的选择，

"东向政策"由此出台。东向政策的出台既是印度调整外交政策的结果，也是亚太地区主义发展的结果。虽然东向政策的初期主要针对东盟和东南亚地区，但在东向政策的第二阶段，其实施范围扩展到整个亚太地区。至此，独立后的印度第一次有了完整的、统一的亚太战略。

印度在亚太地区的外交战略目标受到印度的战略文化、印度的国家实力以及亚太地区格局的影响。除了"成为世界大国"这个根本目标，印度在亚太地区的现实目标是具体的、复杂且多重的。它期望融入亚太经济圈；在战略自主的前提下参与亚太地区合作以及亚太地区秩序的塑造；同时输出印度文化，扩大其政治、文化影响力。这些外交目标能否实现又深受印度国家实力以及亚太地区格局和亚太地区大国博弈的制约。尽管实力有限，但印度通过推行东向政策逐渐融入、参与亚太地区合作机制的创建及发展，它不仅加入了东盟地区论坛、亚太安全合作理事会、东亚峰会、香格里拉对话、东盟防长扩大会议以及 RCEP 的谈判，还创建了印度-东盟峰会（10+1 合作机制）和印度与东盟、韩国及日本的自由贸易区。通过推行东向政策，印度已成为亚太地区秩序的重要参与者、建构者和亚太地区多边主义中不可忽视的一极。进入 21 世纪之后，对"亚太"重新定义的"印太"概念逐渐流行。这不仅表明东亚经济强国与印度洋地区之间的联系日益密切，也为印度进一步在亚太地区扮演战略角色提供了合法性。在"印太"语境下，莫迪政府把"东向政策"升级为"东向行动政策"，加快了融入亚太地区的步伐。

但是，随着中印的发展、美国亚太同盟体系的变化、日本政治右倾化、领土领海争端、朝核问题以及各种非传统安全问题等的出现，亚太地区大国之间的博弈加剧，原有的亚太地区秩序和地区合作机制受到冲击和挑战，不能有效解决新出现的问题，亚太地区秩序和亚太地区合作机制的转型和重构迫在眉睫。受到综合国力、亚太地区格局、中美日俄大国关系等多种因素的影响，印度缺乏独立塑造亚太地区秩序的能力，印度能否进一步在亚太地区秩序和地区合作机制的建构中发挥自己的作用，取决于印度选择什么样的亚太战略。

印度亚太战略选择的核心问题是它怎样从国家利益出发来合理地处理与中国、美国、俄罗斯、日本、澳大利亚及东盟等关系的问题。印度或者接受美国的拉拢，与日本、澳大利亚一起组成完整的"亚洲版北约"；或者与中国、俄罗斯一起，组成"中俄印战略三角"，制约美国力量在亚太地区的扩展；或者再次采用不结盟政策，在亚太地区充当平衡力量。对于素有大国之志的印度来说，无论是加入"美日印澳四国联盟"还是构建"中俄印战略三角"都不符合其外交目标。因此，印度最有可能的还是再次采取不结盟政策，充当亚太地区的平衡力量，以谋取国家利益最大化，为印度的崛起积蓄力量。

不结盟的印度在亚太地区秩序和地区合作机制的建构中将保持充分的战略自主性，将是一种独立的中间力量。它将与中国、美国同时保持有限的合作，在中国、美国之间维持一种动态的平衡。为了加强自己在亚太地区秩序和地区合作机制建构中发挥的作用，印度也将通过与亚太国家或亲或疏的关系来提升自己的影响力，它可能与韩国、日本、越南、澳大利亚等国加强联系，构建属于印度自己的亚太地区平衡。

在亚太地区经济合作机制的建构方面，印度将继续支持以"东盟为主导"的亚太区域经济一体化，它将继续争取加入 APEC，也将以积极的态度加入"亚投行"、金砖国家新开发银行等新的地区合作机制的建设。在亚太地区安全合作机制的建构方面，由于存在以美国为主导的双边军事同盟体系，亚太地区多边安全合作机制的建构面临许多困难。不结盟的印度在安全领域与中美的合作将是有限的，印度会在亚太安全合作上坚持多边主义，除了继续支持以东盟为主导的亚太地区多边安全合作，还会加入像上海合作组织那样的多边合作机制。这与中国在新安全观和亚洲安全观的基础上打造开放、透明、平等的亚太安全合作新架构的主张有契合之处。亚太安全领域的多边合作是中印两国的共同诉求，在多边主义的基础上实现亚太大国在安全领域的利益协调与共商应该是能够比较长期、稳妥地解决棘手的安全问题的主要方案，也是亚太安全合作机制建构的未来方向。

进入 21 世纪后，中国加强了对印度东向政策的研究，并理性、客观地评估印度"东进"亚太地区及其对亚太地区秩序和地区合作的影响。中国理解印度"东进"亚太地区的合理利益诉求，认可并欢迎印度在亚太地区秩序的重构以及地区合作中发挥重要作用，在积极改善中印关系、完善中印双边对话机制的同时，支持印度参加亚太地区多边合作机制的建构，在东盟地区论坛、东亚峰会、上海合作组织等框架下开展多边合作，共同为建立开放、透明、平等、包容的亚太地区安全合作架构以及和平、繁荣的亚太命运共同体而努力。

参考文献

一 中文资料

(一) 专著

陈峰君:《亚太崛起与国际关系》，北京大学出版社，2016。

〔英〕戴维·史密斯:《龙象之争:中国、印度与世界新秩序》，丁德良译，当代中国出版社，2007。

窦国庆:《霸权的兴起、均势的幻灭和地区秩序的终结》，湖南科学技术出版社，2016。

耿协峰:《新地区主义与亚太地区结构变动》，北京大学出版社，2003。

〔美〕汉斯·摩根索著，肯尼斯·汤普森修订《国家间政治:权力斗争与和平》(简明版)，徐昕等译，北京大学出版社，2012。

〔美〕亨利·基辛格:《世界秩序》，胡利平、林华、曹爱菊译，中信出版社，2015。

〔法〕克劳德·迈耶:《谁是亚洲领袖:中国还是日本?》，潘革平译，社会科学文献出版社，2011。

李向阳主编《亚太地区发展报告 (2012) ——崛起中的印度与变动中的东亚》，社会科学文献出版社，2012。

李向阳主编《亚太地区发展报告 (2013) 》，社会科学文献出版社，2013。

吕昭义主编《印度国情报告 (2015) 》，社会科学文献出版社，2015。

马加力：《崛起中的巨象——关注印度》，山东大学出版社，2010。

梅新育：《大象之殇：从印度低烈度内战看新兴市场发展道路之争》，中国发展出版社，2015。

慕永鹏：《中美印三边关系——形成中的动态平衡体系》，世界知识出版社，2011。

〔印〕潘尼迦：《印度和印度洋：略论海权对印度历史的影响》，德隆、望蜀译，世界知识出版社，1965。

潘忠岐：《与霸权相处的逻辑》，上海人民出版社，2012。

祁怀高：《构筑东亚未来：中美制度均势与东亚体系转型》，中国社会科学出版社，2011。

阮宗泽等：《权力盛宴的黄昏：美国"亚太再平衡"战略与中国对策》，时事出版社，2015。

〔印〕桑贾亚·巴鲁：《印度崛起的战略影响》，黄少卿译，中信出版社，2008。

〔美〕斯蒂芬·科亨：《大象和孔雀——解读印度大战略》，刘满贵等译，新华出版社，2002。

宋海啸：《印度对外政策决策——过程与模式》，世界知识出版社，2011。

〔美〕苏米特·甘古利主编《印度外交政策分析：回顾与展望》，高尚涛等译，世界知识出版社，2015。

隋新民：《印度对中国的认知与对华政策》，河南人民出版社，2008。

孙哲主编《亚太战略变局与中美新型大国关系》，时事出版社，2012。

王绳祖主编《国际关系史》第九卷（1960—1969），世界知识出版社，1995。

王绳祖主编《国际关系史》第十卷（1970—1979），世界知识出版社，1996。

吴琄：《俄罗斯与印度——影响世界政局的大国关系》，解放军出版社，2004。

吴心伯等：《转型中的亚太地区秩序》，时事出版社，2013。

吴永年：《变化中的印度——21世纪印度国家新论》，人民出版社，2010。

吴永年等：《21世纪印度外交新论》，上海译文出版社，2004。

徐天新、沈志华主编《冷战前期的大国关系——美苏争霸与亚洲大国的外交取向（1945—1972）》，世界知识出版社，2011。

阎学通：《世界权力的转移：政治领导与战略竞争》，北京大学出版社，2015。

余芳琼：《当代印度的东南亚政策研究》，中央民族大学出版社，2015。

张贵洪、〔印〕斯瓦兰·辛格主编《亚洲的多边主义》，时事出版社，2012。

赵干城：《印度：大国地位与大国外交》，上海人民出版社，2009。

中国军事科学学会国际军事分会编《亚太地区安全：新问题与新思路》，军事科学出版社，2014。

中国现代国际关系研究院：《太平洋足够宽广：亚太格局与跨太秩序》，时事出版社，2016。

周方银主编《大国的亚太战略》，社会科学文献出版社，2013。

（二）论文

陈松川：《当前亚太地区格局新动向的政策内涵及战略思考》，《亚太经济》2012年第5期。

葛成：《印度区域合作重心东移的诉求与制约》，《南亚研究季刊》2013年第2期。

霍文乐、张淑兰：《新世纪印俄军事合作的特征》，《亚非纵横》2014年第3期。

李益波：《印度与亚太安全：历史、现实和中国因素》，《世界经济与政治论坛》2008 年第 1 期。

林晓光：《从地缘战略看亚太地区大国关系：中美日印的外交博弈》，《南亚研究季刊》2015 年第 2 期。

刘鹏：《印美全球战略伙伴关系中的军事安全合作评估》，《南亚研究》2016 年第 4 期。

罗豪：《新世纪俄印军事合作初探》，《国际研究参考》2017 年第 9 期。

屈彩云：《双边视角下的"日美澳印"战略合作》，《亚非纵横》2014 年第 6 期。

阮宗泽：《美国"亚太再平衡战略"前景论析》，《世界经济与政治》2014 年第 4 期。

师学伟：《21 世纪初印度大国理念框架下的亚太外交战略》，《南亚研究》2011 年第 3 期。

师学伟：《21 世纪初印度与亚太多边机制关系分析》，《国际展望》2012 第 4 期。

唐国强、王震宇：《亚太区域经济一体化的演变、路径及展望》，《国际问题研究》2014 年第 1 期。

吴心伯：《奥巴马政府与亚太地区秩序》，《世界经济与政治》2013 年第 8 期。

吴兆礼：《印度亚太战略发展、目标与实施路径》，《南亚研究》2015 年第 4 期。

吴兆礼：《"印太"的缘起与多国战略博弈》，《太平洋学报》2014 年第 1 期。

徐蓝：《试论 20 世纪亚太地区国际格局的演变》，《首都师范大学学报》（社会科学版）2014 年第 3 期。

杨保筠：《印度的崛起与亚太地区新格局》，《新视野》2011 年第 2 期。

杨思灵:《试析印度加强与亚太国家战略合作及其影响》,《南亚研究》2012年第1期。

杨毅:《美国亚太联盟体系的维系与转型》,《当代世界与社会主义》2015年第6期。

〔美〕约翰·伊肯伯里、凌岳:《地区秩序变革的四大核心议题》,《国际政治研究》2011年第1期。

张海霞:《印度区域间合作及其对中国的意义》,《亚非纵横》2014年第4期。

张力:《美国"重返亚太"战略与印度的角色选择》,《南亚研究季刊》2012年第2期。

张力:《"印太"构想对亚太地区多边格局的影响》,《南亚研究季刊》2013年第4期。

周方银:《美国的亚太同盟体系与中国的应对》,《世界经济与政治》2013年第11期。

周亦奇:《当伙伴"遇见"盟友——中国伙伴关系与美国同盟体系的互动模式研究》,《国际展望》2016年第5期。

二 英文资料

(一) 专著

Arora, B. D. , *Indian-Indonesian Relations, 1961-1980,* New Delhi: Asian Education Services, 1981.

Blank, Jonah, Jennifer D. P. Moroney, Angel Rabasa and Bonny Lin, *Look East, Cross Black Waters: India's Interest in Southeast Asia*, Santa Monica, CA: RAND Corporation, 2015.

Brewster, David, *India as an Asia Pacific Power*, London: Routledge, 2012.

Cordesman, Anthony H. and Abdullah Toukan, *The Indian Ocean Region: A Strategic Net Assessment*, Washington, D. C. : The Center for Strategic and International Studies, 2014.

Ghoshal, Baladas, *China's Perception of India's' Look East Policy' and Its Implications*, New Delhi: Institute for Defence Studies and Analyses, 2013.

Gompert, David C. , *Sea Power and American Interests in the Western Pacific*, RAND Corporation, 2013.

Gopal, Sarvepalli, *Jawaharlal Nehru: A Biography, Vol 2: 1947 – 1956*, Gordon, Sandy & Stephen Henningham, eds. , *India Looks East: An Emerging Power and Its Asia−Pacific Neighbours*, Canberra: Australian National University, 1995.

Grare, Frederic & Amitabh Mattoo, eds. , *Beyond the Rhetoric: The Economics of India's Look East Policy*, New Delhi: Monahar, 2003.

Grare, Frederic & Amitabh Mattoo, eds. , *India and ASEAN: The Politics of India's Look East Policy*, New Delhi: Monahar, 2001.

Green, Michael, Karhleen Hicks and Mark Cancian, *Asia-Pacific Rebalance 2025, Capabilities, Presence, and Partnerships*, Washington, D. C. : The Center for Strategic and International Studies, 2016.

Harvard Univesity Press, 1980.

Jayaramu, P. S. , *India's National Security and Foreign Policy*, New Delhi: ABC Publishing House, 1987.

Jha, Ganganath & Vibhanshu Shekhar, eds. , *Rising India in the Changing Asia−Pacific: Strategies and Challenges*. New Delhi: Pentagon Press, 2012.

Kapur, Harish, *India's Foreign Policy, 1947−92: Shadows and Substance*, New Delhi: Sage Publications, 1994.

Lowther, Adam, *The Asia-Pacific Century: Challenges and Opportunities*, Air University Press, 2013.

Majumdar, A. K. , *South-East Asia in India Foreign Policy: A Study of India's Relations with South-East Asian Countries from 1962−1982*, Calcutta: Naya Prokash, 1982.

Michael, Arndt, *India's Foreign Policy and Regional Multilateralism*, Palgrave Macmillan, 2013.

Nayar, Baldev Raj & T. V. Paul, *India in the World Order: Searching for Major-Power Status*, Cambridge University Press, 2003.

Pillai, K. Ramam, ed. , *India Foreign Policy in the 1990s*, New Delhi: Radiant Publishers, 1997.

Ram, Amar Nath, ed. , *India's Asia - Pacific Engagement: Impulses and Imperatives*, New Delhi, Manohar Publication, 2015.

Rao, P. V. Narasimha, *India and the Asia-Pacific: Forging a New Relationship*, Singpore: Institute of Southeast Asian Studies, 1994.

Reddy, K. Raja, *Foreign Policy of India and Asia - Pacific*, New Delhi: New Century Publications, 2012.

Reddy, Y. Yagama, ed. , *Emerging India in Asia-Pacific*, New Delhi, India: New Century Publications, 2007.

SarDesai, D. R. , *India Foreign Policy in Cambodia, Laos, and Vietnam, 1947-1964*, Oakland: University of California Press, 1968.

Sharma, R. R. , ed. , *India and Emerging Asia*, New Delhi: Sage Publications, 2005.

Sinha, Atish & Madhup Mohta, eds. , *Indian Foreign Policy: Challenges and Opportunities*, New Delhi: Academic Foundation, 2007.

Singh, Jaswant, *Defendong India*, Palgrave Macmillan, 1999.

Sondhi, M. L. , & K. G. Tyagi, eds. , *India in the New Asia-Pacific*, New Delhi: Manas Publications, 2001.

Sridharan, Kripa, *The ASEAN Region in India's Foreign Policy*, Aldershot: Dartmouth Publishing Company, 1996.

Thien, T. T. , *India and South East Asia, 1947-1960*, Universite de Geneve, 1963.

Tripathi, Narendra Kumar, *China's Asia-Pacific strategy and India*, New

Delhi: Vij Books India, 2011.

（二）论文

Bajpaee, Chietigj, "Dephasing India's Look East/Act East Policy," *Contemporary Southeast Asia*, Vol. 39, No. 2, 2017, pp. 348-372.

Chacko, Priya, "The Rise of the Indo-Pacific: Understanding Ideational Change and Continuity in India's Foreign Policy," *Australian Journal of International Affairs*, Vol. 68, No. 4, 2014, pp. 444-445.

Chakraborti, Tridib and Mohor Chakraborty, "India and the Asia Pacific Region: Dilemma of a Changing APEC Mindset," *Asia-Pacific Journal of Social Sciences Special Issue*, No. 1, 2010.

Chakraborty, Debashis & Anushree Chakraborty, "Economic and Political Cooperation between India and East Asia: The Emerging Perspective," *Journal of Economics and Political Economy*, Vol. 4, No. 2, 2017.

Chaudhurm, Pramit Pal, "Sino-Indian War over East Asia," *The Hindustan Times*, December 4, 2005.

Clinton, Hillary, "America's Pacific Century," *Foreign Policy*, November 2011.

Das, Ajaya Kumar, "India in the Asia-Pacific: Roles as a 'Balancer' and Net Security Provider," April 28, 2016, http://cimsec. org/india-asia-pacific-roles-balancer-net-security-provider/24798.

Fang, Tien-sze, "India's Pivot to the Asia-Pacific and the Transformation of Its International Role," http://web. isanet. org/Web/Conferences/HKU 2017-s/Archive/56e36657-5d52-4905-8775-3696d b05cc02. pdf.

Gaur, Seema, "Framework Agreement on Comprehensive Economic Cooperation between India and ASEAN," *ASEAN Economic Bulletin*, Vol. 20, No. 3, 2003, pp. 283-291.

Jamadhagni, S. Utham Kumar, "India's the Asia Pacific Rendezvous: A

Caveat, "*Asia-Pacific Journal of Social Sciences,* Special Issue No. 1, December 2010.

Jassal, Ashwani, and Priya Gahlot, "India as a Rising Power in the Asia Pacific – The Success and the Challenges, " 2017, http://web. isanet. org/ Web/Conferences/HKU2017–s/Archive/f23d219e–8f76–4457–850f–fc9b14 c3eb0d. PDF.

Kelly, Andrew, "Looking Back on Look East: India's Post-Cold War Shift Toward Asia, " *Journal of Diplomacy and International Relations*, Vol. XV, No. 2, 2014.

Khilnani, Sunil et al. , "Non Alignment 2. 0: A Foreign and Strategic Policy for India in the Twenty First Century, " Centre for Policy Research, 2012, http://www. cprindia. org/sites/default/files/NonAlignment%202. 0_1. pdf.

Khurana, Gurpreet S. , "Security of Sea Lines: Prospects for India-Japan Cooperation, "*Strategic Analysis*, Vol. 31, No. 1, 2007.

Ladwig Ⅲ, Walter C. , "Delhi's Pacific Ambition: Naval Power, ' Look East, ' and India's Emerging Influence in the Asia-Pacific, "*Asian Security*, Vol. 5, Issue 2, 2009, pp. 87–113.

Ladwig Ⅲ, Walter C. , "India and the Balance of Power in the Asia-Pacific, "*JFQ*, Issue 57, 2[d] Quarter 2010.

Limaye, Satu P. , "India's Relations with Southeast Asia Take a Wing, " *Southeast Asia Affairs Singapore*, 2003.

Medcalf, Rory, "Reimagining Asia: From Asia-Pacific to Indo-Pacific, " June 26, 2015, http://www. theasanforum. org/reimagining–asia–from–asia–pacific–to–indo–pacific/.

Mohan, C. Raja, "The New Triangular Diplomacy: India, China and America at Sea, "*The Diplomat*, November 5, 2012, http://thediplomat. com.

Muni, S. D. , "Obama Administration's Pivot to Asia-Pacific and India's Role, "*ISAS Working Paper*, No. 159, 2012.

Naidu, G. V. C. , "From' Looking' to Engaging: India and East Asia, " *Asie. Visions*, No. 46, 2011.

Panda, Ankit, "US, Japan, India, and Australia Hold Working-Level Quadrilateral Meeting on Regional Cooperation, The' Quad' Is back, "*The Diplomat*, November 13, 2017, https: //thediplomat. com.

Pandya, Archana and David M. Malone, "India's Asia Policy: A Late Look East, "*ISAS Special Report*, No. 2, 2010.

Pant, Harsh V. , and Yogesh Joshi, "Indian Foreign Policy Responds to the U. S. Pivot, "*Asia Policy*, No. 19, 2015, p. 94.

Pant, Harsh V. and Yogesh Joshi, "India and Regional Balance of Power in Asia, " in *The US Pivot and Indian Foreign Policy: Asia's Evolving Balance of Power*, Palgrave Macmillian, 2016, pp. 103–123.

Ranjan, Vishal, "Australia and India in Asia: When' Look West' Meets Act East, "*Strategic Analysis*, Vol. 40, No. 5, 2016, pp. 425–439.

Rodolfo, H. E. , C. Severino, "ASEAN and India: A Growing Convergence, "*ASEAN Economic Bulletin*, Vol. 18, No. 3, 2001, pp. 342–345.

Russel, Daniel R. , "Overview of U. S. Policy in the East Asia and Pacific Region, " January 20, 2009, http: //fpc. state. gov/212107. htm.

Sakhuja, Vijay, "India's Growing Profile in Southeast Asia, "in *Regional Outlook: Southeast Asia 2008、2009*, Singapore: ISEAS, 2008, pp. 15–18.

Sen, Rahul, Mukul G. Asher & Ramkishen S. Rajan, "ASEAN-India Economic Relations: Current Status and Future Prospects, "*Economic and Political Weekly*, Vol. 39, No. 29, 2004.

Singh, Sandeep, "From a Sub-Continental Power to an Asia-Pacific Player: India's Changing Identity, "*India Review*, Vol. 13, No. 3, 2014.

Tekashi, Terada, "Japan and Entanglement of Regional Integration in the Asia-Pacific: Combining Cutting-Edge and Traditional Agendas, "in Sanchita Basu, Masahiro Kawai, eds. , *Trade Regionalism in the Asia-Pacific: Develop-*

ments and Future Challenges, Singapore: ISEAS, 2016, pp. 85-102.

The Brookings Institution, "India's Asia-Pacific Policy: From' Look East' to' Act East' , "September 9, 2014.

Yahya, Faizal, "India and Southeast Asia: Revisited, " *Contemporary Southeast Asia: A Journal of International and Strategic Affairs*, Vol. 25, No. 1, 2003, pp. 79-103.

Zainal-Abidin, Mahani, "Institutional Mechanism for ASEAN-India Cooperation: Trends And Prospects, " *Journal of Asian Economics*, Vol. 7, No. 4, 1996, pp. 723-741.

三 网络资料

印度外交部：http：//www. mea. gov. in

印度商务部：http：//commerce. gov. in

印度工业政策与促进司：http：//dipp. nic. in

东盟：http：//www. asean. org

中华人民共和国外交部：http：//www. fmprc. gov. cn/

战略与国际研究中心：http：//csis. org/

美国国防部：http：//www. defense. gov/

美国国务院：http：//www. state. gov/

亚太安全合作理事会：http：//www. cscap. org

联合国亚太经社会：http：//www. unescap. org

后　记

作为兰州大学 2020 年资助出版的"一带一路"丛书之一，本书是 2014 年国家社科基金西部项目"印度亚太战略与转型中的亚太地区秩序研究"的成果，该项目于 2018 年 6 月提交结题报告，于该年 12 月正式结题。因此，本书的数据和主要资料来源都截至 2018 年 6 月，其主要观点和判断也是基于 2018 年 6 月以前的数据和资料。

但是，2018 年以来中美贸易战、新冠疫情、俄乌冲突等重大事件使国际局势发生了非常深刻的变化，各大国在亚太和印度洋地区的博弈更为复杂激烈，各界关注和研究的重点逐渐从"亚太"向"印太"转移。2018 年至今，美国、日本、英国、法国、德国、荷兰、澳大利亚、印度、印尼和东盟纷纷发布了"印太战略报告"或"印太政策指南"。在此背景下，出版《印度亚太战略研究》一书主要基于以下两点：

第一，本书具有一定的文献价值。对于印度亚太战略的研究，国内的相关研究及成果均较少，本书是对相关资料的一次集中收集和整理。其中，大量的资料来自印度官方网站和相关的英文图书和期刊文章，对它们的翻译和整理为以后的相关研究奠定了一定的基础。

第二，本书具有一定的学术价值。它综合运用国际关系学、政治学、历史学等多个学科的理论和方法深入分析了印度对亚太地区的外交定位和印度亚太战略的形成、发展，并在此基础上综合分析了印度亚太战略的未来选择及其对亚太地区秩序建构的影响。这些观点和认知在一定程度上可以为印度外交的研究者、学习者及爱好者提供一种视角，也为"印太"研究提供一些基础和借鉴。

在此，本人要感谢师长亲朋以及相关机构在课题研究和本书写作过程中对我提供的支持和帮助，同时也非常感谢兰州大学印度研究中心毛世昌教授的大力支持。在毛教授的极力推荐下，本书获得兰州大学科研经费专项资金的资助，得以顺利出版。

　　本书虽几经修改，但由于本人才疏学浅，书中难免存在疏漏之处，恳请各位读者和同行批评指正。

余芳琼

2023 年 9 月 1 日

图书在版编目（CIP）数据

印度亚太战略研究 / 余芳琼著. -- 北京：社会科学文献出版社，2025.5. -- （兰州大学"一带一路"丛书）. -- ISBN 978-7-5228-4857-0

Ⅰ. D835.10

中国国家版本馆 CIP 数据核字第 20253PA147 号

· 兰州大学"一带一路"丛书 ·

印度亚太战略研究

丛书主编 / 毛世昌　陈玉洪
著　　者 / 余芳琼

出 版 人 / 冀祥德
责任编辑 / 高明秀
文稿编辑 / 邹丹妮
责任印制 / 岳　阳

出　　版 / 社会科学文献出版社·区域国别学分社（010）59367078
　　　　　　地址：北京市北三环中路甲 29 号院华龙大厦　邮编：100029
　　　　　　网址：www.ssap.com.cn
发　　行 / 社会科学文献出版社（010）59367028
印　　装 / 三河市东方印刷有限公司

规　　格 / 开　本：787mm×1092mm　1/16
　　　　　　印　张：15.75　字　数：228 千字
版　　次 / 2025 年 5 月第 1 版　2025 年 5 月第 1 次印刷
书　　号 / ISBN 978-7-5228-4857-0
定　　价 / 98.00 元

读者服务电话：4008918866

版权所有 翻印必究